# Transformation von Unternehmen und Technologie

Georg Panagos · Christian Hammer

# Transformation von Unternehmen und Technologie

Wie sich die Daten- und Prozess-Migration erfolgreich steuern und umsetzen lässt

Georg Panagos
Hochschule Fresenius
Idstein, Deutschland

Christian Hammer
NTT DATA
Wolfsburg, Deutschland

ISBN 978-3-662-54051-0      ISBN 978-3-662-54052-7   (eBook)
https://doi.org/10.1007/978-3-662-54052-7

Die Deutsche Nationalbibliothek verzeichnet diese Publikation in der Deutschen Nationalbibliografie; detaillierte bibliografische Daten sind im Internet über http://dnb.d-nb.de abrufbar.

Springer Gabler
© Springer-Verlag GmbH Deutschland, ein Teil von Springer Nature 2019


Springer Gabler ist ein Imprint der eingetragenen Gesellschaft Springer-Verlag GmbH, DE und ist ein Teil von Springer Nature
Die Anschrift der Gesellschaft ist: Heidelberger Platz 3, 14197 Berlin, Germany

# Geleitwort

Prof. Dr. Georg Panagos und Christian Hammer liefern aus einer Vielzahl von Praxiserfahrungen in diesem Buch einen Überblick zum Thema Transformation. Die Autoren gehen vor allem auf die sensiblen Themen Datenmigration und Geschäftsprozessmigration ein. Sie zeigen, dass Datenmigrationen ein unabdingbarer Bestandteil jeder größeren Geschäftstransformation sind und untermauern das Thema Migration mit seinen vielen Facetten systematisch und strategisch konzeptionell.

Ausgehend von ihren Erfahrungen in der Telekommunikationsindustrie stellen die Autoren eine Vielzahl von Systematiken und praktischen Ideen vor, die als Steilvorlage für Transformationen – vor allem digitale Transformationen – in jeglicher Industrie dienen können. Sie geben einen wertvollen Überblick über Methoden bei IT-Migrationen und gehen detailliert auf die typischen Probleme und Fallstricke solcher Vorhaben ein.

Das 21. Jahrhundert ist gekennzeichnet durch einen Umbruch in der Industrie und Technologie. Es finden Änderungen und Transformationen in den Unternehmen in einem rasanten Tempo statt. Wo die Europäische Union, insbesondere Deutschland, hervorragendes Ingenieur-Know-how in eine digitale Welt transformieren will, geht es in den USA und anderen Ländern hauptsächlich darum, digitale Innovationen gewinnbringend möglichst schnell in die reale Geschäftswelt umzusetzen. Start-ups sind der Motor für eine Vielzahl von disruptiven Transformationen: das Internet der Dinge, autonomes Fahren, Individualisierung, 3-D-Druck usw. Die Autoren geben einen Überblick über die Veränderungen und gehen gleichzeitig kritisch damit um. Sie zeigen, dass diese Innovationen auch eine gesellschaftliche und menschliche Verantwortung beinhalten.

Nicht nur in Deutschland, auch in anderen Ländern sind die Menschen hinsichtlich der digitalen Transformation verunsichert oder gar unkundig. Bei der Gestaltung unseres Bildungsbetriebes an der Hochschule Fresenius haben wir reagiert und bieten Studiengänge an, die sich genau mit diesen Fragen der digitalen Transformation auseinandersetzen. Dies erfolgte nicht zuletzt durch die Gründung eines Informatik-Clusters in der Vereinigung mehrerer Disziplinen mit Informatik und digitalen Fächern zu Studiengängen wie: Wirtschaftsinformatik, Bio-Informatik, Angewandte Informatik, Digitales Management etc.

Aus Studien, Statistiken und Diskussionen mit vielen Kollegen kristallisiert sich heraus, dass es die meisten heutigen Berufe in den nächsten 20 Jahren nicht mehr geben wird. Die Transformation und Automatisierung wird diese obsolet machen. Dies führt zu Verunsicherungen, die sich vordringlich aus der Frage speisen, ob die heutigen beruflichen Qualifikationen für dieses rasante Tempo der Transformation und der Automatisierung ausreichen. Natürlich bestehen auch Ängste auf der Ebene von Unternehmen und Organisationen, die wissen, dass die industrielle Entwicklung exponentiell ist und sich die nächsten Jahre wie früher Jahrzehnte anfühlen werden. Wir sind jetzt schon alle damit beschäftigt, die digitale Welt mit den aktuell bekannten Produkten, Dienstleistungen und Vorgehensweisen zu integrieren; schon mittelfristig wird die Transformation viel Bekanntes ersetzen und unsere Lebens- und Arbeitswelten weiter dramatisch verändern. Die Buzzwords Arbeitswelt 4.0 oder Industrie 4.0 oder auch Web/Internet 4.0 beinhalten eine tief greifende Veränderung der Denkweisen in der Gesellschaft und in den Unternehmen.

Prof. Georg Panagos und Christian Hammer fordern mit ihrem Buch zum weiteren Nachdenken und Handeln zu diesen Themen auf und liefern zielführende Vorgehensweisen.

Das Buch zeigt, dass eine Transformation tief greifende Veränderungen in Denkweisen und Abläufen der Unternehmen verursacht, die das jeweilige Unternehmen als Ganzes umfassen. Die Autoren haben mit ihrem technischen Hintergrundwissen sehr gut dargelegt, dass die IT-Methoden wesentlich zum Erfolg von Transformationen beitragen können. Die zahlreichen Beispiele und Checklisten geben einen sehr guten Überblick über die vielen Facetten des Themas. Es werden Vorgehensweisen vorgestellt, die sicherlich dazu führen können, dass sich Organisationen und Menschen auf die neuen exponentiellen Realitäten der Digital-Transformation einstellen und die Herausforderungen kompetent annehmen.

Völlig zu Recht weisen die Autoren darauf hin, dass die Analyse und Bereinigung der eigenen Daten und Prozesse in den Unternehmen ein unabdingbarer Schritt in die richtige Richtung ist. Auch dafür liefern sie konkrete Beispiele und Vorgehensweisen. Durchgehend sehr gelungen in diesem Buch ist der Praxisbezug. Das Buch weckt die Motivation, den Dialog mit den Autoren zu suchen und weiter über das Thema zu diskutieren.

Prof. Dr. Rainer Türck
Dekan des Fachbereichs Wirtschaft &
Medien, Hochschule Fresenius

# Vorwort

Wenn wir uns in der heutigen Welt umsehen, stellen wir immer wieder fest (auch unabhängig von unserem eigenen, ständig steigenden Alter), dass viel Neues unvermittelt auftaucht und teilweise auch ebenso schnell wieder verschwindet, wie es auf der Bildfläche und in unserer Wahrnehmung erschienen ist. Aber was bedeutet das für uns? Können wir uns ausruhen, abwarten was bleibt und uns nur auf das Beständige einstellen? Und welche Konsequenzen erwarten uns, wenn wir uns auf das Neue, auf den ständigen Wandel einlassen?

Wir haben für uns selbst als Individuen diese Frage jeden Tag zu beantworten. Vor allem mit Blick auf die Konsequenzen dürfte uns eine Antwort aber auch verhältnismäßig leicht fallen. Am Ende profitieren wir im Großen und Ganzen von der Globalisierung und auch von der Digitalisierung. Wir müssen dabei nicht die Komplexität verstehen bzw. sie in ihre einzelnen Bestandteile zerlegen, weil wir davon einfach keinen Vorteil haben.

Aber für uns als Führungskräfte, Entscheidungsträger oder auch Mitarbeiter in Firmen, die wir jeden Tag vor eben dieser Komplexität stehen, ist die Frage deutlich schwieriger zu beantworten. Wir müssen uns damit beschäftigen was uns erwartet, aber auch damit, wie wir das für uns, für unsere Mitarbeiter, für unser Unternehmen gewinnbringend nutzen können. Wir müssen uns mit den immer stärker miteinander verwobenen Märkten beschäftigen, damit, welche Branchen auf uns Einfluss nehmen werden oder welche Produkte zukunftsfähig sind und welche nicht. Ob eine Dienstleistung oder ein Vertrag Bestand haben wird oder ob es Entwicklungen im Kunden- und Kaufverhalten gab oder geben wird.

In diesem spannenden Umfeld, in dem wir uns alle befinden, haben wir uns überlegt, wie wir mit unseren Erfahrungen Hilfe anbieten können, ob es Strategien oder Methoden gibt, die über Erfolg und Weiterbestand entscheiden können und wie man diese vermitteln kann. Dabei ist das vorliegende Werk entstanden. Das Vorhaben, hier auch die Erfahrungen aus Forschung und Lehre und der täglichen Arbeit einfließen zu lassen, Ideen direkt im Ansatz zu verproben, hat den Entstehungsprozess allerdings etwas verlängert.

Das Buch beginnt mit einer Einführung in das Thema Transformation, um ein gemeinsames Begriffsverständnis zu schaffen und anhand der Untersuchung prominenter Beispiele Ideen für Erfolgsfaktoren zu entwickeln. Diese Erfolgsfaktoren werden im Kap. 2 zur Entwicklung einer Migrationsstrategie herangezogen und im Detail mit all ihren Facetten ausgeleuchtet. Anschließend widmet sich das Werk dem Management der Migration und legt das Hauptaugenmerk auf Datenmanagement bzw. auf die Transformation der Daten.

Als nächstes rückt das gesamte Timing, vor allem die zeitliche Planung und Konzertierung der Einzelschritte in den Fokus, aber auch Fragen danach, wie das richtige Timing erreicht werden kann und welche Dinge in der Planung berücksichtigt werden müssen.

In „Mitarbeiter für die Veränderung begeistern" wird dem Umstand Rechnung getragen, dass sich nicht jeder im Umfeld von (ständiger) Veränderung wohl fühlt.

Kap. 6 beschäftigt sich mit allen begleitenden und unterstützenden Aspekten der Transformation wie Werkzeugen oder dem Testing, aber auch der zentralen Frage der Nachhaltigkeit.

Die Frage nach dem Erfolg wird im darauffolgenden Kapitel behandelt, auch wenn die Antwort in jedem Unternehmen sehr individuell ausfallen wird: Wie definiert sich der Erfolg und wie wird er gemessen?

Das vorletzte Kapitel beschäftigt sich mit dem immer wiederkehrenden Spannungsfeld zwischen Geschäftsbereichen und der IT, das sich in vielen Projekten beobachten lässt. Kommt das nur auf, weil beide unterschiedliche Sprachen sprechen, oder ist das ein Ausdruck von Kompetenzgerangel?

Abschließend wird sich das Buch der Zukunft der Transformation und den aktuellen Trends widmen und dabei verschiedene Bereiche beleuchten.

Prof. Dr. Georg Panagos
Christian Hammer

# Inhaltsverzeichnis


**1 Aller Anfang ist schwer – Eine Standortbestimmung** .................. 1
  1.1 Historische Betrachtung von Transformationen ................... 4
    1.1.1 Postreform I und II – Deutsche Post DHL. .................. 4
    1.1.2 Transformation als Geschäftsidee – General Electric .......... 6
    1.1.3 Übernahme von E-Plus durch Telefónica ................. 7
    1.1.4 „Passion for Performance" – SAP-Einführung bei Otto ........ 8
  1.2 Beweggründe für Transformationen ........................... 9
  Literatur. ........................................... 14

**2 Strategien der Migration** ..................................... 17
  2.1 Migrationsstrategien im Detail ............................. 17
  2.2 Bestandteile der Transformation/IT-Migration ..................... 24
  2.3 Was ist im Scope und was ist es nicht? ........................ 30
  2.4 Ziele der Migration .................................... 31
  2.5 Tue Gutes und sprich darüber ............................. 32
  2.6 Anforderungen an Migrationen .............................. 35
  Literatur. ........................................... 37

**3 Migrationsmanagement** .................................... 39
  3.1 Arten der Migration .................................... 41
  3.2 Exkurs in die IT: Prozess der Datenmigration ..................... 43
  3.3 Agiles, traditionelles Transformationsmanagement. .................. 48
  3.4 Individuelle Migration oder Non-Silent Migration .................. 51
  3.5 Automatisierte oder Silent Migration .......................... 52
    3.5.1 Transaktional-orientierte Migration. .................... 55
    3.5.2 Blockweise Migration (Batch Migration) .................. 57
  3.6 Fragestellungen der Migration. ............................. 60
  3.7 Konzept der Migrationszweige ............................. 62
  3.8 Das Konzept des Migrationszeitfensters ........................ 64
    3.8.1 Transaktionale Migration und Migrationszeitfenster-Konzept ... 67

3.8.2 Blockweise (Batch) Migration und
Migrationszeitfenster-Konzept ............................ 71
3.8.3 Hybride Migrationen und das Migrationszeitfenster-Konzept ... 72
3.9 Durchführung der Migration (Migration Execution). ................ 74
3.10 Aktivitäten am Ende der Migration (Post-Migration) ............... 77
Literatur. ............................................................ 78

**4 Timing im Migrationsprozess** ......................................... 81
4.1 Timing und versteckte Kosten .................................... 83
4.2 Phasen und Timeline der Prozesse der Migration/Transformation ...... 88
4.2.1 Vorbereitungsphase ....................................... 89
4.2.2 Durchführungsphase ....................................... 91
4.2.3 Nachbereitungsphase....................................... 93
4.3 Detailplanung anhand eines Beispiels ............................. 94
4.4 Risiken/Gefahren und mögliche Vorbeugung ...................... 100
4.5 Timing für Kommunikation (Kunden, Partner, Intern) .............. 102
Literatur. ........................................................... 104

**5 Mitarbeiter für die Veränderung begeistern** ........................... 107
Literatur. ........................................................... 112

**6 Tools und Maßnahmen zur Unterstützung in der Transformation** ........ 113
6.1 Werkzeuge zur Unterstützung der Transformation .................. 114
6.2 Sustainability oder: Wie gewinne ich Zeit? ....................... 120
6.3 Maßnahmen zur Unterstützung der Transformation ................. 121
6.4 IT-Architektur ................................................. 123
6.5 Testmanagement ............................................... 124
Literatur. ........................................................... 128

**7 Erfolgsmessung der Transformation**. ................................. 129
7.1 Instrumente, um den Erfolg zu messen ........................... 131
7.2 Überwachung der Migration ..................................... 133
Literatur. ........................................................... 138

**8 Die Zweckehe von Business und IT im Migrationsprozess**. ............. 139
8.1 Perspektivwechsel ............................................. 140
8.2 Diverse Barrieren (und deren Überwindung). ...................... 146
Literatur. ........................................................... 148

**9 Trends in der Transformation** ....................................... 149
9.1 Disruptive Entwicklung. ........................................ 152
9.2 Digitale Agenten und Big Data .................................. 164
Literatur. ........................................................... 166

**Glossar** .............................................................. 169

**Sachverzeichnis** ...................................................... 173

# Abkürzungsverzeichnis

| Abkürzung | Bedeutung |
|---|---|
| (e)SIM | (embedded) Subsriber identity module |
| 4G | vierte Generation |
| 5G | fünfte Generation |
| AAA/Triple A | Bestmögliche Ratingeinstufung |
| AD | Active Directory, Verzeichniszugriffsprotokoll von Microsoft |
| AG | Aktiengesellschaft |
| AGB | Allgemeine Geschäftsbedingungen |
| AO | Abgabenordnung |
| AVB | Allgemeine Versicherungsbedingungen |
| AWS | Amazon Web Services |
| B2B | Business to business |
| B2C | Business to consumer |
| B2G | Business to governance |
| B2P | Business to partner |
| BDSG | Bundesdatenschutzgesetz |
| BI | Business Intelligence |
| BPMN | Business Process Model and Notation |
| BSC | Balanced Scorecard |
| CD | Compact Disc |
| CDO | Chief Digital Officer |
| CDR | Call Data Record |
| CEO | Chief Execution Officer |
| COBOL | Programmiersprache |
| COTS | components of-the-shelf, etwa: Software von der Stange |
| CRM | Customer Relationship Management |
| DB2 | DataBase 2 (Datenbank von IBM) |
| DDMMYY | TagTagMonatMonatJahrJahr (Formatierungsvorgabe für ein Datum) |
| DDR | Deutsche Demokratische Republik |
| DE | Deutschland |

| | |
|---|---|
| DHL | Dalsey, Hillblom und Lynn (Firmengründer), Logistikkonzern |
| DIN | Deutsches Institut für Normung |
| DIN A4 | Papiergröße A4 |
| DLT | Distributed-Ledger-Technology |
| DNA | deoxyribonucleic acid (Desoyribonukleinsäure) |
| DSGVO | Datenschutzgrundverordnung |
| DWH | Data Warehouse |
| E2E | Ende-zu-Ende (Ende-2-Ende) bzw. End-to-End |
| EAI | Enterprise Application Interface |
| E-Business | Electronic Business, Internetbasiertes Geschäft |
| ELT | Extraktion, Laden, Transformation |
| ESB | Enterprise Service Bus |
| ETL | Extraktion, Transformation, Laden |
| EU | Europäische Union |
| EU-DSGVO | siehe DSGVO |
| EUR | Euro |
| EZB | Europäische Zentralbank |
| FH | Fachhochschule |
| Gbit/s | Gigabit pro Sekunde |
| GE | General Electric |
| GmbH | Gesellschaft mit beschränkter Haftung |
| GmbH & Co. KG | Gesellschaft mit beschränkter Haftung mit Komplementären und Kommanditgesellschaft |
| GoB | Grundsätze ordnungsgemäßer Buchführung |
| GSM | Global System for Mobile Communications (früher Groupe Spécial Mobile) |
| GSMA | Group Speciale Mobile Association |
| GUI | Graphical User Interface |
| HGB | Handelsgesetzbuch |
| HP ALM | Hewlett-Packard Application Lifecycle Management |
| HP QC | Hewlett-Packard Quality Center |
| IBM | Industrial Business Machines (Firmenname) |
| ID | Identifikator |
| IEEE | Institute of Electrical and Electronics Engineers |
| IFRS | International Financial Reporting Standards |
| IKEA | Ingvar Kamprad Elmtaryd Agunnaryd (schwedisches Möbelhaus) |
| IKT | Informations- und Kommunikationstechnik |
| ING DiBa | Internationale Nederlanden Groep Direktbank |
| IoT | Internet of Things |
| IP | Internet Protocol |

| | |
|---|---|
| IT | Informationstechnologie |
| ITIL | Information Technology Infrastructure Library |
| JAVA | Programmiersprache |
| Kbit/s | Kilobit pro Sekunde |
| KByte/s | Kilobyte pro Sekunde |
| KI | Künstliche Intelligenz |
| KPI | Key Performance Indicator |
| KVP | Kontinuierlicher Verbesserungsprozess |
| LDAP | Lightweight Directory Access Protocol, allgemeines Verzeichnis-zugriffsprotokoll |
| LP | Langspielplatte |
| LTE | Long Term Evolution |
| MiFID (II) | Markets in Financial Instruments Directive |
| Mio | Million(en) |
| Mrd | Milliarde(n) |
| MVP | Minimal Viable Product |
| OECD | Organisation for Economic Co-operation and Development |
| OGC | Office of Government Commerce |
| P4P | Passion for Performance, Name eines Projektes bei Otto |
| PDF | Portable Document Format |
| PL/SQL | Procedural Language/Structured Query Language |
| PMBOK | Project Management Body of Knowledge |
| PNR | Point of No Return |
| Prio | Priorität |
| RFID | radio-frequency identification |
| SAP | Systeme, Anwendungen und Produkte in der Datenverarbeitung (Software & Softwarehersteller) |
| SAP HR | Personalmodul der Software SAP |
| SEO | Search engine optimization |
| SLA | Service Level Agreement |
| SME | Small and medium-sized Enterprises |
| SMS | Short Message Service |
| SOAP | Simple Object Access Protocol |
| SoHo | Small Office, Home Office |
| SOLOMO | Social, Local, Mobile |
| SOX | Sarbanes-Oxley Act |
| SQL | Structured Query Language |
| TK | Telekommunikation |
| TKG | Telekommunikationsgesetz |
| TM1 | Table Manager 1 |

| | |
|---|---|
| T-SQL | Transactional Structured Query Language |
| UMTS | Universal Mobile Telecommunications System |
| VIP | Very Important Person |
| WLAN | Wireless local area network |
| XML | Extended Markup Language |
| XP | Extreme Programming |

# Aller Anfang ist schwer – Eine Standortbestimmung

1


**Zusammenfassung**

Wir haben ein großes Stück Arbeit vor uns, weil wir zu Beginn herausfinden wollen, warum wir eigentlich transformieren. Und wir müssen auch gleich zu Beginn eine gemeinsame Sprache finden, denn Kommunikation ist der Dreh- und Angelpunkt. Wir werden uns einen Überblick über Beispiele großer, erfolgreicher und weniger erfolgreicher Transformationsvorhaben verschiedener Branchen verschaffen, vielleicht erkennen wir ein Muster? Und was treibt eigentlich wen in der Migration an?


Wenn wir heute von Transformation sprechen, klingt immer wieder „die Gesellschaft ist im Wandel" mit. Dabei ist die Frage nach der Triebfeder des Wandels nicht geklärt: Sind es die Digital Citizen, die selektiv innerhalb weniger Tage einen neuen Trend schaffen und ebenso schnell wieder beenden? Sind es die Globalisierung und damit einhergehend zur gleichen Zeit weltweit verfügbare Informationen, die Anteilnahme, Betroffenheit und Aufklärung an kleinsten Ereignissen für jeden möglich machen? Sind es die Unternehmen, die immer weiter wachsen und ihre innovativen Produkte mit dem regional passenden Geschäftsmodell in die entlegensten Winkel der Welt bringen? Oder sind es gar die sogenannten disruptiven Technologien, die Gesellschaft und Unternehmen von Grund auf revolutionieren?

Der Antrieb einer Transformation ist nicht ein einzelner, kleiner Auslöser, um z. B. einen singulären Geschäftsprozess zu optimieren. Transformationen sind große Aufgaben, die Visionen und Zielstrebigkeit benötigen. Daher sind die Gründe oft vielfältig, nicht singulär oder eindimensional. Mögliche Antworten darauf wird Abschn. 1.2 geben.

In den nachfolgenden Kapiteln werden wir uns mit den Unternehmen beschäftigen, die sich in einem schnell wandelnden Umfeld befinden und sich dadurch anpassen und


© Springer-Verlag GmbH Deutschland, ein Teil von Springer Nature 2019

G. Panagos und C. Hammer, *Transformation von Unternehmen und Technologie,*

https://doi.org/10.1007/978-3-662-54052-7_1

optimieren müssen, die aber auch aus ihrem Inneren heraus Veränderungsprozessen unterworfen sind.

Für das Verständnis dieses Werkes ist eine Unterscheidung zwischen Portierung, Migration, und Transformation notwendig:

▶ **Portierung** vom lateinischen „portatio" stammend, bezeichnet den „Transport" einer Sache und wird häufig in der Informationstechnologie synonym zu Migration verwendet, wobei bei einer Portierung häufig ein geringerer Umfang vermutet wird (kleine Migration).

▶ **Migration** vom lateinischen „migratio" stammend, bezeichnet eine „Übersiedlung" oder „Wanderung", also eine meist physische Veränderung des Standorts. In der Informationstechnologie bezeichnet Migration in der Hauptsache einen Prozess der Veränderung von Software (z. B. Wechsel des Softwareherstellers oder des Betriebssystems).

Wir werden in diesem Buch diesen Begriff auch für die Veränderung von Prozessen und Verfahren anwenden und werden dann über die Migration von Prozessen sprechen.

▶ **Transformation** vom lateinischen „transformare" stammend, bezeichnet hingegen eine Umwandlung bzw. eine Verwandlung und kann damit auch Migrationen und Portierungen enthalten. In diesem Buch wird der Begriff Transformation überwiegend im gesamtheitlichen Sinne genutzt, umfasst also sowohl technische als auch organisatorische Aspekte (vgl. [26, S. 13 ff.]).

Allen Begriffen gemeinsam ist die Veränderung und deren Verwendung in einem technischen Zusammenhang, wenn auch nicht ausschließlich.

Diese Begriffe werden auch im Kontext des Vorhabens geprägt, wenn man von einer System-Portierung (beispielsweise Umzug in ein anderes Rechenzentrum), von einer IT-Migration (beispielsweise Einführung eines neuen Betriebssystems) oder von einer Unternehmenstransformation spricht. Dabei gibt die Reihenfolge auch die aufsteigende Wertigkeit der drei Begriffe bezogen auf die gesamte Firma wieder, wenngleich jedes Projekt für sich eine sehr große Wichtigkeit, Kritikalität und Brisanz für diese haben kann. Dieses Buch beschäftigt sich generell mit Unternehmenstransformationen, wobei auch häufig IT-Transformationen referenziert werden.

Bevor wir uns im Weiteren mit großen, teilweise in der Öffentlichkeit behandelten Transformationen beschäftigen, müssen wir die verschiedenen Ebenen betrachten, in denen Transformationen stattfinden können. In Tab. 1.1 sind diese mit dazu passenden Beispielen dargestellt.

Auf jeder einzelnen Ebene bestehen unterschiedliche Herausforderungen für die Transformation.

Die **organisatorische Transformation** würde nur die reine Aufbauorganisation und/oder Optimierung der Geschäftsprozesse implizieren. Die Herausforderungen liegen

**Tab. 1.1** Beispiele der Transformation auf unterschiedlichen Ebenen. (Quelle: Eigene Darstellung)

|  | Auf Abteilungsebene | Auf Unternehmensebene | Über Unternehmensebene |
|---|---|---|---|
| Organisatorisch | Aufbau einer neuen Abteilung für Kundenbetreuung | Auslagerung einer Abteilung als Profit Center | Integration einer Tochtergesellschaft in den Mutterkonzern |
| Technisch | Einführung von SAP HR für die Personalabteilung (in einer bestehenden SAP-Landschaft) | Einführung von SAP | Automatisierung des Datenaustauschs mit allen Geschäftspartnern |
| Mischform | Einführung einer neuen Abteilung für Fraud Detection inkl. neuer Technologien und Datenquellen | Einführung einer integrierten Planungslösung (inkl. einer Anpassung der Planungs- und Steuerungsprozesse) | Fusion zweier Konzerne mit dem Ziel eines der Unternehmen vollständig (inkl. Kunden, Produkte und IT Systeme) in das andere Unternehmen zu integrieren |

dabei in der Regel in der Erfüllung von gesetzlichen, ökonomischen Zielen (wie z. B. Personalgesetze aber auch Abstimmungen und Einigungen zwischen Geschäftsführung und Betriebsrat), aber auch in der Motivation der Mitarbeiter, um Abwandern des Knowhows oder Massenkündigungen zu vermeiden.

Die **technische Transformation** beinhaltet in der Regel Anpassungen an den IT-Systemen wie auch an den Prozessen der IT. Darüber hinaus sind auch Geschäftsprozesse betroffen, an denen die IT beteiligt ist, vor allem, wenn Prozesse automatisiert werden bzw. bestehende Automatisierungen angepasst werden müssen. Die Herausforderungen liegen hier im guten Management des Projektes der Anforderungen sowie in einer klaren Zieldefinition der Transformation.

Bei beiden, der technischen und der organisatorischen Transformation, ist die reine Form jeweils seltener aufzufinden, denn meist hat eine technische Transformation auch eine organisatorische Komponente. Z. B. verändern sich bei der Einführung von Automatisierung Geschäftsprozesse, Personalstellen werden mit anderem Know-how besetzt oder fallen gänzlich weg. Ähnliches bei organisatorischen Transformationen: Auch dort sind oft technische Veränderungen nötig, meistens im Kleinen, aber häufig eben auch in der Fusion von IT-Systemen, um Synergieeffekte zu nutzen bzw. doppelte Betriebskosten zu vermeiden.

Betrachten wir nun Transformationen als Projekte, dann stellen wir fest, dass diese häufig organisatorisch (z. B. nach Firmenübernahmen) oder technisch (z. B. Einführung eines neuen IT-Systems), selten jedoch in einer Mischform durch beide Facetten motiviert sind.

▶     Im Sprachgebrauch bleibt häufig die Differenzierung zwischen Transformation, Portierung und Migration aus, daher sei hier der erneute Hinweis gestattet, dass die Migration in der Informationstechnologie den Prozess der Veränderung von Software (z. B. Wechsel des Softwareherstellers) oder, basierend auf einer Unternehmensfusion, die Zusammenführung mehrerer Systeme inkl. ihrer Funktionalitäten und Daten betrifft. Gerade in Unternehmensfusionen steckt ein besonders großes Potenzial für Transformationen, da wir neben kulturellen und organisatorischen Aspekten immer auch IT-Aspekte zu betrachten, zu planen und zu steuern haben. Daher werden wir uns im Abschn. 1.1 auch mit Transformationsvorhaben in der Vergangenheit beschäftigen, die hinreichend öffentlich wurden und anhand deren wir einiges lernen können.

## 1.1 Historische Betrachtung von Transformationen

Um bereits (von anderen) begangene Fehler zu vermeiden, also das Risiko des Scheiterns zu minimieren, ist es sinnvoll, sich im Vorfeld eines großen Migrations- oder Transformationsprojektes auch damit auseinanderzusetzen, welche vergleichbaren Projekte es bereits gab und gegebenenfalls sogar, aus welchen Gründen diese erfolgreich oder nicht erfolgreich beendet wurden. Bei einigen der bekannteren Beispiele spielte sicherlich auch Zeit eine Rolle, aber die Frage nach dem gemessenen Erfolg (Wann ist eine Transformation erfolgreich? Wann ist eine Transformation abgeschlossen?) knüpft sich ebenso an. Um uns dem anzunähern, folgen einige Beispiele von Vorhaben, über die Hintergründe, Zusammenhänge und Abläufe öffentlich bekannt geworden sind, sodass wir uns diese im Detail anschauen können. Besonders viel könnte man von gescheiterten Transformationen lernen. Die öffentlich zugänglichen Informationen, aber auch Hintergrundinformationen sind zu nicht erfolgreichen Transformationsvorhaben allerdings aus nachvollziehbaren Gründen leider häufig nicht vorhanden bzw. nicht leicht zugänglich.

## 1.1.1 Postreform I und II – Deutsche Post DHL

| Treiber/Auftraggeber | Postreform I und II (Gesetz) |
|---|---|
| Art/Ziel der Transformation | Privatisierung der Deutschen Bundespost sowie Eingliederung der Deutschen Post (DDR). Aufteilung des Staatskonzerns in Deutsche Post AG, Deutsche Telekom AG und Deutsche Postbank AG |
| Objekt der Transformation (Anzahl in Klammern) | Mitarbeiter (250.000), Prozesse, Unternehmensform |
| Besonderheiten | Es wurden Mitarbeiter und Prozesse vom Staatsbetrieb in die freie Wirtschaft transformiert und (Out-)Sourcing-Lösungen implementiert |
| Dauer der Transformation | 1989–1995 |
| Transformation beendet | Ja **(erfolgreich),** vom staatlichem Betrieb zum profitablen Unternehmen |

Die Postreformen sind der Startpunkt zum Wandel der Deutschen Post von einer staatlichen Behörde zu einem höchst profitablen, weltweit agierenden Unternehmen. Heute ist die Deutsche Post DHL der weltweit führende Post- und Logistikkonzern (vgl. [5]). Dem Unternehmen stehen als halbstaatliches Unternehmen einmalige finanzielle Mittel zur Bewältigung dieser Aufgabe zur Verfügung, die allerdings an (wechselnde bundes-)politische Interessen gekoppelt sind, wie z. B. die Übernahme der Postbeamten in den unterschiedlichen Unternehmensbereichen (vgl. [18]).

Die Deutsche-Post-Privatisierung wurde generell als Erfolg gewertet; demgegenüber stehen misslungene Privatisierungsprojekte wie Deutsche Bahn oder Berliner S-Bahn, bei denen als Kritikpunkt hauptsächlich Qualitätsverlust bzw. eine Einschränkung der Leistungen angeführt wird.

Eine Privatisierung ist die Auslagerung von Aufgaben an private Unternehmen, die der Staat bzw. seine Mitarbeiter oder Behörden übernommen haben. Das sorgt besonders bei Änderungen des Mitarbeiterverhältnisses von Beamten und Angestellten für große Herausforderungen, muss hier neben der Art und der Sicherheit der Anstellung (Beamtenstatus, Angestelltenstatus) ja auch ein großer Wandel im persönlichen Wertesystem des Mitarbeiters erfolgen. Auch das Treffen von verbindlichen Entscheidungen und die neue Geschwindigkeit von Veränderungen waren für den gesamten Transformationsprozess eine große Herausforderung. Als Erfolg ist in diesem Zusammenhang zu werten, dass die flächendeckende Grundversorgung mit Postdienstleistungen auch nach abgeschlossener Postreform weiterhin gewährleistet ist, während das Unternehmen einem steigenden Kosten- und Erfolgsdruck gegenübersteht (z. B. durch die Öffnung des Postmarktes am 01.01.2013) und damit auch nicht mehr als Monopolist auftritt, sondern sich als weltweit erfolgreiches Unternehmen etabliert hat (vgl. ebd.). Kritische Stimmen mahnen an, dass durch die Privatisierung z. B. das Filialgeschäft der Deutschen Post in Partnerfilialen problematisch sei, sowie eine starke Reduzierung von Arbeitsplätzen bzw. die Entwicklung, dass aus Kostengründen verstärkt auf die Unterstützung durch Fremdfirmen gesetzt wird (vgl. [14]). Dem Argument steht allerdings aufgrund sinkender staatlicher Finanzleistungen gegenüber, dass diese Maßnahmen auch ohne Privatisierung stattgefunden hätten, da hierfür vor allem der wachsende Kostendruck ausschlaggebend ist (vgl. [17]).

Getrieben durch den Umbau der Bundespost und die Fokussierung auf die eher logistischen Kernbereiche, wurde die Postbank an die deutsche Bank verkauft. Die daraus resultierenden Probleme entstanden vor allem durch die technische Integration. Auch die Mitarbeiter schafften es kaum, sich zu integrieren und gemeinsame Werte zu vertreten. Verglichen wird die Übernahme mit einer Zweckehe (vgl. [9]). Die Deutsche Bank muss wegen der ab 2019 geltenden strengeren Kapitalvorschriften schrumpfen, was bereits von vornherein feststand. Ein Verkauf ginge schnell, wäre aber auch schmerzhaft und Interessenten stehen bislang kaum zur Verfügung. Die Postbank macht 10 % der Bilanzrisiken der Deutschen Bank aus, wodurch ein Verkauf von Vorteil für die Deutsche Bank wäre.

## 1.1.2  Transformation als Geschäftsidee – General Electric

| Treiber/Auftraggeber | General Electric/Jack Welch |
| --- | --- |
| Art/Ziel der Transformation | Ausbau des Elektronikunternehmens zu einem internationalen Mischkonzern |
| Objekt der Transformation (Anzahl in Klammern) | Unternehmenstransformation, Diversifikation (horizontal, vertikal und diagonal) |
| Besonderheiten | Die Unternehmenstransformation ist vor allem geprägt durch das Handeln und die Entscheidungen von Jack Welch |
| Dauer der Transformation | 1981–2001 (mit Jack Welch als CEO) |
| Transformation beendet | Ja **(erfolgreich)** |

General Electric hatte offenkundig viele Stärken. Das Unternehmen erzielte einen jährlichen Umsatz von 25 Milliarden Dollar und verdiente 1,5 Milliarden. Es hatte 404.000 Mitarbeiter. Seine Kreditwürdigkeit wurde mit Tripple-A bewertet, und mit seinen Produkten und Dienstleistungen war es in fast allen Wirtschaftszweigen vertreten – vom Toaster bis zum Elektrizitätswerk. Manche unserer Mitarbeiter bezeichneten das Unternehmen stolz als 'Supertanker' – es zog ruhig und unanfechtbar seine Bahnen. Ich respektierte diese Einschätzung, doch mir schwebte eher ein bewegliches Schnellboot vor, das in der Lage sein würde, innerhalb von Augenblicken den Kurs zu wechseln (Siehe [27, S. 106]).

Jack Welch (CEO und Chairman von General Electric von 1981 bis 2001) beschreibt in seiner Autobiografie, wie er das gesamte Unternehmen von diesem „Supertanker" zu einem „Schnellboot" transformierte, immer eng am Markt und am Shareholder Value orientiert. Dafür nutzte er klare Paradigmen („Fix, Close or Sell", 20-70-10- bzw. Sterne-und-Zitronen-Regel, aber auch die von Motorola entwickelte Six-Sigma-Methode, vgl. [22]).

Welch setzte in Zeitabständen von maximal fünf Jahren auf neue Transformationen (vgl. [7]):

- 1985: Globalisierungsstrategie, Best-Practice-Unternehmen
- 1990: Fokussierung auf Service/Webseite
- 1995: Six-Sigma-Einführung
- 1998: Fokus auf das E-Business

Jack Welch hat die Stärke des Internets frühzeitig erkannt. Auch heute noch verkauft der Konzern mehr Fahrzeuge online als im Geschäft. Zur damaligen Zeit war es schwer, ein derart innovatives E-Business-Projekt durchzusetzen (vgl. [6]).

Welch sagt selbst, das Beste daran, CEO zu sein, sei, alle Ressourcen zur Verfügung zu haben und seinen Ideen freien Lauf lassen zu können. Nach dem Motto „Probieren geht über Studieren" zahlen sich Investitionen in Innovationen aus. Auch in der Chronologie von 20 Jahren Jack Welch wird dies bestätigt (vgl. [16]).

### 1.1.3   Übernahme von E-Plus durch Telefónica

| Treiber/Auftraggeber | Telefónica |
|---|---|
| Art/Ziel der Transformation | Fusion von $O_2$ und E-Plus/Erzielung von Synergien und Erhöhung der Marktmacht |
| Objekt der Transformation (Anzahl in Klammern) | Unternehmensform, Markenauftritt, Produkt- und Serviceangebot, Mitarbeiter, Kunden, Prozesse, Strategie, auch die Netze wurden fusioniert, dies ist aber (geplant) nicht in dem u. g. Zeitraum abgeschlossen worden |
| Besonderheiten | Mit Telefónica Deutschland entsteht gemessen an der Kundenzahl der größte Mobilfunkanbieter Deutschlands |
| Dauer der Transformation | 01.10.2014–31.12.2016 |
| Transformation beendet | Ja **(erfolgreich)** |

Die Übernahme von E-Plus durch die Telefónica GmbH wurde am 01.10.2014 von den europäischen Kartellbehörden genehmigt. Aus der Fusion entstand der größte deutsche Mobilfunkanbieter mit über 40 Mio. Teilnehmern (vgl. [12]).

Als Antrieb für die Fusion von $O_2$ und E-Plus können die gestiegenen Kosten für die Netzbetreiber angesehen werden. Um diesen zu begegnen, werden Kosteneinsparungen von rund 5 Mrd. EUR geplant. Darüber hinaus zählen der Preisverfall auf dem Mobilfunkmarkt, die starke Konkurrenz durch Vodafone und die Telekom, disruptive Technologien (z. B. WhatsApp) sowie stagnierende Umsätze bzw. Rückgänge im Neukundengeschäft zu den Gründen, weswegen sich Telefónica entschieden hat, stärker im deutschen Markt zu wachsen und E-Plus zu übernehmen (vgl. [29]).

Telefónica stellt nach der Fusion alle bestehenden Kunden von Base und E-Plus auf $O_2$ um. An den vertraglichen Kosten und Leistungen verändert sich nichts. E-Plus verschwindet langsam vom Markt, an Base wird weiterhin festgehalten (vgl. [3]). Telefónica Deutschland will sich größtenteils auf das Premiumsegment $O_2$ konzentrieren. E-Plus- und Base-Kunden profitieren von einem besseren Kundenservice (vgl. [23]).

Im August 2017 meldet die Presse, dass die bundesweite Umstellung der GSM-, UMTS- und LTE- Netze auf eine einheitliche Netzkennung erfolgreich abgeschlossen ist. Durch diese Maßnahme bekommen Telefónica-Kunden im gesamten Bundesgebiet auf ihren mobilen Endgeräten ein einheitliches Netz angezeigt.

Damit sind ca. 29 Mio. Mobilfunkkunden von den E-Plus und ihrer Marken auf die $O_2$-Systeme und in $O_2$-Produkte migriert worden (Abb. 1.1).

Das größte Projekt in der deutschen Mobilfunkgeschichte ist positiv verlaufen, begünstigt durch eine gute Kommunikation zu den Kunden. Den Kunden wurde die Angst vor den Auswirkungen der Fusion genommen, Versprechen wurden eingehalten, sodass sie reibungslos verlaufen konnte (vgl. [8, S. 26]). Gleichwohl gab es auch immer wieder durch die Migration verursachte Probleme wie Nichterreichbarkeit und langen Wartezeiten im Kundenservice (vgl. [13]). Auch Kündigungen blieben nicht aus, damit muss aber bei einer Transformation in dieser Größenordnung gerechnet werden.

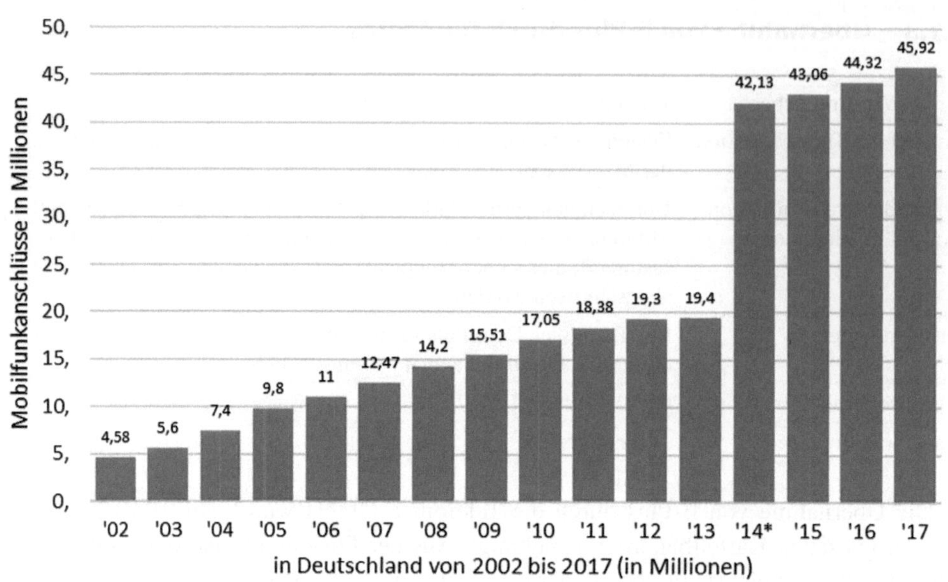



**Abb. 1.1** Anzahl der Mobilfunkanschlüsse im Netz von Telefónica in Deutschland bis 2017. (Quelle: Eigene Darstellung, Datenquelle: [25])

## 1.1.4 „Passion for Performance" – SAP-Einführung bei Otto

| Treiber/Auftraggeber | Otto Group |
|---|---|
| Art/Ziel der Transformation | Implementierung von SAP-Standardsoftware zur Prozessvereinfachung und Zentralisierung des Einkaufs |
| Objekt der Transformation (Anzahl in Klammern) | Technische Integration; Prozesse, Unternehmensberater/IT-Spezialisten (130) |
| Besonderheiten | Größtes IT-Projekt in der Konzerngeschichte; durch das Scheitern entsteht ein Schaden im zweistelligen Millionenbereich |
| Dauer der Transformation | 2009 – Sept 2012 |
| Transformation beendet | Nein. Das **Projekt scheitert** und wird im September 2012 beendet |

Die Otto Group hat sich zu Beginn 2009 vorgenommen, ein konzernweites, zentrales Warenwirtschaftssystem unter dem Projektnamen „Passion for Performance" (P4P) einzuführen, um dem starken Wettbewerbsdruck besser gewachsen zu sein und beispielsweise neue Produkte schneller ergänzen zu können (vgl. [10]).

Schnell stellte sich jedoch nach abgeschlossener Planungsphase heraus, dass die Komplexität enorm hoch war, da die Anzahl der Elemente und deren Wechselwirkungen untereinander kaum überschaut werden konnten. Das erschwerte das Treffen von Entscheidungen, da deren Auswirkungen ebenfalls unüberschaubar wurden. Das Projekt scheiterte, der Schaden wird auf einen zweistelligen Millionenbetrag geschätzt.

Anstatt einer digitalen Zentralisierung des Konzerns, nimmt die Otto Group über das doppelte der Arbeit in Kauf und verfolgt eine dezentrale Strategie. Wie es zu einem einheitlichen IT-Standard kommen kann, ist noch unklar. Es entstanden betriebsbedingte Kündigungen unter den 130 Projektbeteiligten. Das endgültige Ende wurde im September 2012 bekannt gegeben (vgl. [20]).

**Fazit**

Aus zurückliegenden Transformationsvorhaben und deren Verlauf können wir viel lernen. Einige dieser Projekte für ihr Unternehmen ein hohes Risiko und hohe Investitionen bedeutet, aber zumindest in Teilen am Ende erfolgreiche, neue Unternehmen geschaffen.

Betrachten wir die Privatisierung der **Bundespost** mit Abstand und dem Wissen um das Ergebnis, sehen wir, dass der Schritt notwendig war. Außerdem lernen wir daraus, dass die Unternehmensmentalität und das Mindset der Mitarbeiter einen entscheidenden Einfluss auf den Erfolg haben.

Der stetige Wandel, dem sich **General Electric** zwei Jahrzehnte lang ausgesetzt hat, hat ein völlig neu strukturiertes, breit aufgestelltes, erfolgreiches Unternehmen geschaffen. Unternehmerischer Mut, innovative Ideen, Zielstrebigkeit und Zukunftsorientierung sind unabdingbare Werte und Eigenschaften, die ebenfalls einen starken Einfluss auf den Erfolg des Vorhabens haben.

Wettbewerbs- und Kostendruck, sinkende Margen und Kundenabwanderung haben **E-Plus und O$_2$** zusammengeführt. Auch hier haben Zielstrebigkeit und letztlich auch konsequentes, entscheidungsfreudiges Handeln dafür gesorgt, dass ein erfolgreiches Projekt im Ziel angekommen ist.

Das Ziel, mit einem neuen, zentralen Warenwirtschaftssystem am Puls der Zeit zu sein und damit flexibler auf Trends und Kundenbedürfnisse reagieren zu können, hat sich die **Otto Group** vorgenommen. Die Beherrschung von Komplexität, ständige Transparenz und auch die Einschätzung der Tragweite von Einschätzung sind Aspekte, deren Fehlen zu einem Abbruch des Vorhabens geführt haben.

Mehr noch als bei gewöhnlichen größeren Projekten gehört es bei Transformationen dazu, sehr viel Mut und Weitsicht zu haben, aber ebenso auch mit Konsequenz und Transparenz vorzugehen, um das gesamte Unternehmen oder Teile davon zu verändern.

## 1.2 Beweggründe für Transformationen

Die unterschiedlichsten Gründe können der Ausgangspunkt einer Transformation sein und haben direkten Einfluss auf Strategie und Zielsetzung dieser. Dabei unterscheiden sich Motivation und damit auch Engagement auf den unterschiedlichen Organisationsebenen erheblich. Während auf Entscheider- bzw. Vorstandsebene primär die Marktposition des eigenen Unternehmens, Wettbewerbs- bzw. Zukunftsfähigkeit und zum Teil auch die eigene Bedeutung innerhalb der Organisation das Vorhaben antreiben, stehen oft auf Abteilungs- oder Gruppenleiterebene der Schutz der Mitarbeiter oder auch die Absicherung der eigenen Position im Vordergrund.

Auf der Ebene der Unternehmensleitung werden die offiziellen Ziele einer Transformation definiert, die letztendlich auf die zwei folgenden Haupttreiber zu reduzieren sind:

- Reduzierung der Kosten
- Steigerung des Umsatzes

Zusammenfassend ist also die Erhöhung der Marge die Triebfeder jeder Transformation, jedes oben genannte Beispiel referenziert am Ende eines der Ziele. Auch Kundenzufriedenheit oder Marktpositionierung bzw. Marktdurchdringung könnten als Ziele genannt werden; aber letztlich bewirkt eine höhere Kundenzufriedenheit eine höhere Kundenbindung und damit stabile oder steigende Umsätze und im Idealfall geringere Kosten pro Kunde (der **Customer Lifetime Value** steigt).

Die innere Organisation in ihren verschiedenen Ebenen mag auch eigene Ziele haben, aber diese müssen sich den Unternehmenszielen unterordnen oder zumindest konform damit sein und sich nicht widersprechen, sonst entstehen Konflikte, die zu Verzögerungen bis hin zum notwendigen Abbruch des Vorhabens führen können. Wenn eine Transformation das ganze Unternehmen betrifft, sitzen alle im gleichen Boot und sollten an einem Strang ziehen, z. B. wenn die Transformation eine Zusammenführung von zwei Unternehmen zum Ziel hat.

Strukturell kann jede Transformation als Projekt aufgefasst werden, denn die Transformation hat ein Ziel, ein Budget, eine eigene Organisation, ist komplex, lässt sich von anderen Projekten abgrenzen und hat einen definierten Zeitraum um durchgeführt zu werden.[1] Dies gilt auch dann, wenn die gesamte Organisation des Unternehmens davon betroffen ist, wie z. B. bei Vorhaben im digitalen Wandel oder bei der Übernahme eines Konkurrenten.

Die Übernahme von bzw. Fusion mit Konkurrenten in der EU hat seit 2012/2013 einen enormen Aufschwung bekommen, vor allem durch die Niedrigzinspolitik der Europäischen Zentralbank. Die Unternehmen haben das billige Geld häufig nicht primär für Investition in Innovationen genutzt, sondern für die „leichtere" Möglichkeit der Übernahme entweder von etablierten Start-ups, die eine Praxistauglichkeit bewiesen haben, oder der Übernahme der unliebsamen Konkurrenz. Die Strategie, sich eines Wettbewerbers durch Übernahme zu entledigen, steht den Marktwachstumszielen der EZB konträr gegenüber und führt lediglich zu einer Konzentration eines Marktes, obgleich in beiden Fällen (Übernahme eines Konkurrenten oder Kauf eines Start-ups) eine Transformation der Organisation und/oder der Technik die Folge ist.

---

[1]siehe Projektdefinition nach DIN699-01; Quelle: [24, S. 19], vgl. auch [19, S. 13].

Die Industrie 4.0 ist ein weiterer Treiber in den Transformationen von Unternehmen, denn der Druck der Konkurrenz wächst, insbesondere, begünstigt durch die Globalisierung, von Wettbewerbern jenseits des bekannten Heimatmarktes. Andererseits winken traumhafte Wachstumsraten, wenn ein solches Vorhaben erfolgreich endet. In Tab. 1.2 kann man Prognosen für die deutsche Industrie 4.0 sehen.

Dabei wird deutlich, dass die typischen deutschen Ingenieurbereiche (Maschinenbau, Elektronik und Chemie) das größte Wachstum erwarten. Zu bemerken ist auch, dass diese Prognose dem sonstigen bzw. normalen Branchenwachstum hinzuzurechnen ist. Dennoch sind in Deutschland Transformationsvorhaben für die Industrie 4.0 noch gering in der Zahl.

Die Notwendigkeit zur Transformation im Zuge der Digitalisierung wird durch viele Umfragen bestätigt. Insbesondere im deutschen Mittelstand gibt es in dem Zusammenhang Defizite, die einen enormen Nachholbedarf in der digitalen Transformation nach sich ziehen, z. B.:

- fehlende Infrastruktur und Konnektivität (vgl. [28])
- fehlendes qualifiziertes Personal
- fehlende Gesamtstrategie der Transformation (siehe [1, S. C1])

Jedes Unternehmen, das diese Transformation nicht antreibt, wird sich einer Konkurrenz gegenübersehen, die dies getan und damit einen Wettbewerbsvorteil hat.

**Tab. 1.2** Erwartete Effekte und Potenziale durch die Industrie 4.0 in Deutschland zwischen 2013 und 2025. (Eigene Darstellung, Quelle: [2, S. 35])

| Branchen | Bruttowertschöpfung in Mrd. EUR | | Potenzial durch Industrie 4.0 in % | Jährliche Steigerung in % | Steigerung in Mrd. EUR |
|---|---|---|---|---|---|
| | 2013 | 2025 | 2013–2025 | 2013–2025 | 2013–2025 |
| Chemie | 40,18 | 52,10 | 30 | 2,21 | 12,02 |
| Automobil | 74,00 | 88,80 | 20 | 1,53 | 14,80 |
| Maschinenbau | 76,79 | 99,83 | 30 | 2,21 | 23,04 |
| Elektrische Ausrüstung | 40,27 | 52,35 | 30 | 2,21 | 23,04 |
| Land- und Forstwirtschaft | 18,55 | 21,33 | 15 | 1,17 | 2,78 |
| IT & Kommunikation | 93,65 | 107,70 | 15 | 1,17 | 14,05 |
| **Potenzial der sechs Branchen** | **343,34** | **422,11** | **23** | **1,74** | **78,77** |
| **Beispielhafte Hochrechnung für Gesamtbruttowertschöpfung in DE** | **2.326,61** | **2.593,06** | **11,5** | **1,27** | **267,45** |

Damit wird deutlich, dass die große Welle der Unternehmenstransformationen uns noch bevorsteht, entweder aufgrund von Übernahmen oder in Form von eigenen, inneren Transformationen. Das Bild der einzelnen unterschiedlichen Branchen und Märkte und vieler kleiner Unternehmen wird sich dadurch verändern. Durch das Internet 4.0 werden Branchen und Unternehmen zusammenarbeiten müssen, die in der Vergangenheit weniger Berührungspunkte miteinander hatten. Man denke da beispielsweise an Daten, die während des autonomen Fahrens entstehen und für Versicherungen, Steuerbehörden, Ermittlungsbehörden, Automobilindustrie und IT gleichermaßen interessant sind.

Bevor wir uns noch weiter dem Antrieb hinter einer Transformation widmen, sollten wir das Umfeld, aber auch den Gegenstand der Transformation etwas beleuchten und versuchen, uns in ein Vorhaben einzufinden.

In der Theorie lässt sich die Forderung nach einem uniformen Vorgehen auf allen Ebenen leicht stellen. In der Praxis stehen dem die Emotionen gegenüber, die zu einer Übernahme eines Wettbewerbers, den man noch gestern mit Werbekampagnen attackierte, dazu gehören. Diese lassen sich auch nicht durch „Befehl von oben" wegdefinieren oder durch einfühlsame Newsletter beheben. Dafür ist Zeit und beständige Wiederholung notwendig, aber auch Zusammenführungen auf persönlicher Ebene, gemeinsame Veranstaltungen, auf denen alle gehört werden und sicherlich auch eine Durchmischung beider Organisationen erzielt werden kann.

Aber welche Rolle spielt dann die Migration von Daten und Prozessen? Man kann die These aufstellen, dass es keine Transformation gibt, die ohne Migration von Daten oder ohne Migration von Prozessen auskommt. Die Wandlung selbst impliziert Veränderungen an der Organisation und wirkt sich somit auch auf die Prozesse aus. Die Größe des Vorhabens, zumindest wenn sie über ein „triviales" Rebranding[2] oder andere Ziele, die Unternehmensprozesse nicht tangieren, hinausgeht, hat dabei auch häufig Auswirkungen auf eine mögliche Datenmigration, da sich Prozesse auf Datenerhebung, Datenauswertung und natürlich die Datenverarbeitung auswirken. Je kleiner das Vorhaben ist, desto mehr sinkt allerdings auch die Wahrscheinlichkeit, dass eine Datenmigration notwendig wird. Manchmal wird die Datenmigration auch einfach zeitlich nach hinten verlagert, da die (sichtbaren) Quick Wins leichter erreicht werden können und in der Außendarstellung ein positives Bild erzeugen. Der Rest, also beispielsweise unvollständige Kundendatensätze, Prozesslücken oder fehlende Funktionalitäten und Schnittstellen, der einen deutlich höheren Aufwand und auch ein gewisses Misserfolgsrisiko in sich birgt, wird auch gerne zeitlich so weit nach hinten geschoben, bis er aus dem Blickfeld der Beteiligten verschwunden ist. Lediglich bei sehr kleinen Anpassungen in der Organisation oder an IT-Systemen sind überhaupt keine Datenmigrationen nötig, dann spricht man in der Regel aber auch nicht von Transformationen.

Transformation wird auch unter dem Kontext der gesellschaftlichen und kulturellen Veränderung verwendet. Martin Lindstrom versteht in seinem Buch „Small Data" unter

---

[2]Rebranding, also die Änderung des Erscheinungsbildes eines Unternehmens am Markt (neues Logo, neue Konzernfarben, gegebenenfalls auch Änderung des oder der Markennamen).

Transformation den Moment, in dem das Individuum jemand anderes zu werden strebt, Momente des Innehaltens und Nachdenkens zählen dazu (vgl. [15, S. 254]).[3] Also ist der Begriff Transformation, der in den letzten Jahren inflationär für jegliche Anpassung des Geschäftes verwendet wurde, in diesen Fällen missbraucht worden. Die Motivation zu diesem Missbrauch liegt größtenteils darin begründet, dass man die Schaffung von etwas Innovativem, Modernerem betonen will, auch um das Vorhaben leichter durchzusetzen.

Im Folgenden werden wir den Begriff Transformation nur für größere Vorhaben anwenden, die tatsächlich eine Umformung der Unternehmen bedeuten, mit allen damit einhergehenden prozessualen, geschäftlichen und technischen größeren Veränderungen. Meist steht dies mit der Höhe des Budgets des Vorhabens in Verbindung, das oft einen zweistelligen Millionenbetrag oder mehr erreicht.

Was sind also die typischen Kennzeichen einer Transformation? In der Literatur wird der Begriff sehr frei und uneinheitlich verwendet.

Das Gabler Wirtschaftslexikon verweist auf die von Capgemini entwickelten 4 R der Transformation (vgl. [21]):

| | |
|---|---|
| Reframing | Im Prozess der Einstellungsänderung verändert das Unternehmen sein Selbstbild und seine Vorstellung von den eigenen Möglichkeiten. |
| Restructuring | In der Phase der Restrukturierung rüstet sich das Unternehmen, damit es ein wettbewerbsfähiges Leistungsniveau erreicht. Die entsprechenden Maßnahmen folgen der Notwendigkeit, schlank und fit zu sein. |
| Revitalizing (Revitalisierung) | Gilt als der bedeutendste Faktor. Er soll Wachstum bewirken. Hier unterscheidet sich die Business Transformation von einer bloßen Sanierung. |
| Renewing (Erneuerung) | Beschäftigt sich mit der menschlichen Seite der Transformation. Hier sollen die Mitarbeiter motiviert werden und neue Fertigkeiten erwerben, damit sich das Unternehmen insgesamt regenerieren kann. Das Renewing ist die schwierigste Dimension in der Business Transformation. |

Eine gelungene Business Transformation ist das Ergebnis einer Umgestaltung der genetischen Architektur eines Unternehmens, die gleichzeitig und abgestimmt – wenn auch mit unterschiedlichen Geschwindigkeiten – in allen vier genannten Dimensionen durchgeführt wird. In jüngster Zeit wird das Konzept der Business Transformation auch in der IT-Beratung angewendet.

---

[3]Hierbei geht es im Verhalten des Einzelnen Abstand von der Geschwindigkeit des Alltags zu nehmen um ein anderer Mensch kurzzeitig zu sein, wie z. B. beim Alkohol, oder in der Freizeit.

Laut der Unternehmensberatung McKinsey werden in der Business Transformation auch Business Reengineering verwendet (man spricht von holistischen Veränderungen, vgl. [4]) und laut Kotter auch viele Merkmale von Change Management eingebaut, wie z. B. die Phasen der Veränderungsprozesse: Veränderung erkennen, Veränderung vereinbaren, Veränderung verstehen, Veränderung designen, Veränderung testen, Veränderung einbauen (vgl. [11]).

**Fazit**

Viele Transformationsvorhaben sind im Detail sehr unterschiedlich motiviert, als Haupttreiber lassen sich jedoch in den meisten Fällen **Steigerung des Umsatzes** und **Senken der Kosten** identifizieren.

## Literatur


1. Astheimer S (2016) Die digitale Zukunft muss warten; keine Zeit, keine Leute… Frankfurter Allgemeine Zeitung, 10./11. September
2. BITKOM, Fraunhofer IAO (2014) Industrie 4.0 – Volkswirtschaftliches Potenzial für Deutschland. Studie. https://www.bitkom.org/noindex/Publikationen/2014/Studien/Studie-Industrie-4-0-Volkswirtschaftliches-Potenzial-fuer-Deutschland/Studie-Industrie-40.pdf. Zugegriffen: 18. Okt. 2018
3. Briegleb V (2016) Telefónica stellt Kunden von E-Plus und Base auf O2-Tarife um. http://www.heise.de/newsticker/meldung/Telefonica-stellt-Kunden-von-E-Plus-und-Base-auf-O2-Tarife-um-3091256.html. Zugegriffen: 25 Juni 2018
4. Bucy M, Finlayson A, Kelly G, Moye C (2016) The ,how' of transformation. McKinsey Insights May 2016. https://www.mckinsey.com/industries/retail/our-insights/the-how-of-transformation. Zugegriffen: 25 Juni 2018
5. Deutsche Post DHL (2013) Deutsche Post DHL 1990–2013. http://www.dpdhl.com/de/ueber_uns/auf_einen_blick/publikationen/_jcr_content/mainpar/downloadlist/downloadlistpar/downloadlistitem_6.download. Zugegriffen: 6. Jan. 2017
6. Economist (2001) While Welch waited. The economist 17.05.2001. https://www.economist.com/business/2001/05/17/while-welch-waited. Zugegriffen: 22 Juni 2018
7. Ghouse S (2013) GE's digital revolution. Strategic change process. http://de.slideshare.net/ghouse1508/ge-case-presentationgroup8. Zugegriffen: 22 Juni 2018
8. Haas M (2017) Interview mit Markus Haas. Süddeutsche Zeitung, 17. Februar
9. Handelsblatt (2016) Deutsche Bank und Postbank – Szenarien für die Zukunft einer Zweckehe. Handelsblatt 22.07.2016. http://www.handelsblatt.com/finanzen/banken-versicherungen/deutsche-bank-und-postbank-szenarien-fuer-die-zukunft-einer-zweck-ehe/13915536-all.html. Zugegriffen: 22 Juni 2018
10. Jensen S, Schwarzer U (2013) Gute Zeiten, schlechte Zeiten. Manager Magazin 11.04.2013. http://www.manager-magazin.de/magazin/artikel/a-891269-3.html. Zugegriffen: 25 Juni 2018
11. Kotter JP (2007) Leading change: why transformation efforts fail. Harv. Bus Rev 85(1):96–103
12. Krockert F (2018) Telefónica-E-Plus-Fusion. https://www.teltarif.de/tag/o2-e-plus-uebernahme/. Zugegriffen: 22 Juni 2018
13. Kuch A (2016) Schwerwiegende Kundenserviceprobleme bei o2. https://www.teltarif.de/o2-probleme-kundenservice-erreichbarkeit/news/65106.html. Zugegriffen: 25 Juni 2018

14. Lieb W (2008) Die Privatisierung der Post führt zu schleichender Entpersonalisierung und zwingt den Kunden an Automaten. http://www.nachdenkseiten.de/?p=3291. Zugegriffen: 22 Juni 2018
15. Lindstrom M (2016) Small data. Plassen, Kulmbach
16. Murray M (2001) Why Jack Welch's leadership matters to businesses world-wide. http://www.wsj.com/articles/SB999643263420646756. Zugegriffen: 22 Juni 2018
17. Musil A (2012) War die Privatisierung der Post ein Fehler? Der Tagesspiegel 19.09.2012. http://www.tagesspiegel.de/meinung/war-die-privatisierung-der-post-ein-fehler/7111502.html. Zugegriffen: 22 Juni 2018
18. Oldenburg B (2004) Weissbuch 2004. Staatliche und halbstaatliche Unternehmen verzerren die Wettbewerbsbedingungen im europäischen Speditions- und Logistikmarkt. Die existenzbedrohenden Folgen für privatwirtschaftlich finanzierte Unternehmen. http://www.wettbewerbsverein-koeln.de/img/Schlussfassung_Weissbuch_GER.pdf. Zugegriffen: 25 Juni 2018
19. Olfert (2016) Projektmanagement 10. Aufl. Kiehl, Herne
20. Paulus S (2012) Otto cancelt IT-Megaprojekt. Finance Magazin 24.09.2012. https://www.finance-magazin.de/cfo/cfo-digital/otto-cancelt-it-megaprojekt-1234901/. Zugegriffen: 25 Juni 2018
21. Reineke RD (2018) Business Transformation. Gabler Wirtschaftslexikon. https://wirtschaftslexikon.gabler.de/definition/business-transformation-51893/version-147992. Zugegriffen: 25 Juni 2018
22. Ridderbusch K (2010) The general electric turnaround: why we can't all be Jack Welch! Handelsblatt 10.06.2010. http://www.handelsblatt.com/unternehmen/management/jack-welch-gnadenloser-antreiber/3458044.html. Zugegriffen: 22 Juni 2018
23. Saal M (2016) Telefónica lässt E-Plus endgültig sterben und legt Base auf Eis. http://www.horizont.net/marketing/nachrichten/O2-Telefnica-laesst-E-Plus-endgueltig-sterben-und-legt-Base-auf-Eis-138606. Zugegriffen: 25 Juni 2018
24. Schelle (2010) Projekte zum Erfolg führen. Projektmanagement systematisch und kompakt. dtv Beck Wirtschaftsberater, München
25. Telefónica Deutschland (2018) Ergebnis Januar – März 2018. https://www.telefonica.de/file/public/1206/20180425-TEF-D_Q1_2018_Datatables_deutsch.xlsx. Zugegriffen: 25 Juni 2018
26. Vahlen F (2016) 7 Muster der digitalen Transformation. In: Matzler K, Bailom F, von den Eichen SF, Anschober M (Hrsg) Digital Disruption. Wie Sie Ihr Unternehmen auf das digitale Zeitalter vorbereiten. Vahlen, München
27. Welch J (2006) Was zählt – Die Autobiographie des besten Managers der Welt. Ullstein, Berlin
28. Wernick C, Strube Martins S, Bender CM, Gries CI (2016) Markt- und Nutzungsanalyse von hochbitratigen TK-Diensten für Unternehmen in Deutschland. https://www.wik.org/fileadmin/Studien/2016/Studie_BMWi_Breitbandnutzung_von_KMU.pdf. Zugegriffen: 18. Okt. 2018
29. Wilkens A (2014) Telefónica Deutschland schließt Übernahme von E-Plus ab. https://www.heise.de/newsticker/meldung/Telefonica-Deutschland-schliesst-Uebernahme-von-E-Plus-ab-2409381.html. Zugegriffen: 22 Juni 2018

# Strategien der Migration


**Zusammenfassung**

Migrationen sind, wie wir in Kap. 1 gesehen haben, eine besondere Art der Transformation. Für den Umgang mit Migrationen brauchen wir tragfähige Strategien, und genau denen wollen wir uns nun widmen. Dabei betrachten wir die verschiedenen Arten der Migration und beleuchten Inhalt und Ziele. Kommunikation in Richtung aller Beteiligten (insbesondere was dabei zu beachten ist) und die Frage danach, welche Herangehensweisen zu einem guten Ergebnis führen, runden das Kapitel ab.


Jede Transformation hat einen Grund, das haben wir im vorherigen Kapitel dargestellt. Über Erfolg oder Misserfolg des Vorhabens entscheidet neben Mut, Weitsicht, Konsequenz und Transparenz auch die passende[1] Migrationsstrategie, für die man sich entscheidet. Im Folgenden sollen daher nun unterschiedliche Migrationsstrategien beleuchtet werden, Tab. 2.1 gibt dabei einen ersten Überblick.

## 2.1 Migrationsstrategien im Detail

Jede der nachfolgend im Detail vorgestellten Strategien findet in Projekten bzw. in Unternehmenstransformationen Anwendung und bietet ihre eigenen Vor- und Nachteile, wobei jede einzelne selten als alleinige Strategie angewendet wird.

---

[1] Wobei „passend" meist erst nachträglich verifizierbar ist. Um die passende Strategie zu wählen, erfordert es Erfahrung, Experten in diesem Gebiet sowie eine ausführliche Untersuchung, noch bevor die Konzeption abgeschlossen ist.


© Springer-Verlag GmbH Deutschland, ein Teil von Springer Nature 2019
G. Panagos und C. Hammer, *Transformation von Unternehmen und Technologie,*
https://doi.org/10.1007/978-3-662-54052-7_2

**Tab. 2.1** Die verschiedenen Migrationsstrategien im Überblick. (Quelle: Eigene Darstellung)

| Migrationsstrategie | Beschreibung |
| --- | --- |
| 1:1-Migration | Das Migrationsobjekt wird ohne Veränderungen vollständig auf eine neue Umgebung/Plattform/Software übertragen[a] |
| Best Of Breed | Das Beste wird in einer neuen Lösung vereint (z. B. bei der Migration von IT-Systemen mehrerer Unternehmen) |
| Data Only | Es wird bewusst auf Funktionalität des Altsystems verzichtet, da ausschließlich Daten übertragen werden, von denen häufig auch unnötige Teile weggelassen werden (z. B. Kundenhistorie oder Daten zu wegfallenden Funktionalitäten) |
| Managed Transition | Das Alt-bzw. Fremdsystem wird als Bestandteil der Systemlandschaft aufgefasst und über den bestehenden Transition-Prozess in die Landschaft der künftigen Systeme integriert |
| Silent Migration | Die Transformation findet im Verborgenen statt, z. B. weil man den Markennamen erhalten oder Kundenabwanderung vermeiden möchte |
| Buyer is leading | Die Systemlandschaft mit deren Funktionalitäten, Datenstrukturen und Prozessen wird als führend betrachtet, das Alt- bzw. externe System muss sich bei Entscheidungen unterordnen und entsprechende Änderungen vornehmen, um kompatibel zu werden |
| Misch-Strategie | Häufig ist die festgelegte Migrationsstrategie eine Mischung aus den vorangestellten Strategien (beispielsweise Data Only und Buyer is leading) |

[a]Hier kann die Frage aufkommen: Warum benötige ich eine Transformation, wenn alles übernommen wird? Die Bedingungen und die Prozesse könnten dennoch in einer neuen Zielumgebung verschieden zur Quelle sein, z. B. kann es bei einer Übernahme von Unternehmen sinnvoll sein, die Produkte des übernommenen Unternehmens 1:1 im neuen Unternehmen zu nutzen und dort mit den vorhandenen Produkten zu integrieren

**Eins-Zu-Eins-Migration (1:1-Migration)**

Gerade bei einem Herstellerwechsel oder einem großen Software-Versionssprung innerhalb der eingesetzten Software ist die 1:1-Migration eine häufig gewählte Strategie, da sich mit dem neuen Programm nichts verschlechtern bzw. verändern soll. Häufig wird allerdings eine Detailprüfung übersprungen, in der man sich intensiv mit Änderungen auseinandersetzt. Auch ein Versionswechsel kann die interne Arbeitsweise der Software oder deren Architektur verändern, was sich unter Umständen wieder in den IT-bzw. Betriebs- oder gegebenenfalls auch in den Entwicklungsprozessen niederschlägt, als Beispiel sei hier der Wechsel von 32bit- auf 64bit-Architekturen oder eine (aus Performance-Gründen sinnvolle) Überarbeitung des zugrunde liegenden Datenmodells genannt.

Projekte, die eine 1:1-Strategie verfolgen, sind darüber hinaus sehr testintensiv, da bereits die fachliche Definition von Regressionstestfällen, insbesondere bei Software, die seit langer Zeit organisationsweit im Einsatz ist, viel Zeit in Anspruch nehmen kann. Außerdem wird häufig das Funktionsspektrum einer Software nicht gleichzeitig von wenigen Mitarbeitern, sondern von einzelnen Mitarbeitern der Organisation, teilweise auch zweckentfremdet (Übergangs- bzw. Behelfs-Lösungen), genutzt. Eine 1:1-Migration bietet die Chance, unbekannte oder unerwünschte Prozesse oder sogar unautorisierte Datennutzung abzustellen, indem man einfach diese Teile nicht überträgt. Dafür ist natürlich als Vorbereitung eine entsprechende Untersuchung notwendig, sofern die Informationen nicht bereits im Vorfeld durch fachliche oder technische Systemverantwortliche gesammelt und als Migrations-Ausschlusskriterium definiert wurden.

**Übersicht**

**Vorteile**

- Herstellerunterstützung in Form von technischen Assistenten (v. a. bei größeren Wechseln der Hauptversion einer Software oder beim Wechsel von Standardsoftware)
- Geringer Implementierungsaufwand (häufig auch als Zielsetzung der Migrationsstrategie)
- Hohes Automatisierungspotenzial und damit eine kurze Produkteinführungszeit
- Keine Änderungen an Prozessen notwendig (unbedingt Detailprüfung durchführen)
- Risikoarm, zusätzliche Absicherung durch Parallelbetrieb möglich

**Nachteile**

- Hoher Testaufwand (vollständiger Regressionstest, Ende-Zu-Ende-Test)
- Zeitintensive Vorbereitungsphase durch Detailprüfung (Vergleich von Funktionen und Architektur)
- Bereinigungen finden nicht statt, Altlasten verbleiben häufig im System
- Automatismen funktionieren nur bei Lösungen mit geringer oder mittlerer Komplexität. Anpassungen oder eigenständige Implementierung in der Standardsoftware müssen manuell migriert werden und sind der Aufwandstreiber
- Selten wirkt sich eine 1:1-Migration positiv auf die Endnutzer-Zufriedenheit aus
- Geringes Innovationspotenzial

**Best of Breed**

Bei der Auswahl einer Entwicklungsplattform stellt sich die Frage: Entscheide ich mich für eine Lösung aus einer Hand und nehme gegebenenfalls Nachteile (fehlende Funktionen, fehlende Kompatibilität, etc.) in Kauf oder ergänze ich das Produkt durch Drittanbieter-Software oder ein Nischenprodukt? Selbiges gilt auch bei einem Transformationsvorhaben wie einer Unternehmensfusion: Soll die Ziel-Systemlandschaft möglichst homogen sein/bleiben oder benötige ich in Teilen Produkte und Funktionalitäten aus der „alten Welt", um meine zukünftigen Geschäftsprozesse bestmöglich zu unterstützen? Bei der Strategie Best of Breed wird also für jeden funktionalen oder fachlichen Teilbereich das Optimum gesucht, ungeachtet dessen, ob die Software bereits vorhanden ist oder zu den bestehenden Plattformen passt.

Dieser Ansatz bedingt eine sehr ausführliche Vorbereitungs-, Analyse- sowie Planungsphase, da eine marktweite Tool-Evaluierung nach fachlichen, funktionalen und gegebenenfalls auch technologischen Kriterien (sofern beispielsweise Architektur- oder Plattform-Vorgaben definiert wurden) durchgeführt werden muss. Wenn man sich für die Option einer Drittanbieterlösung interessiert, kommt eine Ausschreibung hinzu, die langwierig sein kann. Zusätzlich muss darüber hinaus gegebenenfalls auch die Verträglichkeit der einzelnen Komponenten untereinander gewährleistet sein. Bei einer Unternehmensfusion muss diese Evaluierung noch dazu unbedingt neutral durchgeführt werden, da (ähnlich wie bei der Strategie Buyer is leading) die Notwendigkeit der weiteren, möglicherweise parallelen Existenz der einzelnen bestehenden Systeme (und des dazugehörigen bestehenden Personals) des jeweiligen Unternehmens zu entscheiden ist. Daher werden diese Diskussionen mit vielen Emotionen geführt. Zusätzlich darf nicht vergessen werden, dass auch für die Testplanung und -durchführung ein hoher Aufwand zu kalkulieren ist, da eine vollständige Integration aller Einzelkomponenten untereinander, aber auch die Integration der neuen Plattform bzw. der Einzelkomponenten in die Konzern-Systemlandschaft gewährleistet sein muss.

**Übersicht**
**Vorteile**

- Hoher Individualisierungsgrad, was beispielsweise Funktionsumfang oder Datenübernahmen betrifft
- Altlasten können bereinigt werden
- Hohe Nutzerzufriedenheit
- Durch den Aufbau neuer Plattformen ergibt sich häufig ein hohes Innovationspotenzial, vor allem bei Geschäftsprozessen
- Hohes Automatisierungspotenzial und damit eine kurze Produkteinführungszeit
- Potenzial zur Vereinfachung von Prozessen

**Nachteile**

- Hoher Vorbereitungs-, Analyse- und Planungsaufwand
- Hoher Testaufwand (vollständige Integrationstests, Ende-Zu-Ende-Test)
- Höhere Wartungs- und Betriebskosten durch heterogene Systemlandschaft
- Schnittstellen, vor allem zu Legacy-Systemen, unterstützen unter Umständen nicht jede Plattform/Software
- Kaum Automatisierung möglich

**Data Only**

Während bei den vorangegangenen Strategien die Funktionalität im Vordergrund der Entscheidung stand, geht es bei der Data-Only-Strategie in der Hauptsache um Daten. Das bedeutet, dass in der reinen Form dieser Strategie lediglich Daten aus einer Quelle in das Zielsystem übertragen werden müssen. Dafür bietet sich klassisches ETL (Extraktion, Transformation, Laden) an.

Häufig wird diese Variante gewählt, wenn wenig Zeit für eine Migration zur Verfügung steht oder wenn (z. B. aufgrund einer Entscheidung wie Buyer is leading) bewusst auf Funktionalität oder die Integration von IT-Systemen verzichtet werden soll. Vermeintlich handelt es sich auch um die einfachste Migrationsstrategie, weil die Komplexität durch das Weglassen von Funktionalität sinkt, doch das kann ein Trugschluss sein. Unternehmen, die nicht organisch, sondern durch Zukäufe wachsen, kennen auch den Grund dafür: Selbst einfachste Begriffe (z. B. Umsatz, Kunde oder Produkt) werden über Abteilungsgrenzen hinaus nicht unternehmensübergreifend definiert, Datenmodelle nicht im Branchen-Konsens entwickelt und auch Software-Anpassungen oder Schnittstellen bzw. der Datenaustausch zwischen Systemen finden in jedem Unternehmen höchst individuell statt. Während in einem Datenmodell alle aktuellen Kundeninformationen in einer Tabelle stehen, kann ein anderes Datenmodell hochgradig normalisiert sein und damit Kundeninformationen (vielleicht sogar aggregiert bzw. berechnet) in verschiedenen Tabellen einer Datenbank vorhalten. Damit wird klar, dass hier sehr viel Kommunikations- und Abstimmungsbedarf besteht, vor allem im Hinblick auf explizite Kommunikation.

Darüber hinaus bietet der Data-Only-Ansatz auch die Möglichkeit, sich auf das zu konzentrieren, was tatsächlich benötigt wird bzw. als Ziel der Transformation definiert worden ist. Dadurch kann für jeden Einzel- oder Spezialfall, aber auch für Altlasten oder beispielsweise die Kundenhistorie entschieden werden, ob diese relevant für die Migration sind und in das Zielsystem übertragen werden sollen oder nicht.

**Übersicht**
**Vorteile**

- Geringste Komplexität, da lediglich Daten im Fokus der Strategie stehen
- Altlasten, aber auch Spezialfälle können bei Bedarf bereinigt werden
- Schneller Abschluss der Migration ist möglich
- Geringer Änderungs-/Anpassungsaufwand in Bestands- bzw. Zielsystemen
- Es entstehen in der Regel keine Folgekosten (v. a. Betriebskosten)

**Nachteile**

- Hoher (expliziter) Kommunikationsaufwand
- Hoher Testaufwand (vollständiger Ende-Zu-Ende-Test)
- Einrichtung von Schnittstellen kann kompliziert bzw. langwierig werden
- Individual-Entwicklung, kann zum Aufwands- bzw. Kostentreiber werden

**Managed Transition**

Neben der Möglichkeit, die Migration auf Daten zu beschränken, kann man auch den Zeitpunkt der Migration verschieben. Dies bietet sich vor allem bei den weniger kritischen Systemen an, die man beispielsweise nicht für Abrechnungsprozesse oder für die Erfüllung regulatorischer Anforderung benötigt.

Dabei gewinnt man neben dem zeitlichen Faktor auch die Möglichkeit, vollständig etablierte Unternehmensprozesse für das Vorhaben nutzen zu können. Bei einer Managed Transition wird der Service bzw. die Applikation mit Hilfe von Regel-Prozessen innerhalb der regulären (Release-)Planung in die künftige Systemlandschaft integriert. Da Unternehmensprozesse häufig weniger flexibel als beispielsweise Projektprozesse sind, ergibt sich daraus auch eine längere Transitionsdauer.

Die Herausforderung bei dieser Vorgehensweise besteht in der vorherigen Integration in die Systemlandschaft, was den Plattformbetrieb, aber auch Change- bzw. Configuration-Management-Prozesse sowie darüber hinaus die Anbindung an einen Unternehmensverzeichnis-Dienst wie LDAP oder AD zur Steuerung von Benutzer- und Zugriffsverwaltung betrifft.

**Übersicht**

**Vorteile**

- Gut geeignet für Anwendungen, die unkritisch für das Unternehmen oder das Transformationsvorhaben sind
- Regelprozess begleitet das Vorhaben, Umgang mit Ausnahmen oder Engpässen, aber auch Eskalationsmechanismen sind etabliert
- Zeitgewinn für das eigentliche Migrationsvorhaben

**Nachteile**

- Integration in die bestehende Systemlandschaft im Vorfeld kann erhöhte Kosten verursachen, die man kritisch in ein Kosten-Nutzen-Verhältnis während der Planungsphase setzen muss
- Synergie-Effekte durch Abschaltung von Altsystemen treten erst später ein
- Gegen das „Vergessen werden" muss aktiv gesteuert werden
- Integrationsaufwand entsteht trotzdem

**Silent Migration**

Wie der Name schon andeutet, ist das Ziel dieser Strategie, dass die Transformation so geräuschlos wie möglich vonstattengeht. Dabei kann diese Vorgehensweise für unterschiedliche Informationsempfänger stillschweigend voranschreiten: den gesamten Markt, Wettbewerber oder Kunden.

Die Gründe dafür, eine Transformation geräuschlos abzuwickeln, sind ebenso vielfältig, beispielsweise sollen Marken weiterhin am Markt verbleiben, Investoren oder Kunden nicht verunsichert werden, oder man möchte dem Wettbewerb so wenig Zeit wie möglich lassen, um mit Werbekampagnen zu reagieren.

Bei einer Silent Migration darf man allerdings nie vergessen, dass vor allem bei großen Migrationsvorhaben oft sehr viele Personen direkt involviert sind – neben den Kunden eben auch Mitarbeiter sowie Geschäftspartner jeweils beider Migrationspartner (bei einer Unternehmensfusion) oder Personen von anderen Unternehmen (z. B. Softwarehersteller), externe Berater, Regulierungs- und Aufsichtsbehörden und auch die Presse.

Eine weitere Ausprägung der Silent Migration neben der Kommunikationsstrategie ist die Auswirkung auf die Interaktion mit den direkt betroffenen Kunden: Soll der Kunde beispielsweise aktiv neue Geschäftsbedingungen akzeptieren oder für einen Betreiberwechsel (wie bei der Fusion zwischen E-Plus und Telefónica) sein Handy ein- und ausschalten?

**Buyer is leading**

Diese Migrationsstrategie wirkt zunächst wie ein Sonderfall, da sie sich hauptsächlich auf Unternehmensfusionen oder -konsolidierungen bezieht, kann aber auch für innerbetriebliche Konsolidierungen gelten, sofern ein Bereich der übernehmende Bereich ist. In einem großen Projekt bzw. Programm zur Transformation oder auch zur Fusion zweier Unternehmen müssen viele Entscheidungen getroffen werden, die Strategie Buyer is leading gibt dabei eine Hilfestellung bzw. starke Tendenz für einige der zu treffenden Entscheidungen. Übersetzt in eine Migrationsstrategie: „Mache auf der Seite des gekauften Unternehmens alles dafür, dass die Prozesse, Anwendungen und Datenstrukturen des kaufenden Unternehmens so wenig wie nötig verändert werden müssen."

Diese Strategie wird vor allem in der Planungs- und teilweise noch in der Konzeptionsphase angewendet, der Unternehmenskäufer gibt den Ton an, der Gekaufte folgt. Dies steht im Gegensatz zum Best-of-Breed-Ansatz, der unabhängig von der „Färbung" der Anwendung den möglichen Nutzen fokussiert und damit auch auf emotionaler Ebene der Mitarbeiter eine Fusion wie einen Zusammenschluss unter Gleichen wirken lässt. Buyer is leading kann, z. B. bei fehlender Transparenz oder schlechter Kommunikation, schnell den Beigeschmack einer Niederlage mit sich bringen. Da eine Unterstützung seitens aller Beteiligter aber unerlässlich ist, sollte darauf geachtet werden, dass dieser Beigeschmack nicht aufkommt.

Darüber hinaus ist diese Regel auch nicht als unumstößlich anzusehen, jede Entscheidung muss auch dahin gehend analysiert und bewertet werden, ob sie aus betriebswirtschaftlicher (und auch rechtlicher) Sicht sinnvoll ist (z. B. Verzicht auf x Kunden, die nicht zum Geschäftsmodell des Käufers passen) und ob eine entsprechende Anpassung auf Verkäuferseite schneller oder in der gleichen Zeit umsetzbar ist wie auf Käuferseite. Hier spielen natürlich auch die Gesamtziele des Vorhabens eine Rolle (z. B. fixes Projektende oder definiertes Projektbudget).

**Übersicht**

**Vorteile**

- Gibt eine klare Richtung in der Planungsphase vor
- Hilft dabei, Entscheidungsprozesse abzukürzen bzw. zu beschleunigen

**Nachteile**

- Wird die Strategie konsequent und ohne Auswirkungsanalyse angewendet, kann ein Schaden für das Unternehmen bzw. das Vorhaben entstehen
- Kann ein „Verlierergefühl" beim gekauften Unternehmen und dessen Mitarbeitern auslösen
- Individual-Entwicklung, kann zum Aufwands- bzw. Kostentreiber werden

**Misch-Strategie**

Viele der vorgestellten Strategien können, vor allem in sehr großen Vorhaben, nicht für sich alleine das Vorgehen bestimmen. Häufig tritt daher als Strategie eine Mischform auf, die sich an den verschiedenen Dimensionen einer Migration orientiert: Umfang, Zeit und Budget. Da außerdem häufig auch nicht nur ein System, sondern eine ganze Systemlandschaft betroffen ist, muss unter Umständen auch für bestimmte Bereiche oder Anwendungen eine eigene Strategie festgelegt werden.

Man könnte auch sagen, dass eine Misch-Strategie vergleichbar mit dem Best-of-Breed-Ansatz ist: Ich suche mir das für meine Bedürfnisse am besten Passende aus und variiere bei Bedarf die Strategie in Teilen, wenn diese nicht passt.

▶ Wir haben gesehen, dass es eine Reihe unterschiedlicher Migrationsstrategien gibt. Entscheidend für die Wahl der Migrationsstrategie ist eine ausführliche Betrachtung der Vor- und Nachteile und ein Abgleich mit den Migrationszielen. Welche der dargestellten Strategien zum Einsatz kommt, bzw. welche einzelnen Strategien in welcher Weise in der Misch-Strategie kombiniert werden, ist von einer Reihe von Faktoren abhängig, die wir in den folgenden Unterkapiteln beleuchten.

## 2.2 Bestandteile der Transformation/IT-Migration

Bei großen Transformationen bleibt es unerlässlich, dass auch IT-Migrationen stattfinden. Damit sind die Bereiche des Unternehmens gemeint, die schon zu einem gewissen Grad Digitalisierungsvorhaben in der Vergangenheit umgesetzt haben bzw. sich gerade darauf vorbereiten und somit elektronisch Daten halten und diese mit Hilfe von

IT-Prozessen (unterstützt durch Software, Systeme, Medien und Hardware) größtenteils automatisiert und ohne Medienbrüche verarbeiten können.

> **Die Bereiche, die meist involviert sind, betreffen verschiedene Betrachtungsweisen in der IT-Migration**
> - Migration von Medien
> - Migration von Individualsoftware
> - Migration von Standardsoftware
> - Migration von Prozessen
> - Migration von Hardware
> - Migration von Schnittstellen
> - Migration von Daten

Diese Bereiche können nicht isoliert betrachtet werden und sind voneinander abhängig und miteinander gekoppelt. Dies gilt besonders, wenn man Big Data-Initiativen bedenkt, die von Anwendungen, Hardware, Prozessen aber auch aus dem Internet (z. B. Open Data) Informationen jeder Art beziehen und diese in einer großen Sammlung (teilweise unstrukturiert) als Grundlage für definierte Use Cases zur Verfügung stellen, von deren Ergebnissen wiederum Unternehmensentscheidungen abhängen können.

**Migration von Medien**
Dies bezeichnet oft die Änderung der Medien für die Speicherung der Daten (vgl. [5], S. 162). Zielsetzung ist dabei die Erneuerung der alten Medien auch unter Aspekten der Leistungssteigerung. Dabei passiert es oft, dass bis zur erfolgreichen Beendigung der Migration alte und neue Speichermedien parallel laufen. Zusätzlich werden nach dem Abschluss der Migration für Archivierungszwecke die Restbestandteile in einem anderen Medium gespeichert: Das Archivmedium hat geringere Anforderungen an die Leistungsfähigkeit als das bisher operativ eingebundene Speichermedium, da Archive in der Regel nur gelegentlich verwendet werden. Nach der Archivierung sollten die alten, nicht mehr verwendeten Medien vernichtet und entsorgt werden. Dieser Prozess wird im Englischen oft mit **Decommissioning** bezeichnet.

**Migration von Individualsoftware**
Im Zuge von Modernisierungs- und sonstigen Transformationsvorhaben ist auch die individuell entwickelte Software betroffen. Diese Individualsoftware wurde eigens entwickelt, um die Prozesse des Unternehmens zu unterstützen oder zu automatisieren. Oft ist eigenentwickelte Software schlecht oder unvollständig dokumentiert, insbesondere trifft dies auf Abhängigkeiten und Schnittstellen zu (v. a. wenn diese Software nicht für sich alleine stehend eingesetzt wird, sondern in die Systemlandschaft des Unternehmens vollständig integriert ist), sodass ein sogenanntes Software Reverse Engineering erforderlich ist. Die

Komplexität dieser Methode entsteht zunächst dadurch, dass ein großer Anteil der Arbeit nicht automatisiert werden kann. Es muss vor allem die Software und ihre Funktionalität sehr gut verstanden werden, wenn sie modifiziert und renoviert werden soll (vgl. [4]). Berg erklärt, dass Software Reverse Engineering ein massiv manueller Vorgang ist und viel Zeit, Erfahrung und Werkzeug Unterstützung benötigt (siehe [1]).

Bei einer kontinuierlichen Software-Evolution kann sehr gut ein modellbasierter Ansatz angewandt werden (vgl. [6]). Dadurch ist sogar der Einsatz von modellbasierten Codegeneratoren möglich, die auf einem Modell aufsetzen, welches aus Analyse und Re-Engineering entstanden ist. Darin spielt die Prozessmodellierung eine wichtige Rolle. Im modellbasierten Migrationsansatz wird ein vorgefertigtes Modell entsprechend angepasst um den legacy source code aufnehmen zu können. Darüber hinaus fließt die neue Funktionalität in das Modell ein um mit zusätzlichen Parametern ergänzt zu werden, die z. B. durch die neuen Schnittstellen und die anzuwendenden Migrationsfunktionen bestimmt werden. Daraus können die neuen Zielprozesse und der migrierte Sourcecode automatisch generiert werden. Die (manuelle) Erfassung der Modelle der Migrationsprozesse ist in dieser Vorgehensweise ein wesentliches Element.

## Migration von Standardsoftware

Entgegen der Migration von Individualsoftware wird bei der Migration von Standardsoftware (COTS: components of-the-shelf) der Anteil des Re-Engineerings eher gering ausfallen, da es sich meist um eine wohlstrukturierte und vor allem -dokumentierte Software handelt. Die Migration kann wohl sehr strukturiert und in vielen Fällen automatisiert ablaufen. Die Generierung der neuen Software benötigt dennoch eine gute Kenntnis der Applikation und der Business-Logik. Auch hier spielt das Prozessmodell eine wichtige Rolle. Dies läuft im Rahmen der regulär geplanten Wartungs- und Release-Prozesse und wird oft mit Software-Upgrades gleichgesetzt (siehe z. B. Upgrade von Betriebssystem- oder Datenbankinstallationen). Migrationen von größeren zentralen Unternehmensapplikationen, z. B. des Billing- oder des CRM-Systems, sind komplexere Migrationen und oft mit Datenmigrationen und Prozessanpassungen verbunden. Man spricht in diesem Zusammenhang auch oft von Portierungen (siehe [3]).

## Migration von Prozessen

Im Rahmen von größeren Transformationen, wie z. B. Unternehmensfusionen, werden Geschäftsprozesse eingeführt, die radikal das Unternehmen verändern. Hierfür kann zwar generell der bestehende Change-Management-Prozess genutzt werden, z. B. ITIL für die Veränderung eines bestehenden IT-Service, aber das deckt häufig nicht alle notwendigen Veränderungen ab, sodass z. B. der bereits implementierte (ITIL) Change-Management-Prozess überarbeitet und/oder erweitert werden könnte oder müsste. Die typischen in diesem Rahmen definierten Prozesse (z. B. die Bearbeitung von Änderungsanforderungen oder das Konfigurationsmanagement) bedürfen allerdings eines anderen zeitlichen Aufwands (unter anderem auch mit anderen Rollen und Zuständigkeiten), als er beispielsweise beim regulären Ausbringen von

| Service Strategy | Service Design | Service Transition | Service Operation | Continual Process Improvement |
|---|---|---|---|---|
| - Wird als „Achse" verstanden, um den sich der gesamte Lebenszyklus dreht<br>- Die Strategie gibt Ziele und Richtlinien vor, welche mittels der nächsten Lebenszyklus-Phasen umgesetzt werden sollen | - Hat die Aufgabe die Zielprozesse zu spezifizieren, zu entwerfen und die Ziele des Business in eine Service-Sicht zu übertragen | - Überführt die Ergebnisse des Service-Designs in konkrete Dienstleistungen und damit in den laufenden Betrieb | - Umfasst die Leistungsaspekte, die nötig sind, um die geplanten und vertraglich vereinbarten Leistungen in einem störungsfreien Betrieb zu erbringen | - Beschreibt sämtliche Maßnahmen, die zur Verbesserung und Optimierung der Service-Erbringung eingesetzt werden können |

**Abb. 2.1** Beschreibung des ITIL Service Lifecycle. (Quelle: Eigene Darstellung)

Software-Aktualisierungen anfällt. Die automatisierten Prozesse in der IT müssten dennoch nach einer typischen Vorgehensweise überarbeitet werden: Anforderungsdefinition, Analyse, Genehmigung, Entwicklung, Test, Überwachung, Freigabe, Implementierung und nachgelagerte Auswertung der Implementierung. Die Prozesse des ITIL-Modells, das die Strategie für Services, Service-Design, die Überführung der Services (Transition Management), die operativen Prozesse (Service Operation) und die übergreifenden Prozesse der kontinuierlichen Optimierung[2] vorgibt, ist dabei ein mächtiges, vollständiges und in vielen Unternehmen etabliertes Rahmenwerk. Es ist lohnenswert, sich für die Migration von Standardsoftware daran zu orientieren. Es darf jedoch nicht vergessen werden, dass die Schlagkräftigkeit des ITIL-Modells vor allem auch daher rührt, dass sehr viele Fein- und Besonderheiten geregelt sind, was in einem Transformationsvorhaben sehr schnell auch in Mikromanagement umschlagen kann, wenn man einem vergleichbaren Anspruch an Vollständigkeit oder Formalität gerecht werden möchte (oder muss).

Abb. 2.1 zeigt, welche Bereiche zum Service Lifecycle nach ITIL V3 gehören.

**Migration von Hardware**
Ähnlich wie die Transformation und Überführung von (Speicher-)Medien ist die Übertragung der Software und der Daten auf neue Hardware-Plattformen eine der Migrationsarten. Eine der Schlüsselanforderungen dabei ist, dass alle Schnittstellen der existierenden Applikationen mit der neuen Hardware ebenfalls funktionieren müssen; es

---

[2]ITIL (IT-Infrastructure Library) gilt als internationaler de-facto-Standard und Best-Practice-Framework, um IT-Service-Management-Prozesse zu planen, zu erbringen sowie kontinuierlich zu verbessern. Entwickelt wurde ITIL von dem britischen OGC (Office of Government Commerce) ~1989, siehe auch https://www.axelos.com/best-practice-solutions/itil/what-is-itil, zugegriffen: 21.05.2018. Diese Prozesse werden hier stellvertretend für viele andere Standard-Methodologien erwähnt, die die IT-Abteilungen nutzen, um dem kontinuierlichen Wandel der Geschäftsprozesse mit den laufenden operativen Prozessen Herr zu werden.

sei denn, dass einige der Schnittstellen mit der neuen Hardware überflüssig geworden sind, da diese in der neuen Hardware-Plattform integriert sind. Damit wären auch funktionale Änderungen verbunden. Auch in der Hardware-Migration sind in der Regel neben der der reinen Portierung der Hardware Software-Anpassungen nötig. Falls keine funktionalen Anpassungen nötig sind, sind häufig zumindest betriebssystemnahe bzw. hardwarenahe Programme davon betroffen. Auch Daten könnten betroffen sein, in der Regel sind es Steuerungsdaten und Parameter, die aber teilweise auch für Analysen oder Kontrollen (z. B. im Rahmen von Predictive Maintenance) genutzt werden. Die Daten (wie z. B. Stammdaten, Datenbanken) könnten in einer neuen Hardware evtl. eine neue Struktur benötigen und sogar Anpassungen im Format. In der Regel aber bleiben sie in der neuen Hardware erhalten, da diese die Aufgabe das Datenbank- und/oder Betriebssystems übernimmt.

**Migration von Schnittstellen**

Im Zuge einer digitalen Transformation werden in der Regel neue Schnittstellen der existierenden Applikationen definiert oder angepasst. Dies ist eine Folge von neuen Applikationen und neuen Daten, die zwischen den Applikationen ausgetauscht werden. Die Komplexität der Schnittstellentransformation liegt oft darin begründet, dass die Anbindung an die neuen Applikationen manuell durchgeführt werden muss, insbesondere beim ersten Mal. Darüber hinaus spielt Middleware (z. B. über sogenannte Enterprise Application Interfaces, kurz EAI) als Vermittler zwischen Anwendungen eine Rolle, auch hier kann die Notwendigkeit von Anpassungen entstehen. Oft werden im Rahmen der Einführung von neuen Schnittstellen neue Abbildungsprogramme (z. B. Emulation der Schnittstellen) genutzt, die den alten Output der existierenden Anwendungen auf die neuen Erfordernisse der Schnittstelle übersetzen.

**Migration von Daten**

Bei der Migration der Daten handelt es sich um den größten und meist sehr komplexen Teil einer Transformation, denn die Daten sind die Basis, auf der alle Prozesse und Systeme aufsetzen. Bei fehlerhaften Daten können die Prozesse nicht korrekt arbeiten und liefern falsche Ergebnisse.

Die Datenmigration kann sowohl Datenbanken als auch das Dateisystem betreffen. Die Daten selbst können sowohl Stammdaten (wie z. B. Produktdaten, Name, Adresse oder Bankverbindung) und Metadaten (also beschreibenden Daten wie z. B. Erscheinungsjahre von Büchern in einer Bibliothek oder auch die Protokolle einer automatischen Datenverarbeitung) als auch Bestands- bzw. Bewegungsdaten (wie z. B. Verbrauch von Datenvolumen bei einem Festnetzanschluss oder welche bestellten Produkte welchen Versandstatus haben) sein. Alle Schritte, die der Begriff ETL aus dem Datenmanagement beschreibt, müssen auch für eine Datenmigration durchlaufen werden:

▶ **Extraktion:** Auslesen der notwendigen Daten aus der Quelle

▶ **Transformation:** Anpassung der extrahierten Daten an das Ziel (Formatänderungen, Berechnungen, etc.)

▶ **Laden:** Speichern der transformierten Daten in das Ziel

In Abschn. 3.2 wird diese Vorgehensweise noch im Detail beschrieben.

**Typische Beispiele**

- Bei der Zusammenführung von Unternehmen wird als Zielsetzung neben der Konsolidierung der IT beider Unternehmen auch eine Vereinheitlichung der Kundenbasis, also die Vorhaltung der Kunden beider Unternehmen in einer Datenbank, angestrebt. Die **einheitliche Kundenbasis** hat nach der Migration mehrere Vorteile in fast allen Bereichen des Unternehmens, nicht nur in der Interaktion mit den Kunden, sondern auch in der strategischen Planung und dem Aufbau von neuen Produkten. Damit liegt eine solide Basis für die Nutzung und Bedürfnisse der Kunden vor.
- Bei Konsolidierung bzw. Ersatz von Individual- durch **Standardsoftware;** wenn also ein existierendes selbstentwickeltes CRM-System (Customer Relationship Management) durch ein Standard-CRM-System ersetzt werden soll und damit in der Konsequenz auch die zugrunde liegenden Datenbanken oder das Dateisystem betroffen sind. Der Kauf von einer solchen Standardsoftware sollte daher die Migration der Daten als integralen Bestandteil des Vertrages und Projektes mit dem Hersteller der Standardsoftware enthalten.
- Bei kleineren Umstellungen, z. B. einer Excel-basierten Anwendung, kann es vorkommen, dass die **Datenformate und -strukturen** angepasst werden müssen. Auch hier muss eine Datenmigration stattfinden und alle Daten müssen entsprechend neu gespeichert werden.
- Bei der Einführung von **neuen identifizierenden Attributen (IDs),** z. B. zur Identifikation des Kunden, wenn also aufgrund eines nicht-organischen Unternehmenswachstums der bisherige Bereich von Kundennummern nicht mehr ausreicht (technische Grenze z. B. aufgrund falsch gewählter Datentypen) und nun stattdessen seine Telefonnummer oder eine andere eindeutige ID verwendet werden soll. Alle Systeme müssen in diesem Fall auch Software-Anpassungen vornehmen und diese neuen IDs in ihren Datenmodellen aufnehmen und in ihren Verarbeitungen berücksichtigen.

▶ Ähnlich wie bei den Migrationsstrategien ist beim Gegenstand der Transformation (also „Was migriere ich?") gerade bei größeren Transformationsvorhaben nicht mit einem singulären Bestandteil zu rechnen, sondern häufig sind aus allen Bereichen transformationsrelevante Teile vorhanden. Es gilt auch hier, dass für jeden Teil der Migration alles zu berücksichtigen ist und Interdependenzen die Komplexität beliebig ansteigen lassen können.

## 2.3    Was ist im Scope und was ist es nicht?

Eine der wichtigsten Maßnahmen am Anfang des Transformationsvorhabens ist die Definition der Aspekte, die das Vorhaben umfasst (In-Scope, Scope-Bildung). Mindestens genauso wichtig ist aber auch die Definition dessen, was es nicht umfasst, um sich von anderen Vorhaben und deren Anforderungen abzugrenzen sowie die Komplexität des Vorhabens zu verringern. Die In-Scope-Diskussion muss gleich beim Projektauftrag (bzw. in dem Project Charter), also während der Projektdefinition geführt werden. Damit können das Budget und die Ziele des Projektes klarer formuliert und die zeitlichen Vorgaben besser umrissen werden. Dieses Vorgehen bezeichnet man als **Whitelist-Approach** bzw. Positivliste.

Alternativ kann man auch den umgekehrten Ansatz wählen und alles, was nicht als Out-of-Scope definiert ist, als In-Scope auffassen, der im Rahmen der Transformation realisiert wird (**Blacklist-Approach** bzw. Negativliste).

Bei Verzögerungen bzw. Hindernissen im Transformationsvorhaben können dann Mitigationsmaßnahmen ergriffen werden, um die Ziele des Projektes zu erreichen; z. B. Scope-Änderungen, d. h. einige In-Scope-Bereiche werden als Out-of-Scope deklariert.

Als Beispiel können im Rahmen der Transformation die folgenden Bereiche als Out-of-Scope definiert werden:

- Nicht aktive (oder deaktivierte) Kunden/Produkte werden nicht transformiert bzw. nicht abgebildet in der neuen Umgebung (werden also nicht migriert)
- Ebenso „unerwünschte" Kunden, also beispielsweise Kunden, die eine schlechte Zahlungsmoral haben oder mit denen man bereits gerichtliche Auseinandersetzungen bestritten hat
- Produkte, die sich in keinem finalen Status befinden, da sie beispielsweise noch entwickelt oder geplant werden. Idealerweise gilt ohnehin während eines Transformationsvorhabens wie z. B. bei einer Fusion für die von der Transformation betroffenen Bereiche eine sogenannte Frozen Zone, also ein Zeitraum, in der Neu- oder Weiterentwicklungen „eingefroren" sind. Lediglich unterstützende Änderungen, also Veränderungen an Daten, Prozessen oder Anwendungen, die für das Transformationsvorhaben notwendig sind, sind in diesem Zeitraum zugelassen. Dies führt einerseits zu einer Stabilität des Transformationsgegenstandes, andererseits stehen aber auch mehr Ressourcen (nämlich z. B. Entwickler) für das Projekt zur Verfügung.
- Jede Art von In-Life-Prozessverbesserungen (bis hin zu Datenbereinigungen), die im Laufe des Transformationsvorhabens stattfinden. Eigentlich sollten die In-Life-Prozessverbesserungen vorab stattfinden, d. h. vor der Transformation, um die Transformation zu vereinfachen.
- Falls man sich für eine stille Migration (Silent Migration) entschieden hat, dann sollte jegliche Kommunikation zum Kunden reduziert bzw. vermieden werden, insbesondere die Vorab-Kommunikation bzgl. der Änderungen, die den Kunden erwarten. Dies würde zu unnötigen Fragen führen und für Unruhe sorgen.

- Wenn möglich, sollten Veränderungen dritter Parteien, die Prozesse, Produkte und IT-Schnittstellen betreffen, vor allem in der Zielumgebung vermieden werden. Falls doch solche Veränderungen stattfinden, sollte das frühzeitig, d. h. vor dem Start des Vorhabens, bekannt gemacht werden.
- Explizit sollten die Kundensegmente und Produkte benannt werden, die nicht an der Transformation teilnehmen werden, sofern das im Vorfeld möglich ist. Häufig stellt sich, vor allem bei der Migration von Produkten, erst in Detailanalysen heraus, dass die Funktionalität (oder Tarifoption) eines bestimmten Produktes nur mit einem sehr hohen Aufwand in der Zielumgebung/im Zielportfolio abgebildet werden kann und man aus Kosten- oder Relevanzgründen auf die Umsetzung verzichten muss.

▶  Die Definition des Umfangs der Migration ist unerlässlich, da dieser für die Steuerung der Transformation aber auch für Entscheidungsfindung elementar ist. Außerdem hat der Scope auch Einfluss auf die Ziele der Migration, mit denen wir uns im Anschluss beschäftigen.

## 2.4    Ziele der Migration

DieMigration Ziele der Migration resultieren aus der Strategie für die Transformation des Unternehmens. Die Strategie, wie schon erwähnt, kann mehrere Hintergründe haben: Fusion, Wettbewerbsdruck, Innovationsdruck, etc., um am Ende den Umsatz zu steigern (siehe auch Abschn. 1.2).

Untergeordnet steht diesem Unternehmensziel häufig auch das Ziel zur Seite, eine konsolidierte IT-Architektur zu schaffen sowie Prozesse zu vereinheitlichen. Im Zielbild sollen außerdem auch alle Kunden und alle Unternehmenssegmente enthalten sein.

Daraus ergeben sich weitreichende Konsequenzen, da diese Zielformulierung nicht nur Einsparungen von Ressourcen und Betriebskosten, sondern auch Flexibilität und Agilität des Unternehmens bedeuten.

Neben den eher wirtschaftlichen, organisatorischen und technischen Zielen ist aber auch eine zeitliche Vorgabe für eine Zielformulierung zu berücksichtigen. Bis wann sollen alle Kunden in das Zielsystem migriert sein? Zu welchem Zeitpunkt sollen die Altsysteme abgeschaltet werden? Gibt es vertragliche Bindungen für die Gebäude eines Firmensitzes?

Ergänzend dazu sollte die Zieldefinition eines Transformationsvorhabens auch eine Aussage zur Qualität enthalten. Dies fängt bei der Definition eines Fehlers an, geht über Fehlertoleranz und sollte ebenso spätes Auffinden von Fehlern (Kunde lässt sich im CRM-System nutzen und Rechnungen aus dem Billing-System erstellen, nicht jedoch in logistische Prozesse einbinden) umfassen.

**Darüber hinaus können zusätzliche Sonder-Ziele definiert werden, wie:**

- Sonderkündigungsrechte eliminieren oder sich zumindest für Sonderkündigungen nicht angreifbar machen
- Reduzieren von Umsatzverlusten, die durch die Transformation der Kunden-Produkte oder z. B. deren geringeren Nutzung aufgrund der Transformation entstehen
- Reduzieren der Abwanderungstendenzen und der Churn-Risiken, die aus der Transformation oder deren Fehlern resultieren
- Erfüllung regulatorischer Anforderungen, die von außen auf das Unternehmen einwirken, z. B. von Regulierungs- oder Aufsichtsbehörden, Gesetzen und Vorschriften oder auch datenschutzrechtlichen Bestimmungen
- Erhöhung der Kundenzufriedenheit und der Kundenloyalität überall, wo es möglich ist
- Fokussierung der Verbesserung der In-Life-Prozesse in der Zielumgebung
- Erhöhung der Datenqualität
- Erfüllung interner Richtlinien wie Compliance-Vorgaben oder Sicherheitsrichtlinien

▶ Mit dem Gegenstand, dem Umfang und der Zieldefinition der Migration ergibt sich eine klare Strategie, der das Vorhaben folgen kann. Dieses klare Bild herauszuarbeiten bzw. erste Ideen zu den einzelnen Stichpunkten im Detail auszuformulieren, ist ein entscheidender Erfolgsfaktor und sollte in der Hand bzw. dem Verantwortungsbereich eines erfahrenen Managers mit tiefen Unternehmenskenntnissen und einer klaren Vision liegen.

## 2.5  Tue Gutes und sprich darüber

Wie bereits erwähnt ist ein wesentliches Ziel der Migration die Erhöhung des Umsatzes bzw. die Vergrößerung der Marktposition. Mit diesem Antrieb lässt sich aus jedem Transformationsvorhaben mit in einer groß angelegten Marketing-Kampagne der entsprechende Mehrwert erzielen, indem man Zweifel zerstreut, Bekanntheit und Reichweite erhöht und sich selbst positiv darstellt.

Analog zur gesamten Transformation oder einzelner anderer Teilgebiete, wie dem Test, benötigt auch die Kommunikation ein erarbeitetes Konzept, das sich mit den verschiedenen Facetten der Migration, den einzelnen Stakeholdern und Betroffenen, dem zeitlichen Ablauf, rechtlichen Aspekten sowie den zu verwendenden Kanälen beschäftigt. Auch die Kommunikation muss für die Transformation, vor allem inhaltlich, geplant und am Ende auch gesteuert werden, mit gezielter Ansprache von Kunden und Partnern sowie auf Pressekonferenzen.

Wenden wir uns also zunächst den Facetten der Migration zu. Diese unterteilt sich, zumindest im fortgeschrittenen Verlauf und damit vor allem für den unmittelbar betroffenen Kunden[3], in die Vorbereitung, Durchführung und Nachbereitung. Im Idealfall sind aus Kundensicht keine Maßnahmen für Vor- und Nachbereitung zu treffen, in einigen Fällen kann es aber beispielsweise erforderlich sein, zu Beginn Bereinigungen, Datenkorrekturen oder sogar Abkündigungen bestimmter Produkte oder Produkteigenschaften vorzunehmen oder aber auch ganz einfach auf eine Änderung der Geschäfts- oder Datenschutzbedingungen hinzuweisen. Stellen wir uns nun eine Nachbearbeitung vor, in der ein Kunde in den Systemen halb fertig migriert ist, müssen gegebenenfalls ebenfalls Bereinigungen oder Datenkorrekturen durchgeführt werden. Im Sinne der Kommunikation ist es in allen Stufen der Transformation erforderlich, dass koordinierte, abgestimmte Botschaften über alle Kommunikationskanäle (Internetseite, Mail, Kundenservice, Brief, etc.) gesendet werden, die notwendige Transparenz herrscht und adressatengerecht kommuniziert wird.

Dabei soll je nach Kundenstatus (z. B. bei Stammkunden und Neukunden entsprechend der 3 „Rs" und 4 „Ps" der Kommunikationspolitik des Unternehmens, vgl. z. B. [2]) berücksichtigt werden, dass die Kunden entsprechend negativ reagieren könnten, wenn eine nicht verschuldete Änderung auf sie zukommt. Jedes getätigte Versprechen, egal über welchen Kanal, muss eingehalten werden, um keinen Vertrauensverlust zu erleiden. Dies gilt im Übrigen unabhängig davon, ob das Unternehmen mit seinen Kunden, Partnern oder den Mitarbeitern kommuniziert.

Darüber hinaus kommt es auch vor, dass Transformationen zwar denselben Inhalt haben, aber im Zuge der Ablaufschritte der Transformation unterschiedliche Ansprache bekommen und die Kommunikationspolitik erweitert bzw. korrigiert werden muss:

**Beispiel**

Wenn ein SME-Kunde ursprünglich, d. h. vor der Transformation, ein B2C-Kunde war, aber während der Transformation ein B2B-Kunde wird, bedarf es einer gezielten und situationsgerechten Kommunikation. Typisch ist, dass die Kommunikationspolitik auf derartige Änderungen der Kunden nicht vorbereitet ist.

Wenn Produkte migriert/transformiert werden, für die ursprünglich eine einfache Kommunikation ausgereicht hat, die aber durch die Migration erklärungsbedürftig und kommunikationsintensiver werden, z. B. mit vielen Optionen und Features. Sie benötigen dann eine gezielte, treffende und gegebenenfalls ausführliche Anleitung, damit die Kunden daraus die Vorteile erkennen können.

Gerade wenn die beiden unterschiedlichen Kundengruppen „Privatkunde" und „Geschäftskunde" verglichen werden, wird klar, dass es hier unterschiedliche

---

[3]Ein unmittelbar betroffener Kunde kann neben dem zu migrierenden Kunden auch der Bestandskunde sein, der plötzlich migrationsbedingt die Kundenhotline nicht mehr erreicht.

sogenannte Customer Experiences[4] geben muss und dass diese sich in der zielgerichteten Ansprache niederschlagen müssen, z. B. weil für Firmenkunden andere Informationen (z. B. Ansprechpartner, Durchwahl, Abteilung, etc.) im CRM-System hinterlegt sind als für Privatkunden (z. B. Geburtsdatum, Privatanschluss ja/nein, Steuerklasse, usw.).

Daraus wird erkennbar, wie groß die Notwendigkeit eines detailliert ausgearbeiteten Kommunikationskonzeptes für den Erfolg einer Transformation ist. Dies spiegelt sich dann wieder in der integrierten Kommunikationspolitik des gesamten Unternehmens, denn das Kommunikationskonzept sollte sich auch mit Stakeholdern und Betroffenen beschäftigen. Eingangs haben wir uns intensiv mit der Kundensicht und verschiedenen Kundenarten beschäftigt, aber was ist mit unseren Geschäftspartnern, dem Betriebsrat, Regulierungs- und Aufsichtsbehörden oder dem Datenschutzbeauftragten? All diese Parteien haben Anforderungen an das Kommunikationskonzept oder müssen sogar aktiv in die Kommunikation während der Transformation eingebunden werden, z. B. wenn es sich um Geschäftspartner handelt, die im Auftrag des Unternehmens Produkte weiterverkaufen. Diese Beziehung hat Bestand auch über das Ende der Transformation hinaus, also dementsprechend auch für die langfristige Kommunikationspolitik des Unternehmens.

Es ist enorm wichtig, dass die Beteiligten ein Verständnis dafür entwickeln, was im Verlauf der Migration passieren und wie diese vonstattengehen soll, bevor sie in der Lage sind, ihre eigenen Anforderungen formulieren zu können. In vielen Projektvorhaben, die von unterschiedlichen Unternehmensbereichen begleitet werden, ist häufig eher punktuelle Unterstützung durch die beteiligten Fachbereiche notwendig, zumal diese weder über den gesamten Zeitraum noch über ihre gesamte zur Verfügung stehende Arbeitszeit für das Projekt zur Verfügung stehen. Bei Transformationsvorhaben ist indes ein Gesamtverständnis darüber notwendig, was und wie transformiert werden soll, damit jeder mit besten Wissen und idealerweise vollständig notwendige Informationen (auch die, an die vielleicht vorher noch niemand gedacht hat) einbringen kann, aber auch, um bei jedem einzelnen beteiligten Mitarbeiter die Angst vor Veränderung zu zerstreuen und diese auf dasselbe Ziel einzuschwören.

Als sehr hilfreich hat es sich auch erwiesen, wenn neben der Roadmap bzw. Transformationsplanung (In welchen Wochen bzw. Monaten wird migriert?), aus der man für einzelne Kundengruppen ablesen kann, wann diese ungefähr migriert werden, auch eine Feinplanung (An welchen Tagen einer Woche wird migriert?) und darüber hinaus eine exemplarische Zeitplanung der „Wanderung" eines Datensatzes mit entsprechenden Zeitfenstern existiert. Eine detaillierte Diskussion dieses Themas findet sich in Abschn. 4.5.

Schlussendlich muss das Kommunikationskonzept auch die zu verwendenden Kanäle behandeln, eine SMS oder ein Twitter-Feed kann eben nicht die Masse an Informationen

---

[4]Dies gilt auch für die Customer Journey, also die Erfahrung, die der Kunde im zeitlichen Verlauf mit der Interaktion mit dem Unternehmen sammelt.

wiedergeben und ist darüber hinaus auch nicht revisionssicher bzw. juristisch bindend, wie es in bestimmten Stadien der Transformation gegebenenfalls notwendig ist. Hier spielt auch die Strategie der Migration wieder eine große Rolle. Buyer is leading kann eben dazu führen, dass der Standard-Kommunikationskanal des Käufers „E-Mail" mit den Kundendaten des Gekauften schlecht bedient werden kann, weil dort mangels Echtheitsprüfung „Kundenmailadressen" wie dagobert.duck@entenhausen.com oder johndoe0815@wegwerfmail.de hinterlegt worden sind. An dieser Stelle sind wir gegebenenfalls wieder in einer vorbereitenden Phase, weil eben der Kundendatensatz mit echten Mail-Adressen angereichert werden muss, über die der Kunde dann auch erreichbar ist.

> ▶ Die Kommunikation zur Transformation über alle Kanäle hin zu allen Beteiligten und Interessierten muss einem Plan und einem Konzept folgen. Die Abteilung (in den meisten Fällen Marketing) muss es schaffen, auch ein technisches sowie ein Prozess-Verständnis zu entwickeln für das, was in der Transformation passieren soll. Für die Fachbereiche, die einen großen Teil der Inhalte zusteuern müssen, gilt dasselbe.

## 2.6 Anforderungen an Migrationen

Die Anforderungen können sehr weitreichend sein und variieren je nach Vorhaben und Branche. Man kann generell die Anforderungen in die folgenden Kategorien aufteilen:

- **Business-Anforderungen:** Dies sind Anforderungen, die aus dem fachlichen Geschäft resultieren, und sie können unterteilt werden in:
  - **Operative,** d. h. Anforderungen aus dem täglichen Geschäft; diese sind kurzfristiger Natur und haben meist eine direkte Auswirkung auf die Migration. Operative Anforderungen sollten daher mit hoher Priorität betrachtet werden.
  - **Taktische** Anforderungen; diese sind mittelfristiger Art und betrachten Zeiträume von bis zu zwei Jahren. In der Migration wären diese je nach Einzelfall in der Dringlichkeit zu betrachten.
  - **Strategische** Anforderungen; darin spiegeln sich strategische Planungen des Unternehmens wider. Diese betrachten langfristige Entwicklungen, der Zeitraum dabei kann fünf Jahre oder mehr umfassen. In der Migration können diese bei der Auswahl der Methodik Auswirkungen haben, z. B. kann eine längerfristige Zentralisierung des Unternehmens sich auf die Dringlichkeit und die Standortwahl der Migration auswirken.
- **Funktionale und technische Anforderungen;** diese können die technischen Auswirkungen aus den Business-Anforderungen oder rein technischer Natur sein. Hier sei an die Strategie Buyer is leading erinnert, aus der eine Plattform- oder Herstellervorgabe resultieren kann (z. B. um Lizenzkosten zu sparen). Auch die funktionalen bzw.

technischen Anforderungen können kurz-, mittel- oder langfristig sein (bzw. operativ, taktisch oder strategisch). Unter den funktionalen/technischen Anforderungen können auch Vorgaben für die IT-Architektur eingeordnet werden.

- **Gesetzliche oder regulatorische Anforderungen;** diese werden aus den Gesetzen abgeleitet, z. B. HGB für die generellen Aufbewahrungsfristen für Rechnungen – es muss darauf geachtet werden, dass diese auch nach der Migration wiederauffindbar sind. Ein anderes Beispiel ist die Richtigkeit, Vollständigkeit, Nachvollziehbarkeit und Transparenz der Migration entsprechend der GoB (Grundsätze ordnungsmäßiger Buchführung, oder Speicherbuchführung) oder der IFRS-Anforderungen (Vorschriften zur Rechnungslegung) sowie der Datenschutzgrundverordnung (DSGVO). Der Grund liegt darin, dass oft viele der IT-Applikationen und die migrierten Daten buchhalterische Auswirkungen haben, so wird die Migration selbst Gegenstand einer Prüfung der Aufsichtsbehörde.

In Tab. 2.2 sind Beispiele an generellen funktionalen Anforderungen aufgelistet. Darin sind neben den Namen und den Kurzbeschreibungen der Anforderungen auch weitere Angaben beispielhaft erwähnt: Die Priorität der Anforderung, die betroffenen

**Tab. 2.2** Beispiele für nicht-funktionale Anforderungen. (Quelle: Eigene Darstellung)

| ID | Name | Beschreibung | Betroffener Unternehmensbereich | Prio | Quelle |
|---|---|---|---|---|---|
| NFA-1 | Kunden über Gruppen selektieren | Erlauben, bei der Migration definierte Kundengruppen anhand fachlicher Merkmale (z. B. bestimmte Tarife, Altersgruppe, Zahlungsmoral, etc.) für die Migration auszuwählen | IT, Produktion, Produktmanagement | 1 | Leitungskreis, Customer Service |
| NFA-2 | Minimieren der Kundenkontakte während der Migration | Limitierung der Kundenkontakte während und wegen der Migration auf maximal zwei pro Kunde (Silent Migration) | Marketing, IT, Customer Service | 2 | Marketing |
| NFA-3 | Durchsatz der Migration | Pro Tag sollen eine Million Kunden inkl. Kunden-, Bewegungs- und notwendiger Stammdaten migriert werden | IT, Produktion | 1 | Marketing, CEO |
| NFA-4 | Archivierung/ Protokollierung | Es sollen alle Aktivitäten der Migration protokolliert und archiviert werden. Nach der Migration sollen die Altdaten in Archiven gespeichert werden | IT, Finance | 3 | Finanzen, IT, Aufsichtsbehörde |

Abteilungen oder Unternehmensbereiche und auch, woher die Anforderung kommt. Diese Anforderungen sind wichtig für die weitere Planung der Migration, daher können sie über das gesamte Migrations- oder gar Transformationsvorhaben auch wie Leitsätze fungieren.

---

**Fazit**

Eine erfolgreiche Migration ist von vielen Erfolgsfaktoren abhängig. Bevor wir uns im Anschluss dem Management von Migrationen zuwenden können, muss uns klar sein, dass wir dieser Steuerung vor allem einen klaren Rahmen und gute Rahmenbedingungen vorgeben müssen. Schaffen wir diese Voraussetzungen wie eine festgelegte Strategie, klare Abgrenzungen oder auch ein erreichbares nicht, können wir uns auch nicht darauf verlassen, dass wir erreichen werden was wir uns vorgenommen haben.

---

## Literatur


1. Berg KP (2005) Softwareevolution und Wartung: Situationsanalyse und Entwicklungsmöglichkeiten. OBJEKTSpektrum 2:54–59
2. Bruhn M (2014) Kommunikationspolitik. Systematischer Einsatz der Kommunikation für Unternehmen. Vahlen, München
3. Huth K (o. J.) Emulation und andere Strategien. In: Neuroth H, Oßwald A, Scheffel R, Strathmann S, Huth K (Hrsg) nestor Handbuch. Eine kleine Enzyklopädie der digitalen Langzeitarchivierung. Version 2.3. nestor, Göttingen. http://nestor.sub.uni-goettingen.de/handbuch/nestor-handbuch_23.pdf. Zugegriffen: 19. Mai 2018
4. Sneed HM (1984) Software renewal: a case study. IEEE Software 1. https://doi.org/10.1109/ms.1984.234710
5. Ullrich D (o. J.) Bitstream Preservation. In: Neuroth H, Oßwald A, Scheffel R, Strathmann S, Huth K (Hrsg) nestor Handbuch. Eine kleine Enzyklopädie der digitalen Langzeitarchivierung. Version 2.3. nestor, Göttingen. http://nestor.sub.uni-goettingen.de/handbuch/nestor-handbuch_23.pdf. Zugegriffen: 19. Mai 2018
6. Wagner C (2014) Model-driven software migration: a methodology. Springer Vieweg, Wiesbaden

# Migrationsmanagement 3


**Zusammenfassung**

Fast jede Transformation bedingt eine Migration von Daten und Prozessen. Transformation findet auf allen Ebenen und in allen Bereichen des Unternehmens statt. Prozesse und Mitarbeiter müssen dabei (zusammen-)geführt, Entscheidungen getroffen und transparent gemacht werden. Wir beschreiben hier typische Verfahren und Möglichkeiten der Migration, die sich je nach Zielsetzung der Transformation unterscheiden. Auch werden wir die Besonderheiten der automatisierten und individuellen Migration betrachten. Es werden Konzepte wie das Migrationsfenster und die Segmentierung der gesamten Migrationsmasse nach den Migrationszweigen aufgezeigt.


Wie schon in den vorangegangenen Kapiteln ausgeführt, gibt es neben der geplanten/ strategischen Unternehmenstransformation auch die Unternehmenstransformation, die sich über alle Ebenen und Bereiche des Unternehmens erstreckt und häufig durch die im Wandel befindlichen Märkte angetrieben ist.

Junge, kleinere sowie in einem innovativen Umfeld tätige Unternehmen durchlaufen aus unterschiedlichen Gründen Transformationen in sehr kurzer Zeit, getrieben durch die Innovationskraft der einzelnen Mitarbeiter, aber auch durch den Wandlungswillen des gesamten Unternehmens. Eine Steuerung dieses Wandels, z. B. auf Projektebene, verringert die Transformationsgeschwindigkeit nachhaltig, vor allem treibende Mitarbeiter werden darüber hinaus auf diese „Einmischung" auch mit Demotivation reagieren. In diesem Fall sind strategische Vorgaben operativer Einmischung vorzuziehen, Roadmap und Mission Statement geben die Richtung vor, Transparenz und eine vertrauensvolle Basis, häufig in Kombination mit flachen Hierarchien, bestimmen das Umfeld und das Weiterbestehen des Unternehmens in seinem Markt.


© Springer-Verlag GmbH Deutschland, ein Teil von Springer Nature 2019     39
G. Panagos und C. Hammer, *Transformation von Unternehmen und Technologie,*
https://doi.org/10.1007/978-3-662-54052-7_3

Größere Unternehmen, die einer Transformationsaufgabe gegenüberstehen, müssen stärker steuernd in den Migrationsprozess eingreifen. Abhängig von der Größe der Transformation, aber auch von ihrer strategischen Bedeutung wird dann das Management der Migration zu einer zentralen Aufgabe, zur Chef-Sache.

Idealerweise sind die inneren Akteure/Key-Player von Beginn bis Ende des Projektes (oder Transformationsprogramms) beteiligt, in der Lage Entscheidungen zu treffen (und auch davon Gebrauch zu machen), intrinsisch motiviert und bereit einen Rahmen zu schaffen, wie er in den eingangs beschriebenen jungen bzw. oft auch kleineren Unternehmen vorherrscht. Vor allem die Unternehmensleitung muss dies auch gewährleisten, da es nicht unüblich ist, dass bestimmte Wissensträger (z. B. Systemarchitekten, Konzeptersteller oder Plattformbetreiber) nicht von Anfang bis Ende das Vorhaben begleiten können, da sie beispielsweise für Linien- oder operative Tätigkeiten benötigt werden oder für das nächste strategische Großvorhaben abgezogen werden. Gerade für die Zusammenführung auf Mitarbeiterebene sind aber solche Schlüsselpersonen mit ihrem historischen Wissen über die Transformation und Gründe für (vielleicht unliebsame) Entscheidungen innerhalb des Vorhabens von zentraler Bedeutung.

Da sich Transformationsvorhaben sehr häufig durch sämtliche Unternehmensbereiche ziehen und sie somit kräftig am gesamten Unternehmen „rütteln", sind neben den Mitarbeitern auch zentrale Unternehmensprozesse betroffen. Mit steigender Bedeutung (oder Kritikalität) des zu erneuernden Prozesses steigt auch die Schwierigkeit, diesen umzugestalten.

---

**Beispiele**

- Ein Unternehmen, das die Beantwortung von Mails des info@-Mail-Postfaches der zentralen Poststelle überträgt, wird diese Transformation (oder vielleicht sogar den ersten Schritt in Richtung Digitalisierung) leicht umsetzen.
- Ein Unternehmen, das seinem Kundenverwaltungssystem (CRM) eine Verjüngungskur hin zu einer on-demand-, cloud-basierten Lösung verordnet, die dann auch mit Lagerverwaltung, Logistik, Callcentern und Kampagnenplanung interagiert, wird sehr schnell Widerstände und Herausforderungen auf Unternehmensebene spüren.

Bei einer Unternehmenszusammenführung gilt es nun, alle – kleine wie große, kritische wie weniger kritische – Prozesse auf den Prüfstand zu stellen, eine passende Migrationsstrategie festzulegen und die am besten geeigneten Spezialisten zu finden und zu involvieren. Gerade bei so einem Vorhaben verbergen sich auf der Steuerungsebene einige Fallstricke:

- Punktuelle, unvollständige Beteiligung von Unternehmensbereichen,
- mangelnde Transparenz,
- unzureichende Beteiligung und späte bzw. keine Information der Mitarbeiter,
- Kommunikation von oben herab,

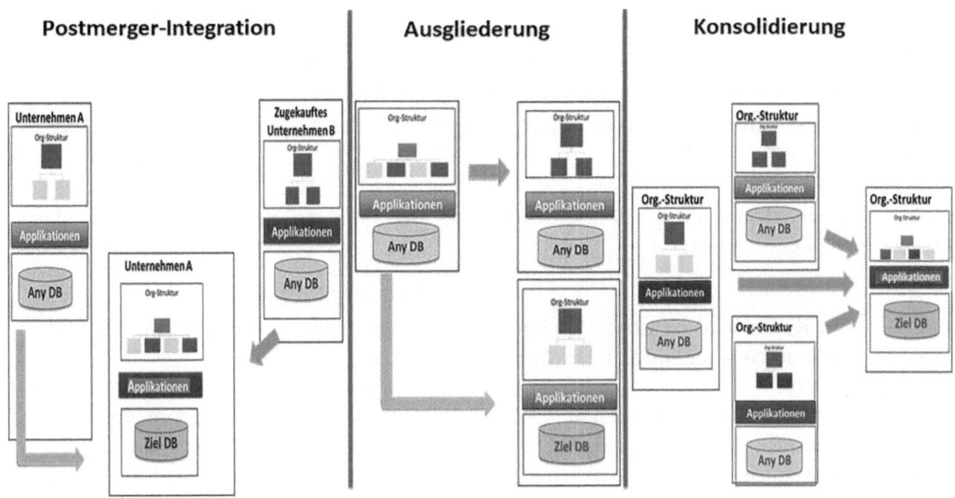


**Abb. 3.1**   Schematische Darstellung von Datenmigrationsszenarien. (Quelle: [12, S. 14])

- fehlende oder inkonsequente Zeitvorgaben,
- falsche Versprechungen oder Versprechen, die nicht eingehalten werden (können),
- unklare Entscheidungs- und Eskalationswege,
- fehlende Rollen oder Rollen, denen Kompetenzen fehlen.

Dies lässt erahnen, dass das Management eines Migrationsprojektes in vielen Punkten dem Management normaler Projekte bzw. Programme folgt, nur ganzheitlicher, meist auch komplexer, und dass es sich in der Sache nicht auf einen einzelnen Unternehmensbereich oder ein bestimmtes System beschränkt.

In dem besonderen Fall der Datenmigration, der, wie wir auch später noch sehen werden, der komplexere Fall im Rahmen der Migration/Transformation ist, gibt es drei grundsätzliche Szenarien: die Postmerger-Migration, die Konsolidierung und die Auslagerung, siehe Abb. 3.1.

## 3.1   Arten der Migration

Bei jeglicher Transformation werden die Prozesse oder die Daten der Kunden transformiert oder beides auf die neue Zielarchitektur des Unternehmens übertragen bzw. umgewandelt. In der Regel spricht man von einer Migration der Prozesse und der Kundendaten. Dabei sind nicht nur die Stammdaten der Kunden, sondern auch Bewegungsdaten, wie z. B. Produktbestellungen, Kundenkontakthistorie oder Käufe des Kunden davon betroffen.

Mit Blick auf die Anzahl und Häufigkeit der Kontakte, die das Unternehmen zu dem Vorhaben mit dem Kunden herstellt, gibt es zwei unterschiedliche Ansätze, wie Kunden in die Migration einbezogen werden und diese spüren (vgl. Tab. 3.1), d. h. in welchem Umfang sie vom Unternehmen vor, während und nach der Migration informiert werden

**Tab. 3.1** Vor- und Nachteile Silent und Non-Silent Migration am Beispiel von Kundendaten. (Quelle: Eigene Darstellung)

|  | Silent | Non-Silent/Individuell |
|---|---|---|
| Vorteile | Der Kunde wird während der Migration nicht durch Änderungen oder Anfragen „gestört"[a]<br>Ist für große Datenmengen mit einfachen Kundenstrukturen gut geeignet, da Kosten für Kundenkontakte (postalisch, Kundenservice) gespart werden können<br>Kein Zeitverlust während der Migration oder der Vorbereitung durch Warten auf Rückmeldungen von Kunden | Möglichkeit, Kontakt mit dem Kunden aufzunehmen und auf Kundenbedürfnisse und Reaktionen auf das Transformationsvorhaben individuell zu reagieren<br>Möglichkeiten zu Cross- und Upselling sind gegeben<br>Datenvalidierung gemeinsam mit dem Kunden ist möglich<br>Die Migration kann unabhängig von Änderungen des Kunden im Migrationszeitraum stattfinden |
| Nachteile | Hohe Performance-Anforderungen an die IT-Systeme und -Prozesse, da die Migration in kurzen Zeiträumen durchlaufen muss, damit die Kunden vom technischen Ablauf nichts merken<br>Produktionsprozesse dürfen sich während der Migrationsperiode nicht verändern<br>Nach Möglichkeit keine neue Einführung von Produkten während der Migrationsperiode für die jeweils betroffenen Kundengruppen<br>Komplexe Kundenstrukturen und Kundenprodukte erfordern viele (gegebenenfalls manuelle) Schritte wie beispielsweise Bereinigungen und führen zu steigender Komplexität sowie hohen Kosten für die Migrationssoftware, wenn diese nicht vereinfacht werden<br>Kein Anlass (durch die Migration), um Cross- und Upselling-Potenziale zu nutzen | Wenn der Kunde nicht erreichbar ist oder nicht mitarbeitet, scheidet er für die Migration aus<br>Kunde wird „gestört" und könnte Vorbehalte gegen die Migration haben bzw. entwickeln, gegebenenfalls werden auch Gutschriften oder dauerhafte Nachlässe fällig, um einer (Sonder-)Kündigung zu vermeiden<br>Der Ansatz ist zeit- und kostenintensiver (langwieriges Warten auf Kundenantwort z. B. in der Urlaubszeit) |

[a]Während der Silent Migration werden in der Regel Daten des Kunden gegenüber Änderungen gesperrt, damit diese im zeitlichen Verlauf der Migration konsistent bleiben. Dazu zum Kunden gehörigen Information, wie z. B. welche Produkte er zu welchen vertraglichen Konditionen sowie Rabatte/Skonti kaufen darf bzw. in der Vergangenheit gekauft hat. Falls der Kunde während der Migration doch Änderungen wünscht, müssen diese gesondert gespeichert und nach der Migration in der Zielumgebung aufgenommen werden

und (das ist das Entscheidende) ob die Kunden sich auch aktiv für die Migration entscheiden müssen. Man spricht in diesem Fall von einer Non-Silent bzw. nicht-stillen Migration. Eine besondere Variante davon ist auch die vollständig individuelle Migration, in der die Kunden einzeln direkt angesprochen und komplett als Neukunden behandelt werden mit der Gefahr, dass sie die Gelegenheit nutzen und zum Wettbewerber wechseln. Die zweite Art der Migration verläuft demgegenüber lautlos, d. h. der Kunde wird pflichtgemäß über den rechtlich erforderlichen Teil (z. B. Änderung der AGB/AVB) hinaus nicht informiert und muss sich damit auch nicht aktiv für oder gegen die Migration aussprechen. In diesem Fall spricht man von einer Silent bzw. stillen Migration.

Ziel jeder Migration ist die Einführung einer besseren Zielarchitektur, in der die Kunden-, Produkt- und sonstigen Daten besser und effizienter verarbeitet werden sowie die Prozesse des Unternehmens optimiert ablaufen können. Die alte Welt (also ursprüngliche Quellsysteme und -umgebungen mit deren Prozessen) soll nach erfolgreichem Abschluss des Vorhabens obsolet sein. Um Kosten zu sparen können diese dann, unter Berücksichtigung von Datenschutz und anderen Anforderungen, geordnet abgeschaltet werden.

## 3.2   Exkurs in die IT: Prozess der Datenmigration

Die Buchstaben E, T und L, manchmal auch in der Reihenfolge E, L und T (was aber nichts an der Bedeutung, sondern nur an der Reihenfolge der Prozessschritte ändert), beschreiben einen aus der Datenintegration im Business-Intelligence-Umfeld geprägten Ansatz, den man auch für eine Datenmigration nutzen kann.

**Extraktion, Transformation, Laden (ETL)** ist ein Prozess, bei dem, vereinfacht beschrieben, Daten aus einer Datenquelle **extrahiert,** nach bestimmten, am Zielsystem ausgerichteten Regeln **transformiert** und danach in selbiges **geladen** werden (siehe Abb. 3.2). Dahingegen wird bei ELT das Laden in das Zielsystem vorgezogen, die meist mit einem höheren zeitlichen Aufwand verbundene Transformation der Daten erfolgt erst danach und ist damit vor allem für Big Data-Anwendungen interessant. Datenmigrationen integrieren in der Regel nicht nur eine, sondern eine Vielzahl von Datenquellen, was die Komplexität signifikant erhöht.

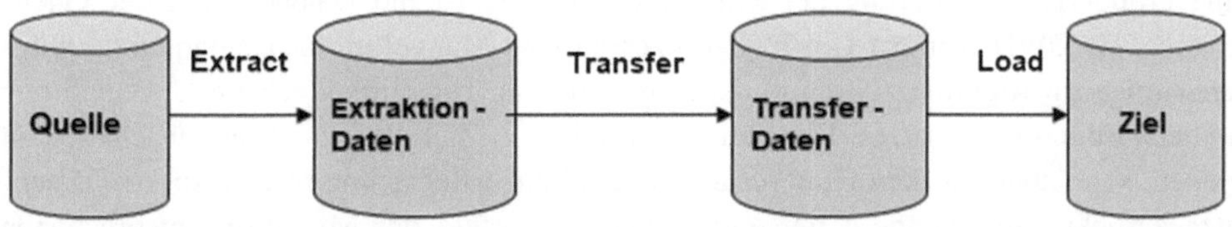


**Abb. 3.2** Schematische Darstellung des ETL-Prozesses. Quelle hierbei kann mehrere Quelldatenbanken, Filesysteme oder sonstige Datenstrukturen umfassen, dasselbe gilt für Ziel. (Quelle: Eigene Darstellung)

Der Begriff ETL ist im Umfeld von Business Intelligence geprägt worden und kommt immer dann vor, wenn es um die Verarbeitung von Daten geht. Das Verfahren lässt sich als allgemeiner Prozess zur Informationsintegration nutzen. Dazu werden heterogen strukturierte Daten aus unterschiedlichen Quellen zusammengeführt. Der Prozess muss zeitlich effizient ablaufen, um Sperrzeiten, beispielsweise von System- oder Kundendaten oder Änderungen auf der Quellseite, zu minimieren. Gleichzeitig muss auch eine hohe Qualität der Inhalte (konsistent, korrekt, vollständig, usw.) in der Zielumgebung gewährleistet sein.

Während in der Vergangenheit vor allem eine große Sammlung von Daten und die eher rückwärtige Betrachtung des Geschäftsverlaufs für Unternehmensentscheidungen eine Rolle spielten, wird es vor allem auch vor dem Hintergrund des digitalen Fortschritts immer stärker erforderlich, ein Data Warehouse mit Daten zu versorgen, die aktuell sind, in immer kürzer werdenden Aktualisierungs- bzw. Ladezyklen. Daher richtet sich der Fokus auf eine Minimierung der Latenz- und Durchlaufzeiten eines einzelnen Datensatzes, bis die Daten aus den Quellsystemen in geeigneter Art und Weise den Business-Intelligence-Anwendungen zur Verfügung stehen. Hierzu werden ETL-Prozesse in immer kürzeren Zyklen durchlaufen, unterschieden nach stündlichen, täglichen oder monatlichen Prozessen. Vergleiche dazu auch Near- und Realtime Data Warehousing.

Es hat sich als praktikabel erwiesen, für Migrationen eine zentrale Datenbank einzusetzen, die als Depot (engl. Repository) eine Reihe zentraler Funktionen innerhalb des Vorhabens abdeckt.

**Repository-Funktionen im Zusammenhang einer Migration**

- Depot für alle migrationsbedingten Aufträge,
- Depot für alle migrationsbedingten Status und Nachrichten,
- Depot für die Gesamtheit der zu migrierenden Daten,
- bei einem generischen Ansatz: Depot für Bereinigungsregeln (können alternativ auch mit einer Datenqualitätskomponente oder der ETL-Software abgebildet werden) sowie
- bei einem generischen Ansatz: Depot für Transformationsregeln (werden meist innerhalb der ETL-Software abgebildet).

Eine große Herausforderung bei Migrationsvorhaben ist die Datenqualität der Quellsysteme. Im DWH-Kontext von ETL-Prozessen sind Mängel in der Datenqualität möglicherweise ein Ärgernis, führen in der Regel aber nur zur Zurückweisung des qualitativ minderwertigen Datensatzes. Eine Migration mit dem Ziel, das Altsystem abschalten zu können, kann aber vor dem Hintergrund der zeitlichen Befristung nicht restriktiv Datensätze zurückweisen, sondern muss entweder im Vorfeld der Migration entsprechende Maßnahmen definieren oder mittels komplexer Regelwerke Standardwerte setzen. Um sich einen Überblick über die zu erwartenden Probleme zu verschaffen, können Daten mit Data-Profiling-Methoden untersucht werden.

**Extraktion**

Bei der Extraktion wird in der Regel ein Ausschnitt (beispielsweise eine bestimmte Zeitscheibe oder alle Daten, die sich seit der letzten Extraktion verändert haben) der Daten aus den Quelltabellen extrahiert und zentral bereitgestellt (Delta Load). Alternativ lässt sich auch der gesamte Datenbestand (Full Load) abziehen, aufgrund der großen Datenmenge ist dies durchaus zeitintensiv. Beides kann entweder in der sogenannten **Landing Zone** passieren, in der die Daten in exakt derselben Struktur wie in der Datenquelle angelandet werden, oder in der sogenannten **Staging Area,** in der die extrahierten Daten bereits ein erstes Mal verdichtet und in eine einzige Tabelle geschrieben werden. Beide Varianten bieten den Vorteil, dass weitere Verarbeitungen direkt in der zentralen Datenverarbeitungsinstanz (Migration oder Data Warehouse) ohne weitere Verbindungen zu den ursprünglichen Datenquellen stattfinden können.

Die Extraktion kann periodisch, ereignis- oder anfragegesteuert erfolgen:

- **Periodische Extraktion:** Die Quelle erzeugt gemäß Vereinbarung zu einem bestimmten Zeitpunkt in definierten, regelmäßigen Abständen Abzüge ihrer Daten, die durch ETL-Prozesse regelmäßig abgefragt werden.
- **Ereignisgesteuerte Extraktion:** Ein bestimmtes Ereignis tritt in der Quelle ein, diese erzeugt daraufhin einen Abzug ihrer Daten, die durch einen ETL-Prozess regelmäßig abgefragt werden. Bei dem Ereignis kann es sich beispielsweise um das Erreichen eines kritischen Schwellenwertes handeln oder um das Erreichen des zehntausendsten Datensatzes.
- **Anfragegesteuerte Extraktion:** Auf Anfrage, beispielsweise eines ETL-Prozesses, stellt die Quelle ihren Abzug oder auch nur einzelne Datensätze bereit.

Die beiden ersten Varianten kommen häufig in der Bewirtschaftung von Data-Warehouse-Systemen vor, die dritte Variante wird in der Regel für Migrationsverfahren verwendet. In jedem Fall ist auf der Quellseite ein entsprechender Mechanismus notwendig, um den Datenabzug zu erzeugen und bereitzustellen. Bei den Auszügen aus den Quellen kann es sich um alle Daten der Quellen oder teilweise Snapshots handeln.

Oft wird während der Extraktion eine erste Qualitätsprüfung der Daten durchgeführt. Im Business-Intelligence-Umfeld wird im Rahmen einer Datenqualitätsinitiative die Verbesserung der Datenqualität im Quellsystem angestrebt. Bei einem Migrationsvorhaben kann es auch vorkommen, dass dieser unbrauchbare Datensatz in der zentralen Migrationsdatenbank bearbeitet wird, um ihn später innerhalb der Migration verarbeiten zu können.

**Transformation**

Die aus den unterschiedlich strukturierten Quellen stammenden Daten, denen häufig unterschiedliche Wertebereiche zugrunde liegen oder die sich in ihren Datentypen unterscheiden können, müssen in ein für das Zielsystem definiertes Datenmodell übertragen werden. Dafür müssen die im ersten Prozessschritt extrahierten Daten auf unterschiedliche Kriterien geprüft, fehlende Werte ergänzt und in bestimmten Fällen nach definierten Regeln auch berechnet werden. In einigen Fällen ist dies aber nicht möglich, weil beispielsweise nicht alle Variablen einer Berechnung gefüllt werden können oder weil die Datenlage keinen eindeutigen Schluss zulässt, um beispielsweise einem Vornamen ein Geschlecht eindeutig zuzuordnen (z. B. handelt es sich Rene, Chris oder Andrea um männliche oder weibliche Vornamen oder gar Nachnamen?). Dies kann dazu führen, dass der Datensatz nicht vollständig transformiert werden kann und somit ausgesteuert werden muss.

Die Transformation bzw. deren Schritte können in zwei Bereiche eingeteilt werden, die syntaktische und die semantische Transformation.

*Syntaktische Transformation* Formale Anpassung der Quelldaten z. B. an die im Zieldatenmodell verwendeten Datentypen oder Datenlängen, beispielsweise eine Zeichenkette, die nur 50 Zeichen lang sein darf. In manchen Fällen kann auch eine bestimmte Formatierung notwendig sein, z. B. wenn ein System führende Nullen erwartet oder das Geburtsdatum nicht als Datentyp „Datum", sondern nur als Zeichenkette mit einer bestimmten Reihenfolge (DDMMYY) akzeptiert. Dafür müssen dann Typkonvertierungen vorgenommen werden, mit allen zu erwartenden Hindernissen: Ist der Kunde, der am 16.03.12 geboren wurde, 5 Jahre oder 105 Jahre alt?

*Semantische Transformationen* Inhaltliche Anpassung der Quelldaten, z. B. an die im Zielsystem hinterlegten Wertebereiche. Vor allem bei Migrationsvorhaben kann die auf den ersten Blick einfach Aufgabe schnell sehr komplex werden und macht in der Regel eine enge Zusammenarbeit zwischen allen Beteiligten inklusive Fachbereichen und IT zwingend erforderlich.

> **Beispiele für semantische Transformationen, die keine mangelnde Datenqualität berücksichtigen**
>
> Die Anrede von Kunden ist im (Privatkunden-)Quellsystem in „Herr", „Frau" und „Familie" getrennt, zusätzlich gibt es auch eine lange Liste möglicher Titel wie „Dr.", „Prof.", „Dipl.-Ing." usw. Im Zielsystem sind aber erstens gar nicht alle Titel verfügbar (es fehlt die feinere Differenzierung des Doktortitels wie h. c. oder rer. nat.) und zweitens sind diese mit dem Geschlecht kombiniert: „Hr. Dr.". Daher muss die Transformation für jeden Datensatz die beiden Attribute Geschlecht und Titel einerseits kombinieren und andererseits Ausprägungen, die nicht zugeordnet werden können, weglassen, sodass sie im Zielsystem angelegt werden können.
>
> Die Telefonnummer des Kunden wird im Zielsystem in den drei erforderlichen Attributen „Ländervorwahl", „Ortsvorwahl", „Anschluss" sowie optional „Durchwahl" akzeptiert. Im Quellsystem liegen diese Informationen jedoch unstrukturiert vor, die Schreibweisen +4912345678911, 004912345678911, 012345678911 sowie (01234)56789-11 sind allesamt zulässig und müssen über geeignete Transformationsregeln in die erforderlichen Attribute überführt werden.

Bei der Kundenanlage im Quellsystem bzw. der Nutzung der Kundendaten im Quellsystem sind nie Validierungen der Existenz der Anschrift durchgeführt worden (lediglich syntaktische Prüfungen wie „Ist die Postleitzahl fünfstellig?"), im Zielsystem ist die Existenzprüfung jedoch ein erforderlicher Schritt bei der Kundenanlage. Datensätze wie „12345 Entenhausen" oder „09876 Smallville" würden demzufolge zurückgewiesen werden. Transformationsregeln bzw. entsprechende Existenzprüfungen müssen genau das verhindern. Hierzu können externe Quellen von Dritten herangezogen werden, z. B. um Adressüberprüfungen durchzuführen. Alternativ kann auch die Existenzprüfung deaktiviert werden, mit dem Risiko, beispielsweise postalische oder logistische Prozesse nicht bedienen zu können.

Die Transformation ist häufig der Bereich der Datenmigration mit dem höchsten Aufwand und dem größten Fehlerpotenzial. Teilweise werden dabei manuelle Eingriffe benötigt, insbesondere um Fehler zu beheben und Daten zu bereinigen. Der Transformationsprozess kann auch in mehreren Iterationen erfolgen, wenn beispielsweise für Berechnungen das Heranziehen zusätzlicher Quelldaten erforderlich ist, die ursprünglich für die Migration nicht vorgesehen waren.

**Laden**

Der Ladeprozess in der Migration wird hier in Analogie zur Beladung eines Data Warehouse (DWH) betrachtet. Beim Laden der Daten in einem DWH wird im letzten Schritt des ETL-Prozesses der Datensatz in die Strukturen geladen, auf die Business-Intelligence-Anwendungen zugreifen, beispielsweise in Data Marts.

Analog wird in der Datenmigration dann der erzeugte Datensatz dem Zielsystem zur Verfügung gestellt. Für die Korrektheit und Vollständigkeit ist im Prozess die Transformation, für die (referenzielle) Integrität hingegen der Datenbewirtschaftungsprozess des Zielsystems zuständig. Dieser folgt möglicherweise wieder dem Muster einer ETL-Verarbeitung, was für das Migrationswerkzeug selbst aber intransparent ist.

Die Beladung des Zielsystems soll in der Regel möglichst effizient geschehen, sodass die Datenbank während des Prozesses nicht oder nur kurz blockiert wird. Zusätzlich kann eine Historisierung angelegt sowie eine Protokollierung der Änderungen angefertigt werden, sodass bei Bedarf auf Daten zurückgegriffen werden kann, die zu früheren Zeitpunkten gültig waren. Dies kann bei einer Unternehmensprüfung oder aber auch bei der Fehlersuche bzw. Datenbereinigung notwendig sein.

Beim Laden der Daten gibt es verschiedene Mechanismen wie Einzelsatz-Übertragung oder Bulk Load (ein- oder mehrmaliges Laden einer hohen Anzahl an Datensätzen). Welcher dieser Lade-Mechanismen verwendet werden soll, wird hauptsächlich aus Performance-Gesichtspunkten heraus entschieden.

Für den Transport der Datensätze aus dem Migration Warehouse heraus in das Zielsystem sind Transportmechanismen notwendig wie beispielsweise ein Enterprise Service Bus (ESB) oder direkte Datenbankverbindungen (siehe auch Kap. 6). Dies wird in der Definition des ETL-Prozesses nicht berücksichtigt.

## 3.3 Agiles, traditionelles Transformationsmanagement

Viele Unternehmen setzen im Zuge der digitalen Transformation zunehmend auf agile Organisationen.[1] Vor allem durch die Digitalisierung getrieben formen sie ihre existierende traditionelle in eine agile Organisation um („Agilität gehört in die Unternehmens-DNA", vgl. [8, S. 217 ff.]).

Das Management dieser Organisation muss sich während der Transformation auf beide Arbeitsweisen einstellen. „Agil" als ursprünglich aus der IT-Entwicklung stammender Begriff wird hier ausgeweitet auf die gesamte Organisation: agile Produkte, Prozesse, die agile Organisation (vgl. [9, S. 121 ff.]), aber auch agiles Management (vgl. [10]). Dabei setzt man auf die Vorteile der agilen Methoden (vgl. https://www.scrum.org/). Diese werden oft gleichgesetzt mit Geschwindigkeit und Anpassungsfähigkeit. Letztendlich geht es darum, die Resilienz des Unternehmens und des Systems zu erhöhen. Das Management benötigt einige Basiselemente, um diese agile Transformation zu bewerkstelligen (vgl. [6]): dynamisch (und zugleich fundiert) Entscheidungen treffen und Mitarbeiter zu Entscheidungen ermächtigen, Wissen integrieren, Vorhandenes hinterfragen, das agile Verhalten als Vorbild nutzen.

Auf scrum-master.de wird eine Erläuterung bzw. ein Manifest zum Begriff der agilen Vorgehensweise angeboten (vgl. z. B. [14]):

**Agile Vorgehensweise**
1. Wir suchen nach besseren Wegen, Produkte zu entwickeln, indem wir es selbst praktizieren und anderen dabei helfen, dies zu tun.
2. Individuen und Interaktionen haben Vorrang vor Prozessen und Werkzeugen.
3. Funktionsfähige Produkte haben Vorrang vor ausgedehnter Dokumentation.[2]
4. Zusammenarbeit mit dem Kunden hat Vorrang vor Vertragsverhandlungen.
5. Das Eingehen auf Änderungen hat Vorrang vor strikter Planverfolgung.
6. Wir erkennen dabei sehr wohl den Wert der Dinge auf der rechten Seite an, wertschätzen jedoch die auf der linken Seite noch mehr.

Dieses Manifest beschreibt einige „Leitplanken", die man in agilen Entwicklungsprojekten berücksichtigen, aber auch auf allen Ebenen verinnerlichen muss. Das bedeutet

---

[1]Digitalisierte Unternehmen nutzen agile Methoden. Die Vorteile solcher transparenten, iterativen Arbeitsprozesse liegen in einer verkürzten Time-to Market und effizienteren Organisationsprozessen. Agile Entwicklungs-Frameworks begegnenden Gegebenheiten der digitalen Welt mit einem empirischen Ansatz: Entwicklungsteams werden befähigt flexibel und schnell auf neue Erfordernisse des Kunden einzugehen (vgl. [4, S. 113]).

[2]Dies ist nicht gleichzusetzen mit „Wir gehen agil vor, also müssen wir nicht mehr dokumentieren.".

eben nicht zwangsläufig, dass ein kleines Entwicklungsteam agil arbeitet und sich ein schnell entwickeltes Produkt in alle Unternehmensprozesse und die Systemlandschaft ohne weiteres integriert. Es bedeutet auch nicht, dass planlos und chaotisch einfach darauf losgearbeitet wird, ohne Qualität oder Standards zu berücksichtigen. Vielmehr ist Agilität ein Ansatz, um schneller zu (prototypischen) Ergebnissen zu gelangen, die den Wünschen des Anfordernden entsprechen. Ein erfolgreiches agiles Vorgehen ist geprägt davon, dass das Mindset aller, vom Entwickler über den Anwendungsbetrieb bis hin zum Vorstand, die oben genannten Rahmenbedingungen reflektiert. Außerdem muss im Bewusstsein verankert sein, dass vor allem eine exakte Planbarkeit (Fertigstellung, Scoping) nicht in der Form und der Verbindlichkeit gegeben ist wie in der klassischen Wasserfallentwicklung.

Die traditionelle Unternehmensorganisation und deren Management werden vor allem in IT- und Softwareprojekten von der Wasserfall-Methodik beeinflusst. Dies kann von Vorteil sein, vor allem wenn das Transformationsvorhaben einen großen Umbau im Backend- bzw. Kernbereich beinhaltet. Es geht also oft darum, die agilen, schnellen Zyklen mit den langsam drehenden Release-Zyklen der traditionellen Vorgehensweisen zu „verheiraten".

„Heute identifizieren sich immer mehr Teams mit einer agilen Methodik. Viele dieser Teams verwenden wahrscheinlich ein hybrides Modell, das Elemente mehrerer agiler Methoden sowie einen Wasserfall enthält", schreibt der ehemalige Gartner-Analyst Peter Varhol (siehe [11]).

Auch in der Projektmanagement-Methodik PMI ist abgebildet, dass agile Organisation und agile Entwicklung nicht im Widerspruch zu einer traditionellen „Wasserfall"-Projektorganisation en stehen. Beispielsweise wird im PMBOK eine Brücke zwischen beiden Vorgehensweisen geschlagen bzw. werden sie in einem gemeinsamen Vorgehensmodell integriert (siehe z. B. [7]).

Bei der Synchronisierung beider Methoden sind mehrere Hindernisse zu überwinden. Dies fängt bei der Schätzung an, da u. a. die subjektiven, individuellen Schätzungen der beteiligten Entwickler eine wichtige Rolle spielen (vgl. [2, S. 42]). Darüber hinaus erlaubt die agile Vorgehensweise dem Entwicklungsteam, den Scope selbst zu definieren bzw. sich auf das Machbare zu beschränken. Anhand der Beispiele kann man erkennen, dass eine Release-Planung mit ihrer starken Verbindlichkeit (Funktionalität und Zeitplanung müssen über Anwendungsgrenzen hinweg zusammenpassen) ein konträres Ziel verfolgt.

Auch über die beiden Themen Schätzung und Hindernisse hinaus haben beide Methoden (Wasserfall und agil) hinsichtlich typischer Projektrisiken ihre eigenen Vor- und Nachteile. Sie versuchen, den typischen Risiken in (Softwareentwicklungs-) Projekten zu begegnen. Hier eine Auflistung solcher Risiken (siehe [1]): Personalknappheit, unrealistische Zeitpläne und Budgets, Entwicklung falscher Funktionen, unvollständige Entwicklung der Oberfläche oder falsches Verständnis der Anforderungen der Benutzer, Vergoldung (Überausstattung), Umgang mit (häufigen) Anforderungsänderungen, Mängel in zugelieferten Produkten, Mängel in externen Leistungen, Mängel in Echtzeitverhalten, Anforderungen jenseits der technischen Möglichkeiten. Wobei der Umgang mit **Anforderungsänderung** (Change Request) eine zentrale Rolle im Management von Projekten spielt.

Es zeigt sich aber, dass agile Methoden besser damit zurechtkommen, da Scrum und Co. (siehe [2, S. 96 ff.])

- den Kunden/Anfordernden besser durch **iteratives Feedback** (Komplexitätsreduktion) in der Anforderungsdefinition integrieren,
- **kurze Entwicklungszyklen** (dient ebenfalls der Komplexitätsreduktion) haben und dadurch der inhaltliche Umfang jedes Zyklus geringer ist,
- durch das **Timeboxing** eine bessere Budgetkontrolle möglich ist und
- die Verantwortung der Schätzung, Entwicklung und des Ergebnisses auf die Teammitglieder verteilt ist. Diese **Eigenverantwortung** erhöht die Motivation des Teams.

Während bei der Wasserfall-Methode die Anforderungen beim Start des Projektes „eingefroren" (Scope Freeze) werden, kommt es während der Laufzeit des Projektes zu neuen Anforderungen wie Schnittstellenanpassungen, die nachträglich eingefügt werden müssen und so die Zeit, das Budget, die Qualität der Ergebnisse oder alle drei gefährden.

Wenn die Projektergebnisse aus agiler und Wasserfall-Welt integriert werden müssen, sind mehrere Bereiche zu berücksichtigen:

- **Rolle des Product Owners** im agilen Part des Projektes: Es muss immer darauf geachtet werden, dass eine User Story zu einem „minimum viable product" führt bzw. führen kann, sodass dieses Ergebnis in ein Release (Wasserfall) integriert werden kann.
- **Synchronisation in kritischen Bereichen:** Dafür muss der Scrum Master im agilen Teil des Projektes/Programms einige Elemente des klassischen Projektmanagements wie z. B. die Planung des kritischen Pfads integrieren. Für die Synchronisierung von agilem und Wasserfall-Vorgehen ist strikte Einhaltung von Zeitfenstern/Meilensteinen und Scope bzw. Vereinbarungen unabdingbar. In diesen Bereich fällt auch eine bessere Fokussierung und Überprüfung der Schätzung im agilen Bereich des Projektes.
- **Koordination zwischen den Anforderungen** des agilen mit dem Wasserfall-Teil des Projektes/Programms: Hierzu bietet sich eine neue Rolle an, z. B. ein Super Product Owner, der eng mit den beteiligten Projektleitern, Scrum Mastern und Product Ownern zusammenarbeitet und beide Vorgehensweisen durchdrungen hat.

Zusammenfassend kann eine Symbiose von „agil" und „Wasserfall" jedoch nur funktionieren, wenn ein hohes Maß an Absprachen und Management Attention in die Planung und Überwachung einfließt. Die Herausforderung liegt letztlich in der Integration der Ergebnisse und der Ausführung der integrierten Qualitätsprüfungen.

## **3.4    Individuelle Migration oder Non-Silent Migration**

Bei der Betrachtung der Migration von Kundendaten haben wir die zwei Möglichkeiten der Übertragung der Kundendaten in die Zielumgebung gesehen: Silent und Non-Silent Migration. Bei der Non-Silent Migration spricht man von der **individuellen Migration,** weil diese auf der Einzelfallbearbeitung der Kunden basiert und nur unter Mitwirkung des Kunden möglich ist. Durch die manuelle Bearbeitung entsteht ein hoher Aufwand, hinter dem wiederum hohe Kosten stehen. Eine Implementierung in Migrationssoftware, um eine automatisierte Transformation der Kundendaten in die Zielumgebung zu unterstützen, ist allerdings nicht nötig. Daher eignet sich dieser Ansatz sehr gut für kleinere Kundengruppen oder für sehr komplexe Kunden- bzw. Produktgruppen, wie z. B. für Geschäftskunden mit speziellen Rahmenvertragskonditionen.

Die individuelle Migration folgt den Standardprozessen von Kundenneuanlage und Aktivierung des Kunden. In den Quellsystemen und -umgebungen werden diese Kunden zuerst gegen Veränderungen gesperrt und später regulär gekündigt, im gegenseitigen Einvernehmen. Nach der Neuanlage der Kunden in der Zielumgebung bekommen diese evtl. Sonderkonditionen oder Boni, um die Vorteile des evtl. langjährigen Status aus der alten vertraglichen Beziehung auch in der neuen zu genießen.

Ein weiterer Vorteil dieser Art von Migration ist, dass diese sofort starten kann ohne zu warten, bis die technischen Werkzeuge zur Transformation vollständig konzeptioniert, entwickelt, getestet und produktiv gesetzt wurden. Dies bedeutet jedoch nicht, dass auf eine Selektion oder eine Kommunikationsstrategie verzichtet werden kann. Das Verfahren kann auch an ausgewählten Kunden verprobt werden, um aus dem direkten Kundengespräch Eindrücke zu gewinnen, worauf in der Kundenkommunikation der Silent Migration geachtet werden sollte. Darüber hinaus gibt dieses Verfahren Aufschluss darüber, ob die bisher erfassten Daten des Kunden vollumfänglich ausreichen oder durch zusätzliche Informationen angereichert werden müssen (Stichwort: Anzahl der Kundenkontakte minimieren).

Die individuelle Migration sollte aber nicht auf die Geschäftskunden begrenzt werden, auch für die Migration von Privatkunden bietet sie Potenziale, beispielsweise, wenn sie als Fallback-Szenario oder für Ausnahmefälle (z. B. der Mitarbeiter als Kunde mit besonderen Konditionen) zum Einsatz kommen soll. Auch kann sie eine Lösung für Kunden sein, bei denen die technische und automatisierte Migration nicht möglich ist.

Weiterhin typische Kandidaten für eine individuelle Migration:

- Kunden, die sich explizit geweigert haben, automatisch transformiert zu werden. Sie erwarten eine Sonder- oder individuelle Behandlung.
- Kunden, die aus Geschäftsgründen einer individuellen Behandlung bedürfen oder ausgewählt wurden (z. B. aufgrund ihres Status), um keinem Risiko der automatischen Migration ausgesetzt zu werden.
- Kunden, die aufgrund ihres Berufsstandes einer besonderen Behandlung bedürfen, beispielsweise Journalisten oder Personen des öffentlichen Lebens.

- Kunden mit hochkomplexen vertraglichen Vereinbarungen, die explizit geprüft und nur im ausdrücklichen gegenseitigen Einvernehmen einer Transformation zugeführt werden können.[3]
- Kunden, die automatisiert migriert werden sollten, bei denen aber trotz mehrfacher Bereinigungsversuche die automatisierte Migration scheitert.
- Kunden, die aufgrund von nichtzutreffenden Auswahlkriterien zu keinem Zeitpunkt für eine automatisierte Migration vorgesehen waren und deswegen individuell angesprochen werden müssen (Datenänderungen, -ergänzungen und -anpassungen im gegenseitigen Dialog mit dem Kunden).

Besondere Herausforderungen können durch Kundenbeziehung en entstehen, die nicht direkt mit dem Unternehmen, sondern über Dritte, sogenannte Kooperationspartner, bestehen. Für diese muss intensiv geprüft werden, ob eine automatisierte oder eine individuelle Migration infrage kommt. Solche Kooperationspartner können beispielsweise die Service Provider im Mobilfunk oder Wiederverkäufer (Reseller) sein, die für die Speicherung von Kundenverträgen und Kundeninformationen meist ihre eigenen Systeme haben.

## 3.5 Automatisierte oder Silent Migration

Wenn wir über Massendaten sprechen, z. B. Kundenstammdaten in einer Mobilfunkgesellschaft, führt kein Weg an einer maschinellen, hochgradig automatisierten Migration vorbei. In der heutigen digitalen Welt liegen in der Regel die meisten Daten (Kundenstammdaten, Bewegungsdaten, technische Produktionsdaten) in digitaler Form vor.

Sofern das nicht zutrifft, beispielsweise bei Originaldokumenten oder wenn aus historischen Gründen die Daten zumindest teilweise ausgedruckt in Ordnern hinterlegt sind, bedarf es zunächst einer elektronischen Erfassung, um den geregelten Aufbewahrungsfristen gemäß Abgabenordnung (AO) und Handelsgesetzbuch (HGB) auch über die Migration hinaus nachzukommen. Unter Umständen können die Daten auch inhaltlich interessant für die Migration sein, dann müssen sie darüber hinaus auch auf Korrektheit und Aktualität geprüft werden. Die elektronische Erfassung der Dokumente kann unter bestimmten Voraussetzungen auch automatisiert erfolgen. Dabei sprechen wir meist nicht von dem bloßen Einscannen der Daten und deren Ablage im PDF-Format im Unternehmens-Content-Management- oder Dateisystem. Die Inhalte müssen darüber hinaus maschinell erkannt und entsprechend in den passenden Systemen

---

[3]Manchmal genügt ein einzelnes Attribut des Kunden, um diesen individuell migrieren zu müssen. Der Aufbau von Software, die dieses individuelle Attribut bei der Transformation berücksichtigt, wäre zu kostspielig im Vergleich zu den Kosten der individuellen Migration.

abgelegt werden.[4] Dies kann im Rahmen eines großen Transformationsprojektes als eine Art Vorprojekt verstanden werden, da es eine notwendige Voraussetzung für die spätere Migration ist und idealerweise losgelöst vom Migrationsprojekt abgewickelt wird, um die Komplexität überschaubar zu halten.

Falls die automatisierte Erfassung nicht möglich ist, z. B. wenn die Daten nicht einscannbar sind, etwa, weil diese je nach Fall einen Experten benötigen, der sie einzeln bearbeiten muss, müsste man wieder auf die individuelle Verarbeitung zurückgreifen (gegebenenfalls sogar in Rücksprache mit dem Kunden, damit verlassen wir das Gebiet der stillen Migration). In diesem Fall ist eine automatisierte Migration nicht oder nur unter sehr schweren Bedingungen möglich.

Um eine Migration als stille Migration bezeichnen zu können, sind zunächst folgende Anmerkungen bzw. weiteren Definitionen zu beachten:

1. Eine Migration kann **transaktional** erfolgen. Jeder Kunde wird bei dem Verfahren einzeln übertragen, jeder (sinnvolle) Einzelschritt quittiert bzw. mit einem passenden Status versehen.

   a) Eine Planung, welche Kunden oder Produkte an welchem Tag an der Reihe sind, sollte nicht auf Einzelkundenebene erfolgen, sondern (analog einer Werbekampagne) in Form einer Migrationskampagne aufgesetzt werden, der Kunden anhand bestimmter Kriterien zugeordnet werden.

   b) Wie eine Werbekampagne auch, kann eine Migrationskampagne eine Unterkampagne enthalten, als Detaillierung, um aus der großen Masse an Kunden für einen Tag wiederum anhand festgelegter Kriterien eine Untergruppe zu bestimmen. Als Schnittkriterium können sowohl inhaltliche Attribute dienen als auch ein einfacher Zähler („nimm die ersten 100.000 Kunden").

2. Eine Migration kann auch in der **Stapelverarbeitung (Batch)** erfolgen. Kunden oder Kundengruppen werden im Block zusammengefasst und in Summe übertragen, der gesamte Block erhält einen Status.

Somit kann man eine stille Migration als transaktional bezeichnen, wenn sie

- automatisiert verläuft,
- auf Einzeldatensätzen beruht,
- einem Statusmodell folgt,
- auf einer Kampagne basiert und
- keine (bzw. geringstnötige) Interaktion mit dem Kunden oder Partner des Unternehmens hat.

---

[4]Zumal beim Einscannen durchaus auch Probleme hinsichtlich Korrektheit entstehen können, vgl. [5].

In der Regel wird dafür ein Migrationswerkzeug eingesetzt, häufig Individual-Entwicklungen oder hochgradig angepasste, konfigurierte Standardsoftware. Dabei sind jedoch die internen Prozesse und Funktionen des Unternehmens zu beachten. Die tiefe Kenntnis der Unternehmensabläufe und Prozesse macht sich meist in Ausnahmen und Sonderfällen bemerkbar; denn nicht alle Verarbeitungsschritte sind maschinell. Dies kann z. B. eine Anreicherung der Daten für diese Fälle notwendig machen.

Die Migration kann in mehreren Stufen ablaufen: in einer Vorstufe, der **Vor-Migration** (auch Pre-Migration), der **Haupt-Migration** und der **Nach-Migration** (auch Post-Migration). Damit soll sichergestellt werden, dass alle für die Nutzung des Kunden im Zielsystem notwendigen Daten, auch Verbrauchsdaten, jeden einzelnen Prozessschritt durchlaufen haben und im Zielsystem angekommen sind.

Die Kommunikation mit dem Kunden sollte nur in besonderen Fällen stattfinden, z. B., wenn er für die Nutzung seiner Produkte oder z. B. Änderung seiner Zahlungsweise den Zugriff auf eine neue Webseite mit dazugehörigem Benutzernamen und Kennwort benötigt. Die Zielsetzung, dass die Migration so still wie möglich sein sollte, dient hier auch der Vermeidung von Unsicherheit und Irritation. Der Kunde sollte beim Aufsuchen von Kontaktstellen (Customer Touch Points), z. B. Webseite oder Außenstelle, von dem Unternehmen einen zumindest gleich konsistenten oder sogar positiveren Eindruck bekommen als vor der Transformation. Die Informationen aus den diversen Customer Touch Points werden im Rahmen der Transformation verwendet, um den Kunden möglichst an der richtigen Stelle (örtlich oder funktional) und zum richtigen Zeitpunkt zu informieren. Eine Zielsetzung kann dabei sein, dass der Kunde keine Aktionen tätigt oder dass im Rahmen der Transformation spezielle Marketing-Aktionen genutzt werden, um Kunden in die Zweigstellen/Shops zu holen (z. B. für Beratungen), so können auch die persönlichen Kontakte für Feedback und zur Absicherung der Transformation eingesetzt werden.

Zudem sollte sich durch das Transformationsvorhaben das Vertragsverhältnis zwischen den meisten Kunden und Unternehmen nicht verschlechtern[5], für ein positives Kundenerlebnis vielleicht sogar verbessern, falls es z. B. zu Vertragsänderungen kommt, andernfalls räumt man dem Kunden unter Umständen ungewollt Sonderkündigungsrechte ein oder schafft die Möglichkeit einer Anklage wegen Betruges, weil der Kunde nicht informiert wurde oder er möglicherweise durch die Transformation nun schlechter gestellt ist.

In der Regel verändern sich bei einer Transformation eines Unternehmens nicht nur die Systeme, die die Kundendaten verwalten (z. B. CRM), sondern auch die Produkte. Nicht nur künftige Produkte sind dabei oft betroffen, sondern auch vorhandene Produkte,

---

[5]Manchmal gibt es Kunden oder Produkte, die man aus strategischen Gründen nicht mehr halten möchte. Dann bietet eine Migration einen willkommenen Anlass dazu, sich von ihnen zu trennen. Generell sollte die Maxime jedoch lauten, dass die Kunden nach der Transformation eine positivere Customer Experience haben als zuvor.

die seit langem von Kunden genutzt werden. Im Rahmen einer Transformation beim Zusammenschluss zweier Unternehmen müssen ohnehin alle Produkte auf den Prüfstand.

So wie die Produkte eines Unternehmens im Unternehmensportfolio zusammengefasst werden, kann man die Produkte der Migration als **Migrationsportfolio** bezeichnen, welches sich z. B. bei der Strategie Buyer is leading am Ziel-Produktportfolio orientiert. Die Ausgangsprodukte müssen mit Hilfe von Regeln oder manuell den Ziel-Produkten zugeordnet werden, dieses Verfahren nennt man auch **Mapping.** Dabei können Softwarewerkzeuge unterstützen. Oft werden nach dem Mapping Simulationen durchgeführt, um sicherzustellen, dass der Umsatz keine dramatischen Einbrüche erleiden kann, oder um eine Vorhersage über eine mögliche Kundenabwanderung abzuleiten. Diese Simulationen können auch zur Abschätzung der Qualität der Abbildung und zur sonstigen Risikominimierung dienen.

Bei der stillen Migration können wir nach verschiedenen Kriterien unterscheiden, z. B.:

- nach Art der Kunden, z. B. B2C und B2B, die jeweils unterschiedliche strukturelle Komplexität haben; dies impliziert eine andere Vorgehensweise z. B. in der Kundenkommunikation.
- nach Wert der Kunden, z. B. Premiumkunden und Bestandskunden, auch hier könnte sich eine unterschiedliche Kommunikation ergeben.
- nach Dringlichkeit; z. B. wie schnell die Migration laufen muss, da etwa eine wichtige Verkaufsphase bevorsteht (z. B. alle umsatzstarken Kunden zuerst vor Beginn der Weihnachtszeit).
- nach Beteiligung von Dritten oder Geschäftspartnern, die besonderer Absprachen bedürfen. Dies könnte auch Änderung und Anpassung deren maschineller Schnittstellen mit dem Unternehmen bedeuten.
- nach Einfachheit der Produkte.
- nach der Menge der zu migrierenden historischen Daten. Wenn die Historie sofort nach der Migration benötigt wird, müsste diese direkt während der Migration übertragen werden und könnte nicht in der Post-Migrationsphase erfolgen. Dies beeinflusst dann das Verfahren und die Möglichkeiten der Migration.

In Tab. 3.2 haben wir die zwei Verfahren „Transaktional" und „Batch" mit ihren jeweiligen Vor- und Nachteilen gegenübergestellt.


## 3.5.1  Transaktional-orientierte Migration

Wenn die Kunden mit ihren eingekauften Produkten oder Abonnements bereinigt sind, sodass sie wenig bis keine Sonderbehandlung benötigen, können sie für eine transaktionale Migration vorgesehen werden. Dies ist als Eingangsvoraussetzung zwingend, denn die massenhafte Verarbeitung und Migration von Kunden- und Produktdaten funktioniert

**Tab. 3.2** Exemplarische Darstellung einiger Vor- und Nachteile der Transaktionalen Migration und der Batch Migration. (Quelle: Eigene Darstellung)

| Verfahren bei der stillen Migration | Vorteile | Nachteile |
| --- | --- | --- |
| Transaktional | Regulärer Prozess der Kunden-anlage<br>Sichert Konsistenz der Daten in der Zielumgebung<br>Durch den Status für jeden Einzeldatensatz kann jederzeit ein aktueller Fortschritt, aber auch für jeden einzelnen Kunden ein Status erhoben werden<br>Kann auch mit komplexeren Kun-den-/Produktkombination umgehen | Begrenzung in der Performance, da Einzelsatz-Verarbeitung. Wirkt sich meist auch auf das Tagesgeschäft aus<br>Aufwendige Implementierung<br>Sehr tiefes Verständnis der Unter-nehmensprozesse sowie Kunden- und Produktstrukturen notwendig<br>Längere Durchlaufzeiten pro Datensatz im Vergleich zur Batch-Verarbeitung<br>Aufwendige Fehlersuche, da der Gegenstand und damit auch die Fehler-bilder komplexer sind (wobei der Status pro einzelnem Datensatz wieder hilft) |
| Batch | Gute Performance, da Massenver-arbeitung<br>Mit wenigen Iterationen (in sogenannten Häppchen oder Chunks) kann ein großer, gegebenenfalls mengenmäßig sogar der größte Teil der Trans-formation abgeschlossen werden<br>Bereinigung von Fehlern vor und nach der Migration kann meist mit Massenberichtigungen erfolgen | Befristete Zeit zur Prüfung der Konsis-tenz der Daten in der Zielumgebung<br>Ist nur für einfache Kunden-/Produkt-kombinationen möglich<br>Herausfordernde Geschwindigkeit in der Massendatenverarbeitung, vor allem auf Prozessebene |

nur mit Gleichförmigkeit und der Möglichkeit (Kunden-/Produkt-)Gruppen zu bilden. Wenn die Daten nicht bereinigt werden können, müssen diese im Rahmen einer individu-ellen oder nicht-automatischen Migration behandelt werden.

Wir sprechen von einer transaktionalen Migration, wenn die Kunden mit ihren Bestellungen, Abonnements etc. so transferiert werden, als ob sie als Neukunden einen Auftrag oder eine Bestellung aufgegeben hätten. Der Unterschied liegt nur darin, dass dieser Auftrag automatisch über ein IT-Tool generiert worden ist und weiterhin auto-matisch über die gesamte Kette der Bestellung und Verarbeitung alle (Prozess-)Stationen innerhalb des Unternehmens durchläuft. Die transaktionale Methode gewährleistet durch den standardisierten Anlageprozess, dass alle IT-Kern- und -Um-Systeme mit allen not-wendigen Daten konsistent versorgt werden und der Kunde alle Funktionen (Adress- und Bankverbindungsänderung, Bestellungen, Retouren etc.) nutzen kann.

Die Kunden können entsprechend der verschiedenen Varianten der Bestell-prozesse des Unternehmens segmentiert werden, z. B. um Spezifika für Geschäfts- und

Retail-Kunden zu unterscheiden. Die Segmente der Kunden können aber auch nach anderen Kriterien definiert werden, z. B. Premium (bestellt hochpreisige Produkte), VIP (Personen des öffentlichen Lebens, Politiker, etc.) oder Geizer (billig kaufen, immer Rabatte nutzen, z. B. im Mobilfunk günstige Prepaid-Tarife). Die Kriterien können aber auch Nutzung und Frequenz der Einkäufe beinhalten sowie auf die Loyalität der Kunden zielen (Stammkunden, wechselwillige Kunden, etc.) oder diese kombinieren (z. B. VIP-Stammkunde, Geizer wechselwillig).

In der Regel stößt eine transaktionale Migration an ihre Grenzen bei

- Großkunden mit komplexen Strukturen,
- Kunden mit speziellen Konditionen,
- Kunden mit Kündigungsstatus,
- die gekündigt sind,
- denen gekündigt werden soll oder
- die gekündigt haben und auf ihre Vertragsterminierung warten,
- Kunden, die aus anderen Gründen aus der Migration ausgeschlossen werden sowie
- Kundengruppen, die aus einer sehr großen Masse an Einzelkunden bestehen.

Idealerweise werden die Produkte, die die Kunden nutzen, möglichst vereinfacht bzw. die Anzahl der existierenden Produkte und deren Varianten sowie Sonderkonditionen zu eliminiert bzw. reduziert. Dies gelingt aus verschiedenen Gründen sicherlich nicht immer vollständig, wird aber in der transaktionalen Migration durch eine begrenzte Flexibilität noch abgefedert.

Dabei können die regulären Kündigungsrechte durch das Unternehmen genutzt werden. Im Vorfeld könnten dem Kunden (automatisiert) individuelle einfachere und passende Produkte angeboten und in einem neuen Vertrag mit ihm vereinbart werden.

Besondere Beachtung verdienen die Sonderkündigungsrechte, die Kunden durch eine Reduzierung der Leistungen, fehlende Zustimmung zur Migration bzw. Widerspruch der Migration eingeräumt werden. Eine zu große Anzahl von Kündigungen kann dem Transformationsziel zuwiderlaufen. Somit muss im Rahmen einer Analyse das bereits erwähnte **Migrationsportfolio** definiert werden, das zu einer Reihe von Maßnahmen gehört, die solche Sonderkündigungsrechte ausschließen.

Alles in allem ist eine transaktionale Migration eine relativ risikoarme Migration, die gleichzeitig Optimierungspotenzial für die Quellprodukte und gute Selektionsmöglichkeiten der zu migrierenden Daten bietet.


### 3.5.2   Blockweise Migration (Batch Migration)

Eine weitere Art zu migrieren ist die block- oder los-orientierte Migration, auch Batch Migration genannt. Im Gegensatz zu der transaktionalen Migration, in der einzelne Datensätze migriert, also einzelne Kunden oder Bestandteile eines Kunden als Aufträge eines besonderen Geschäftsprozesses (Migration) behandelt werden, ist hierbei das Ziel, so viele Kunden wie möglich in einem (kurzen) Zyklus zu migrieren. Bei der blockweisen Migration wird eine größere Anzahl von Datensätzen oder Kunden in einem Block zusammengefasst und als eine Einheit behandelt bzw. migriert. Die blockweise Migration wird in der IT meist als Hintergrundprozess durchgeführt (engl.: unattended batch mode). Dabei ist zu beachten, dass sich der gesamte Migrationsprozess stark von der transaktionalen Migration unterscheidet.

Die blockorientierte Migration hat den Vorteil, dass große Datenmengen in kurzer Zeit verarbeitet werden können. Daher eignet sich die blockorientierte Migration sehr gut für Datensätze, die relativ einfach sind und eine geringere Komplexität aufweisen als die der transaktionalen Migration. Der Grund dafür liegt in der schnellen Verarbeitung der Datenblöcke, die (im Vorfeld) auf Effizienz optimiert wurden: keine Sonderbehandlungen, keine Ausnahmen, niedrige Komplexität der Kunden- und Produkt-Daten, hoher Grad an Homogenität, keine Ausschlusskriterien.

Als Beispiel kann hier aus der Telekommunikationsbranche der Bereich Prepaid erwähnt werden. Die Mobilfunk-Prepaid-Tarife sind verhältnismäßig einfach gestaltet und eignen sich daher besonders gut für die blockorientierte Migration.

Für manche Fälle, die etwas größere Komplexität aufweisen, kann eine „hybride" oder Misch-Migrationsart angewandt werden, indem Teile der Datenmigration zunächst blockweise behandelt werden, um diese anschließend transaktional zu finalisieren (z. B. simple Referenz- und Massendaten). Dies kann insbesondere dann vorkommen, wenn Lieferanten oder Geschäftspartner beteiligt werden müssen. Der Grund liegt in diesen Fällen darin, dass deren Systeme in der Regel nicht in die unternehmenseigene Systemarchitektur eingebunden, sondern über Schnittstellen verknüpft sind, die eine blockweise Verarbeitung nicht ermöglichen. Deswegen kann man die unternehmensinterne Migration zuerst durchführen um dann in einem zweiten Schritt die Partner oder externe Migration durchzuführen. Nur dann sind die Schnittstellen zu den Geschäftspartnern bzw. zu den externen Systemen überhaupt beteiligt. Denkbar ist aber auch, dass der zweite Schritt zuerst erfolgt, je nach Konstellation der Unternehmens- und der Partnersysteme. Eine solche „hybride" Migration sollte jedoch möglichst vermieden werden, denn aufgrund der Vielzahl der beteiligten Personen und Systeme sowie der externen Schnittstellen kann es vermehrt zu Fehlern kommen. Empfehlenswert ist eine längere und gründlichere Qualitätssicherungsphase.

Auch bei der blockweisen Migration sollten die verschiedenen Kundengruppen nach sogenannten Migrationszweigen gruppiert werden. Das Konzept der Migrationszweige wird später erläutert (siehe Abschn. 3.8).

Die blockweise Migration ist die häufigste Methode zur Migration von Daten, da die Daten hierbei in kurzer Zeit migriert werden. Dabei werden häufig neben den Stammdaten (z. B. der Kunden) auch die Bewegungsdaten der Kunden migriert, um mit diesem neuen Stand im neuen System an aktueller Stelle weiter zu operieren. Darin wird ein weiterer gravierender Vorteil der blockweisen Migration sichtbar: Die Bewegungsdaten haben sich während der (kurzen) Zeitspanne der Migration (in der Regel in einer Nacht)

**Tab. 3.3**  Beispieltabelle mit Vor- und Nachteilen der Batch Migration. (Quelle: Eigene Darstellung)

| Beispiele der Batch Migration | Vorteile | Nachteile |
| --- | --- | --- |
| Migration der Prepaid-Kundendaten eines Mobilfunkanbieters | Große Datenmengen können schnell transformiert werden | Die Datenstrukturen müssen relativ einfach und vor allem gleichförmig sein |
| Migration der Stücklisten, die mit den Lieferanten vereinbart sind (z. B. in der Automobilindustrie) | Kann mit der transaktionalen Migration kombiniert werden | Problematisch, wenn es viele Schnittstellen und (externe) Geschäftspartner gibt |
| Die Hauptgeschäftszeit, in der Kunden mit dem Unternehmen interagieren, fällt zwischen 7 Uhr morgens und 8 Uhr abends, Veränderungen in der Nacht kommen nicht vor | Catch-Up fällt gering aus oder ist nicht nötig (muss allerdings geprüft werden, da auch Hintergrundprozesse Kunden- oder Produktdaten verändern können) | Bei einer großen Geschwindigkeit der Veränderung der Bewegungsdaten wird die Batch Migration problematisch, denn dann ist die Catch-Up-Phase lang und das operative Geschäft leidet später unter nicht aktuellen Datenbeständen |

nur geringfügig oder gar nicht verändert. Dahingegen ist bei einer längeren Periode der Migration eine Änderung der Bewegungsdaten zu unterbinden („einfrieren"). Dies ist aber in den wenigsten Fällen möglich. Daher wird nach der Migration noch eine zweite Periode der Migration eingeleitet, die sogenannte Aufholphase der Migration: die **Catch-Up-Phase.** Die Catch-Up-Phase betrifft idealerweise jedoch nur eine sehr kleine Menge der Daten, denn sie arbeitet die Differenzen auf, die sich an Bewegungsdaten bzw. an Kundendaten durch Änderungen innerhalb der Migrationsperiode ergeben haben, z. B., weil der Kunde während der Migration sein Kundenkonto aufgeladen hat. Auch ist denkbar, dass sich bei den ursprünglich für die Kampagne vorgesehenen Kunden Eingangsvoraussetzungen verändert haben, da der Kunde beispielsweise (automatisch) eine neue Mahnstufe erreicht hat.

Tab. 3.3 fasst beispielhaft Vor- und Nachteile der Batch Migration zusammen.

### Exkurs Telekommunikation

Die Migration von Kundendaten in der Telekommunikation unterteilt sich in zwei hauptsächlich zu berücksichtigende Felder, die teils regulatorisch und gesetzlich begründet[6], teils aus geschäftlichen Gründen entstanden sind: den **Netzwerk-Bereich** und den **Business-Bereich.** Beide Bereiche werden grundsätzlich auch technisch getrennt, d. h. es gibt ein Unternehmens-/Büronetz in dem alle kaufmännischen und IT-Applikationen laufen (z. B. Buchhaltung, CRM, E-Mail und Outlook-Dienste, Billing, etc.) und ein

---

[6]§ 6 TKG, Online: https://www.blm.de/files/pdf1/TKG_Juli14.pdf. Zugegriffen: 08.06.2018.

technischer/Wirknetz-Bereich, in dem alle netznahen Anwendungen laufen (z. B. Core-Netz, Signalisierung, Netzüberwachung, IN-Plattformen, etc.). Diese zwei Bereiche können und dürfen nur in Ausnahmefällen miteinander verknüpft werden.

Bei einer Migration von Kundendaten sind dennoch oft beide Bereiche zu betrachten. Die Ausführung der Migration wird daher grundsätzlich in zwei, meist zeitlich voneinander entkoppelten, Schritten durchgeführt: Im ersten Schritt findet die Migration der Büro-Kommunikation und -Applikationen statt. Danach folgt im zweiten Schritt die Netzkommunikation, indem die Kundendaten innerhalb der Netz-Applikationen auf die neuen Plattformen transformiert werden. Meist wird ein Element/eine Applikation definiert, das/die an der Grenze zwischen den zwei Bereichen (Netz und IT/Büro) liegt, um für die Koordination und Synchronisation der beiden Bereiche zu sorgen.

Der erste Schritt sorgt dafür, dass die Daten der Kunden aus den alten Applikationen (Quellsystemen) extrahiert werden und stellt dann für den zweiten Schritt diese dem Netz zur Verfügung.

Im Netzbereich kann grundsätzlich, wie im IT-/Büro-Bereich, unterschieden werden zwischen einzelner (d. h. transaktionaler) Umschaltung der Kunden in den Netzelementen und der blockweisen (oder auch Batch-)Umschaltung. Bei der zweiten Variante wird nicht gewartet, bis ein Kunde in den jeweiligen Netzelementen verarbeitet worden ist, sondern ein größerer Block von Kunden (z. B. 10.000 auf einmal) wird in die neuen Netzelemente übertragen. Dies kann sogar parallelisiert werden, sodass noch größere Mengen von Daten übertragen werden können (z. B. 3–5 Mio. Kunden pro Tag).

## 3.6　Fragestellungen der Migration

Es wird erwartet, dass eine Transformation eines Unternehmens, insbesondere eine digitale Transformation, zunächst möglichst ohne negative Auswirkungen auf die Kunden durchgeführt werden kann. Denn eine Transformation wird nur intern ausgeführt und betrifft eigentlich nur die internen Angelegenheiten des Unternehmens. Der Kunde kann ja nichts dafür, dass das Unternehmen umzieht oder die Prozesse des Unternehmens optimiert werden. Bei der Migration von Daten ist es meist eine Anforderung, dass der Kunde, abgesehen von gesetzlichen Pflichtmitteilungen beispielsweise im Zusammenhang mit der DSGVO[7], höchstens in Ausnahmefällen mitbekommt, dass seine Daten (z. B. Stammdaten wie Adresse, Name, Bankverbindung) nun in einer anderen

---

[7]Wenn im Rahmen der Migration oder Transformation die Kundendaten von einem alten zu einem neuen Datenbanksystem wandern, ist es laut DSGVO nicht immer zwingend notwendig, den Kunden zu informieren. Wenn sich aber der Verwendungszweck der Daten oder aber der Verarbeiter, also beispielsweise im Zuge einer Fusion der neue Vertragspartner, ändert, dann ist der Kunde sehr wohl zu informieren.

Datenbank gespeichert sind.[8] Deswegen sind solche sensiblen Bereiche wie Kundendaten oder Abrechnungsdaten besonders zu beachten.

Es sind Fragen zu beantworten wie:

- Welche Kriterien werden angewendet, um die Kundendaten mit möglichst geringen Auswirkungen für die Kunden zu migrieren? Dabei ist für eine Migration die Frage, wie die Problemfälle gelagert sind, besonders interessant. Dies beinhaltet eine Reihe von Fragestellungen, z. B.: Sollen alle Kunden migriert werden oder sollen diese zuerst bereinigt werden (z. B. verlustbringende Kunden gekündigt werden)?
- Wie soll eine Bereinigung der Kundendaten geschehen?
- Wie soll eine Reduzierung von Komplexität der Strukturen und Prozesse geschehen, um eine Migration so leicht wie möglich durchführen zu können?
- Sollen spezielle Produkte nicht migriert werden?
- Verhält sich die Abrechnung der von den Kunden gekauften Produkte in der Zielumgebung so wie vorher? Diese Frage ist insofern interessant, dass bei sogenannten stillen Migrationen, wo der Kunde die Migration nicht mitbekommen soll, also auch nicht explizit zugestimmt hat, Sonderkündigungsrechte bestehen könnten. Wenn der Kunde nach der Migration sogar schlechter gestellt worden ist, könnte er wegen betrügerischem Vorgehen klagen (z. B. als Vermögensdelikt nach StGB § 263). Daher führen die meisten Unternehmen weitere Präventionsmaßnahmen durch und versuchen z. B. folgende Fragen zu beantworten:
  - Müssten dazu Simulationen durchgeführt werden?
  - Welche Kunden und Produkte sind repräsentativ für Modellrechnungen?
  - Ist ein Parallelbetrieb der Abrechnung (Vergleich von alt und neu) nötig, wenn ja, wie lange und welche Abweichungen sind tolerierbar?

Die Transformation kann aber außer auf Kunden auch Auswirkungen auf die gesamte Umwelt des Unternehmens haben. Dabei müssen wir unterscheiden nach Aktionären/ dem Inhaber, Partnern, Wettbewerbern und (Aufsichts-)Behörden bzw. gesetzgebenden/ genehmigenden Instanzen (z. B. Bundeskartellamt). Während gegenüber den Wettbewerbern die Verbesserung der Wettbewerbsposition im Fokus steht, sind gegenüber den Partnern oft die Beziehung, Automatisierung und Kostenersparnis Zentrum der Bestrebungen des Transformationsvorhabens. Aktionäre sollen sich wiederum an besseren Margen und steigendem Umsatz, an Unternehmenswachstum sowie einer positiven Entwicklung des Aktienkurses erfreuen. Gesetzgeber und Behörden definieren, vor allem bei Unternehmensfusionen, Rahmenbedingungen, die es einzuhalten gilt. Auch gesetzliche Änderungen zum Schutz der Kunden sind denkbar, wie eine Erhöhung der Transaktionskostentransparenz (z. B. MiFID/ MiFID II) oder Regelungen zum Datenschutz nach BDSG/DSGVO. Schließlich begrenzen

---

[8]Siehe Artikel 40 EU-DSGVO, online: http://www.europaeische-datenschutz-grundverordnung.de/ dsgvo/uebermittlung-an-drittlaender-internationale-organisationen/datenuebermittlung-grundsaetze.html. Zugegriffen: 08.06.2018.

sich die internen Auswirkungen nicht nur auf die bessere Motivation der Mitarbeiter, sondern auch höhere Transparenz und Erleichterung der täglichen Abläufe durch Automatisierung sind die Folge. Letzteres wird oft als Argument für fehlende Perspektiven und Wegfall von Jobs herangeführt, ist aber meist gepaart mit Karrierechancen.

Für alle diese Fragen werden wir in den folgenden Kapiteln versuchen, Beispiele und Antworten zu liefern.

## 3.7   Konzept der Migrationszweige

Eine Transformation kann nicht in einem Stück vollzogen werden. Um das Risiko zu senken und die Komplexität zu reduzieren, sollte eine Transformation stattdessen differenziert durchgeführt werden. Nach verschiedenen Gesichtspunkten können Blöcke und Bereiche der Transformation strukturiert werden, sodass für eine spätere Datenmigration diese Transformationsbereiche als Strukturierungsmerkmal dienen und eine weitere Untergliederung erlauben. So kann man z. B. die Kunden nach Produktgruppen strukturieren. Oft wird hierfür ein organisatorisches Strukturierungsmerkmal verwendet und benötigt für die Migration dann keine Neustrukturierung.

Egal welche Methode für die Migration gewählt wird, Struktur ist für eine technisch automatisierte Migration eine sehr hilfreiche Voraussetzung. Dabei werden die Strukturen für beide Seiten benötigt: sowohl für die Quelle (bzw. den Startzustand der Transformation) als auch für das Ziel (bzw. den Zielzustand der Transformation).

Die Verwendung der Migrationszweige hilft die bevorstehenden Aufgaben zu strukturieren, sich ein Bild davon zu machen was zu erledigen ist und unter Umständen unterschiedliche Methoden zu wählen, die für die Zielerreichung praktikabel sind:

- Für die transaktionale, auftragsbasierte Migration: Erzeugung der Migrationsaufträge mithilfe eines Migrationswerkzeugs (siehe dazu Kap. 6).
- Für eine individuelle (manuelle) Migration kann die reguläre Auftragsabwicklung verwendet werden, sodass technische und Software-Unterstützung nur begrenzt erforderlich werden.
- Für die Batch- oder blockweise Migration gibt es keine Aufträge, die bearbeitet werden müssen, aber dennoch werden Softwarewerkzeuge benötigt, die die Blöcke der Daten in den Zielzustand bringen.

Für die Bildung von Strukturen in der Migration gibt es verschiedene Gründe. Dazu zählen

- die Vereinfachung des Migrationsablaufs,
- die Vereinheitlichung und Homogenisierung der Vorgaben und Anforderungen für die Softwarewerkzeuge der Migration und deren Entwicklung,

- die Bündelung der Systeme, die an der Migration beteiligt sind (und damit eine einfachere Behandlung),
- die Reduzierung der Komplexität,
- die Risikominimierung,
- den einfacheren Überblick über jede Struktur und schließlich die ganze Migration,
- die Vereinfachung des Managements des Migrationsprojektes,
- eine leichtere bzw. differenzierte Budgetierung, bzw. die zeitliche Streckung von unkritischen Bereichen,
- leichtere Verteilung des Know-hows, bzw. Bündelung des Know-hows in homogenen Gruppen.

Die Kriterien, um diese Strukturen zu erzeugen, können vielfältig sein. Typische Kandidaten für Strukturmerkmale wären:

- existierende oder geplante Marken,
- Business-Einheiten, wie B2B, B2C, B2P, B2G, SME, SoHo, u. ä.,
- Kundenstrukturen, wie z. B. Kunden mit großen und komplexen Hierarchien (z. B. große Konzerne),
- Art des Einkaufs: online bzw. stationär kaufende Kunden oder Kunden mit Abonnements,
- Regionalität, z. B. Nord- und Süddeutschland,
- Business Model oder
- nach Art der Produkte oder Tarife.

In der Planung kann sich herausstellen, dass die Strukturen, die in der Firma als organisatorische Einheiten existieren, für die Migration nicht geeignet wären. Die für die Migration eigens geschaffenen organisatorischen Einheiten müssten dann wohlüberlegt und mit allen Beteiligten abgestimmt sein. Temporäre Organisationseinheiten müssten das Know-how bündeln und unter Umständen viele Jahre existieren, wenn z. B. unvorhergesehene Probleme in der Migration[9] entstanden sind.

Die organisatorische Struktur kann nun genutzt werden, um die sogenannten Migrationszweige zu definieren. Diese beinhalten die Quell-Struktur – den Weg der Migration mit möglichen Zwischenstationen – und die Zielstruktur. Ein Migrationszweig entsteht dann, wenn aus einer Quelle und einer einheitlichen Verarbeitung unterschiedliche Ziel-Strukturen erreicht werden müssen. Man kann aber jeden Migrationszweig separat definieren. In Tab. 3.4 ist eine beispielhafte Übersicht möglicher Migrationszweige dargestellt.

Diese Tabelle kann erweitert werden um die Elemente der Zwischenstationen der Migrationsdaten: z. B. Datenbanken und Systeme, die während der Migration betroffen sind. Manche von diesen Systemen sind regulär im Auftragsabwicklungsprozess

---

[9]Z. B. befindet sich ein B2B-Kunde nach der Migration in der B2C-Kundenabrechnung, die nicht vollständig erzeugt werden kann, weil z. B. gesetzliche Vorgaben oder die Umsatzsteuer-ID fehlen.

**Tab. 3.4** Beispiele für Migrationszweige gemäß organisatorischer Strukturmerkmale. Die hier aufgeführten Beispiele für Marken sind nur Phantasienamen für Illustrationszwecke. (Quelle: Eigene Darstellung)

| Zweig-Nr. | Name | Geschäfts-bereich | Business-Modell | Vertrieb | Quell-Organi-sation | Quell-Marke | Ziel-Organi-sation | Ziel-Marke | Art der Migra-tion |
|---|---|---|---|---|---|---|---|---|---|
| 1 | B2B Pre-mium | B2B SME | Premium | Statio-närer Handel | Gutnetz GmbH | First | Neue Haupt-zentrale | Pre-mium | Trans-aktional |
| 2 | B2C Dis-count | B2C | Discount | Online | Drossel GmbH & Co. KG | Preis-Wert | Tochter Drossel | Pre-mium24 | Batch |

involviert, weitere könnten hinzukommen, die z. B. sich mit der Produktdefinition und Verwaltung der Produkte beschäftigen.

Während der organisatorischen Transformationsprozesse werden üblicherweise schon die ersten Migrationen der Daten stattfinden, sodass die Migrationszweige möglicherweise noch nicht alle genau feststehen; z. B. könnten sich Quell- und Ziel-Marken ändern. Dies ist aber kein Hinderungsgrund, um Migrationszweige zu definieren. Im ungünstigen Fall müssen weitere Migrationen zur endgültigen Ziel-Marke stattfinden. Oder, im Sinne des guten Projekt- und Anforderungsmanagements, es dürfen keine Vorgaben mehr geändert werden, da das Migrationsprojekt nicht mehr agil und zeitgerecht darauf reagieren kann. Solche Informationen sollten in einem Migrationskonzept festgehalten werden. Dies kann nicht nur Marken betreffen, sondern auch weitere Strukturmerkmale, z. B. Produkte, Business-Einheiten, etc.

Weitere Strukturmerkmale könnten auch in der Art der Migrationstools und der Verarbeitung während der Migration liegen. Dies kann die Aufspaltung eines geplanten Migrationszweiges in zwei oder drei weitere bewirken (z. B. aufgrund von technischen Zugriffsmöglichkeiten auf interne und/oder externe Datenbanken). Damit die Verarbeitung unterschiedlicher Kunden- oder Produktstrukturen möglichst in einer Einheit planbar und damit durchführbar wird (aber auch um die Risiken zu minimieren), können dann unterschiedliche Zweige gebildet werden.

## 3.8 Das Konzept des Migrationszeitfensters

Das Migrationszeitfenster liegt zwischen den Uhrzeiten, innerhalb deren eine Aktivität der Migration stattfindet.[10] Um das Migrationsfenster und die Zeitachse zu definieren, ist es erforderlich zu verstehen, welche Schritte die Migrationsaktivität in jeder betroffen

---

[10]Es gibt dabei Zeiten, die unbedingt beachtet werden müssen – wenn beispielsweise eine Systemwartung geplant ist. Andere Zeiten hingegen können einen Spielraum haben.

Applikation auf Quell- und Ziel-Seite erfordert und wie diese jeweils durch die Leistungsfähigkeit der Systeme abgedeckt werden können (z. B. im Hintergrund automatisierte Abläufe, Auslastungsgrenzen durch tägliche oder zyklische Aktivitäten). Insbesondere Ausfall- oder (aus Sicht der Migration) Blockade-Zeiten von Quell- und Zielsystemen bestimmen die möglichen Migrationszeitfenster und treiben deren Komplexität an.

Das Migrationszeitfenster definiert einen **Migrationstag.** Dieser kann z. B. einen Zeitraum von 24 h umfassen, innerhalb dessen von der ersten bis zur letzten Aktivität ein Migrationsdatensatz übertragen und im Ziel aktiviert werden muss. Es kann sich allerdings auch um einen deutlich längeren Zeitraum handeln, z. B. 72 h (beginnend Freitag 18 Uhr, endend Montag 6 Uhr), da die Batch-Migration immer an Wochenenden stattfinden soll.

Der Beginn des Migrationszeitfensters zeigt den spätesten Zeitpunkt an, zu dem Anwendungen mit den Migrationsaktivitäten beginnen müssen, damit die Migration einer Gruppe von Daten eines Migrationszweiges innerhalb eines vorgegebenen Zeitfensters von z. B. 24 h abgeschlossen werden kann. Innerhalb dieses Zeitfensters sind für die zu migrierenden Daten alle notwendigen Migrationsschritte zu durchlaufen, da beispielsweise das Kundenkonto für Änderungen gesperrt[11] ist. Ein Kunde wäre also in dieser Zeit nicht in der Lage, Änderungen an seinem Konto vorzunehmen, wie z. B. Tarif- und Adressdaten zu ändern. Die Daten, die innerhalb eines definierten Migrationsfensters migriert werden, bezeichnen wir als Migrationskampagne. Eine weitere Beschreibung der Verriegelung der Daten gegenüber Änderungen am Beispiel der Kundendaten finden Sie in Abschn. 4.1.

Die Visualisierung des Migrationszeitfensters, also des migrationsspezifischen Prozesses pro Migrationstag, hilft beim Verständnis des Konzepts und bei Abstimmungen mit den Anwendungsverantwortlichen der beteiligten Systeme. Das Migrationszeitfenster visualisiert den erforderlichen durchschnittlichen Datendurchsatz. Es zeigt die Zeitdauer als Balken, pro Aktivität während der Migration, wobei die Länge der Balken Auskunft darüber gibt, wie lange das jeweilige System/die jeweilige Organisationseinheit zu welchem Zeitpunkt benötigt. Dabei können Aktivitäten auch in Aktivitätscluster zusammengefasst werden.

► Ein **Aktivitätscluster** ist eine Gruppe mehrerer Migrationsschritte; die Gruppierung kann helfen, viele zusammengehörige Kleinaktivitäten zusammenzufassen und einen besseren Überblick zu geben.

Ein Migrationszeitfenster ist eine Zusammenfassung von systemspezifischen Aussagen zu Up- und Downtimes (also Zeiten, in denen ein System nicht zur Verfügung steht) und des zeitlichen Ablaufs der Beanspruchung der Systems während des regulären Migrationsprozesses.

---

[11]Sperrung gegen Veränderung ist eine Mitigationsmaßnahme, um den Aufwand in der Catch-Up-Phase so gering wie möglich zu halten.

- Das Migrationszeitfenster-Konzept beinhaltet:
- Die Ausfallzeit der Anwendungen einschließlich der Zeiträume, in denen eine verringerte Leistung während eines Migrationstages zur Verfügung steht.
- Den Zeitrahmen der Hauptaktivitäten während der Migrationsdurchführung einer Migrationskampagne.
- Den kritischen Pfad der Anwendungen und der zeitlichen Abfolge für die Migration während einer Migrationskampagne.
- Den letztmöglichen Start der Migration für jede Anwendung während einer Kampagne.
- Alle oben genannten Punkte können pro Migrationszweig dargestellt werden oder auch für mehrere ähnlich gelagerte Migrationszweige gelten.

Die Prinzipien, denen ein Migrationszeitfenster folgen sollte, sind die folgenden:

1. Die Definition des Migrationstages erfolgt so konkret wie möglich, also z. B. „Der Standard-Migrationstag dauert 24 Stunden, beginnt um 0:00 Uhr und endet um 23:59 Uhr." Auch sollte festgelegt sein, ob die Definition nur für Wochentage oder auch für Wochenenden gilt und wie mit (regionalen) Feiertagen umzugehen ist.
2. Es wird spezifiziert, für welche Migrationszweige wie viele Daten (z. B. Anzahl Kunden und deren Daten) pro Tag maximal migriert werden können.
3. Das Migrationszeitfenster-Konzept ist für die Standardmigration an einem Migrationstag (siehe Punkt 8) anwendbar und deckt den Hauptteil der Migrationsaufträge ab. Sofern Ausnahmen geplanten Durchsatz und Durchlaufzeiten des Migrationszeitfensters unterschreiten, werden diese nicht im Konzept berücksichtigt.
4. Für die Ausführung der Migration wird sichergestellt, dass Systeme, die eine hohe Performance erbringen und hochverfügbar sein müssen, diese gewährleisten können. Dies erfordert nicht nur Planung, sondern auch ausführliche Tests.
5. Für eine standardisierte Migration sollten die Daten, die migriert werden, auch nicht verändert werden können, um in der Catch-Up-Phase so wenig Aufwand zu haben wie möglich. Beispielsweise sollte bei einer Kundenmigration die Sperre eines Kundenkontos die Tagesgrenze (24 h) nicht überschreiten. Migrationsdaten, die in einem fehlerbehafteten Zustand sind (insbesondere nach dem Zeitpunkt, an dem keine Rückkehr zum Ursprungszustand mehr möglich ist), können diese Grenze überschreiten, sollten jedoch mit hoher Priorität bereinigt/korrigiert werden, um die Migration abzuschließen. Dies gilt auch für außergewöhnliche Ausfallzeiten (siehe Punkt 7).
6. Die Systeme sollten in der Lage sein, Probeläufe zu absolvieren (sogenannte Dry-Runs) Während eines Probelaufs wird ein Migrationsauftrag aus Testzwecken bis zum "Point of No Return" (PNR) still ausgeführt (keine spürbaren Auswirkungen für Kunden) und kann jederzeit wieder in den Ausgangszustand gebracht werden.
7. Anlaufphasen (**Ramp-Up**) sollten in einem Migrationsfenster möglich sein, um Erfahrungen mit dem Verhalten der Werkzeuge und der gesamten Migration zu sammeln. Anlaufphasen sind normale Migrationen mit reduziertem Migrationsvolumen und schrittweiser Erhöhung, bis das geplante Durchschnittsvolumen erreicht ist. Mit

diesem Vorgehen gewinnt man die Sicherheit, dass Performance-Initiativen und das gesamte Migrationskonzept tragfähig sind.

8. Der Prozess der Datenbereinigung sollte in der Regel vor einem Migrationstag und nicht innerhalb eines Migrationsfensters stattfinden (kleine Fehler sollten jedoch innerhalb des Migrationsfensters bereinigt werden können).

9. Ähnlich wie für einen Migrationstag, kann ein Migrationszeitfenster auch für übergreifende längere Perioden definiert werden, um die Aktivitäten von größeren Gruppen von Daten zusammenzufassen (immer innerhalb eines Migrationszweiges).

Für eine bessere Übersicht ist es sinnvoll, die Aktivitäten eines Migrationszweiges und aller darin enthaltenden Migrationsfenster in einem übergreifenden Migrationszweigkonzept zusammenzufassen.

Wenn Systeme für zwei unterschiedliche Migrationszweige gemeinsam verwendet werden, können Migrationskampagnen für beide Zweige parallel laufen, solange beide in Summe nicht das Maximalvolumen überschreiten (z. B. 200.000 Kundendaten pro Migrationstag).

Das Migrationsfenster sollte auch weitere Engpässe berücksichtigen:

- Tage der Wartung, oder gar tägliche Wartungsfenster, oder sonstige geplante Ausfallzeiten. Dies kann auch nur einige Stunden in der Nacht betreffen, z. B. Wartungsfenster zwischen 2:00 und 6:00 Uhr jeden Dienstag und Donnerstag. In dieser Zeit wird möglicherweise eine Ausfallzeit erwartet. Daher sollte in dieser Zeit keine Migration geplant werden. Sollte das geplante Wartungsfenster mangels Aktivitäten abgesagt werden, steht ein zusätzliches Zeitfenster für die Migration zur Verfügung (sofern die Flexibilität besteht, so kurzfristig darauf zu reagieren).

- Unter Umständen muss ein Schichtbetrieb geplant werden, denkbar ist z. B. ein Drei-Schicht-Betrieb, um den Migrationstag vollständig zu unterstützen. Der Schichtbetrieb kann weitreichende Implikationen haben: Einstellen von Personal, Anforderung externer Dienstleister, Abstimmungen mit dem Betriebsrat, etc.

- Weitere Ausfallzeiten: Die Planung der Ausführung muss berücksichtigen, dass möglicherweise auch für geplante Produktivsetzungen bestimmte Tage eines Monats/ Quartals IT-Anwendungen nicht verfügbar sein können.

### 3.8.1   Transaktionale Migration und Migrationszeitfenster-Konzept

Bei einer transaktionalen Migration müssen, insbesondere um große Mengen von Kunden und Daten zu migrieren, die Zeiten genutzt werden, in denen Applikationen frei von Tagesgeschäftsaktivitäten sind. Wenn beispielsweise das Tagesgeschäft hauptsächlich vormittags stattfindet, sollte das Migrationsfenster hauptsächlich am Nachmittag und Abend offen für Migrationen sein. Diese Zeiten können sehr gut während einer Anlaufphase validiert werden um festzustellen, wie gut sie für die Migration geeignet sind (siehe auch Abschn. 4.2). Dabei können Methoden und Werkzeuge zur Simulation und Extrapolation eingesetzt werden, um einen Bedarf zur Anpassung des Migrationszeitfensters abzuleiten. Zielsetzung sollte dabei eine ausreichende Leistungsfähigkeit sein, die einen störungsfreien Tagesbetrieb genauso ermöglicht wie eine reibungslose Migration. Auch die Verfügbarkeit des Know-hows und des Personals spielt eine wichtige Rolle.

Dabei sind je nach Abschnitt der Prozesse und Aktivitäten der Migration unterschiedliche Verfügbarkeiten der Systeme gefordert: Während für Lese-Operationen aus den Quellsystemen keine so hohe Verfügbarkeit der Systeme gefordert wird wie bei den Zielsystemen, die eine höhere Verfügbarkeit wegen des Schreibvorgangs benötigen, kann der Mapping- und Transformationsprozess der Daten unabhängig von der Last der Kernsysteme des Unternehmens sein, die im Alltagsbetrieb involviert sind.

Für das Lesen und die Transformation der Daten aus den Quellsystemen sollte dennoch eine ausreichende Vorlaufzeit im Migrationsfenster berücksichtigt werden, sodass die folgenden Migrationsprozesse rechtzeitig starten können.

Das Konzept des Migrationsfensters ist sowohl gut für Prozesse und Daten aus den Massenmarkt (B2C) als auch für den komplexeren Partner-und-Business-Markt (B2P und B2B) geeignet. In diesen Bereichen ergeben sich andere Zeiten und Bedingungen für das Migrationszeitfenster, nicht nur wegen der Unterschiede der Prozesse und Systeme, die für diese Märkte verwendet werden, sondern auch wegen der unterschiedlichen Vereinbarungen mit den Geschäftspartnern und den Geschäftskunden. Z. B. ist denkbar, dass Prüf- und Validierungsprozesse der Quelldaten viel umfangreicher sind und daher eine längere Periode benötigen als für den B2C-Markt; denn im B2B-Bereich sind die Produkte und sogar die Kundenstruktur viel komplexer als im B2C-Markt (vgl. z. B. [13]).

Sie zeichnen sich aus durch:

- komplexes, aber auch vorhersehbares Kaufverhalten,
- komplexe technische Zusammenhänge,
- langfristige Geschäftsbeziehungen,
- häufig werden Geschäftskunden auch Rahmenverträge eingeräumt (Stichwort: Vererbung von Produkt- oder Tarifmerkmalen).

Es kommt häufig in B2B-Kundenbeziehungen vor, dass die Komplexität des Produktes gesteigerte Anforderungen an die bezogenen Leistungen mit sich bringt (vgl. [3, S. 15]).

Aus diesem Grund ist der Anteil von B2B- und B2P-Kunden in der individuellen Migration höher, ob nun in Teilen oder vollständig individuell migriert wird.

Das Standard-Migrationszeitfenster kann daher je nach Kundengruppe und speziellen Datengruppen (z. B. für das Migrieren von Referenz- oder Parameterdaten und Tabellen, die zur Steuerung der zu migrierenden Applikationen dienen) Abweichungen und z. B.

sehr kurze Lesezeiten aus den Quellsystemen haben, da diese Daten sehr gering sind oder gänzlich fehlen.

Fehler während der Migration können sich zeitlich unterschiedlich auswirken:

- **Temporäre Fehler:** Diese Fehler können innerhalb eines Migrationstages repariert werden, sodass nach der Korrektur zu einem späteren Zeitpunkt im gleichen Migrationszeitfenster die Migration wiederholt werden kann. Dies bewirkt, dass der eigentliche Durchsatz der Migration verringert wird (die fehlerhaften Daten laufen zweimal durch den Migrationsprozess).

- **Temporäre, langfristige Fehler:** Bei diesen Fehlern ist die Ursache unklar, sie benötigen eine Fehleranalyse. Diese Daten werden für eine direkte Wiederholung der Migration am selben Migrationstag bzw. in derselben Migrationskampagne gesperrt, bis sie ergänzt bzw. korrigiert wurden. Dieser Mechanismus sollte sowohl in den Tools der Migration als auch im Migrationszeitfenster berücksichtigt werden, sodass die Verzögerungen möglichst minimal werden. Lässt sich für den gesamten (Rest-)Zeitraum der Migration des Zweiges, dem der fehlerbehaftete Kundendatensatz zugeordnet ist, keine Korrektur vornehmen, wird dieser Datensatz aus der automatischen Migration ausgeschlossen.

- **Permanente Fehler:** Dies sind Fehler, die nicht ohne größere Eingriffe in die Systeme und ohne Rücksprache mit den Kunden oder externen Partnern behoben werden können. Dabei steht die Idee bzw. Erfahrung im Vordergrund, dass eine Bereinigung nicht im vorgesehenen verbleibenden Gesamtzeitraum erfolgen kann. Daher werden, im Gegensatz zu temporären, langfristigen Fehlern, diese Datensätze dauerhaft aus der transaktionalen Migration herausgenommen und mit einer anderen Methode migriert (z. B. nicht mehr still, sondern in Absprache mit den Kunden oder anderen externen Partnern).

Das Migrationszeitfenster-Konzept, insbesondere eine visuelle grafische Darstellung dessen, eignet sich auch sehr gut für die interne Kommunikation und Absprache zwischen den involvierten Parteien innerhalb des Unternehmens. Dies kann auch tabellarisch dargestellt werden, siehe Abb. 3.3 mit exemplarischen Aktivitäten/Prozessen, die innerhalb eines Tages stattfinden (hier wurde der Einfachheit halber angenommen, dass ein Migrationstag einem Kalendertag entspricht). Hier eine kurze Erläuterung dazu:

- **Selektion von Kundendaten:** Es werden konkret die Kunden mit ihren Daten festgelegt, die vorher grob für diese Woche eingeteilt waren. Außerdem werden sie um die korrigierten Datensätze ergänzt (siehe oben, Fehlerkategorie „temporär").

- **Sperren der Kundendaten:** Sofern notwendig, bzw. als Mitigationsmaßnahme definiert, werden nun die Kundendaten in den Quellsystemen blockiert/gesperrt, sodass keine Änderungen möglich sind. Da der Kunde in dieser Phase seine Änderungen, z. B. neue Anschrift nach Umzug, nicht durchführen kann, könnte hier z. B. der Customer Service die Informationen „zwischenspeichern" und nach erfolgreicher Migration im Zielsystem (halb-)manuell ergänzen.

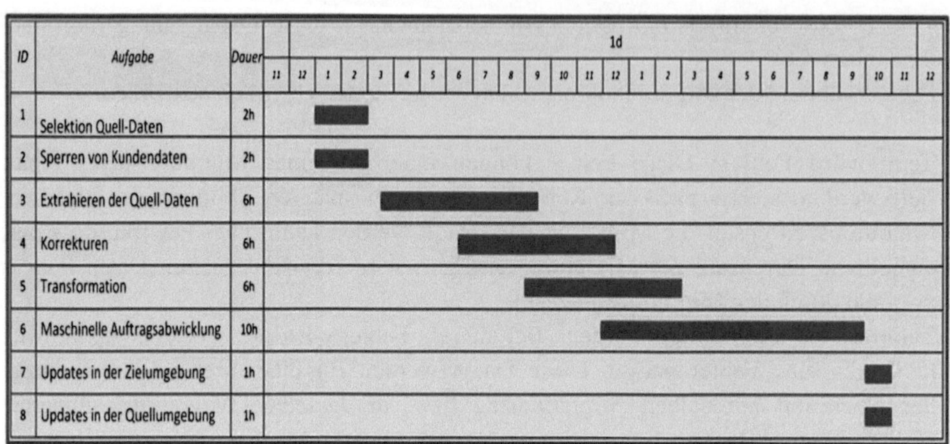


**Abb. 3.3** Beispiel Migrationszeitfenster für eine transaktionale Kundendaten-Migration in tabellarischer Form (x: Zeitraum, in dem die Aktivität stattfindet, z. B.: Selektion Quell-Daten beginnt um 0:00 Uhr und endet um 3:00 Uhr morgens). Manche Aktivitäten können parallel stattfinden, andere sind Voraussetzung für Folgeaktivitäten und müssen erst abgeschlossen werden, bevor die nächste Aktivität starten kann. (Quelle: Eigene Darstellung)

- **Extrahieren aus Quelle:** In diesem Schritt werden (nur) die erfolgreich gesperrten Datensätze aus den Quellsystemen gelesen und zwischengespeichert (siehe auch ETL-Prozess). Dabei werden simple Prüfungen der Daten durchgeführt, z. B. auf Konsistenz oder Duplikate.
- **Korrigieren:** Die Quelldaten werden nach formalen und sonstigen maschinellen Prüfungen mit vorab definierten Regeln korrigiert und als Zwischenergebnis gespeichert. Dabei kann es zu Fehlern kommen. Fehlerhafte und nicht sofort korrigierbare Datensätze werden aussortiert (mithilfe definierter Ausschlusskriterien, der sogenannten Eignungsprüfung) und für nachgelagerte bzw. parallel stattfindende Datenbereinigung gespeichert. Die fehlerhaften Datensätze müssen in den Quellsystemen wieder entsperrt werden, da sie in diesem Migrationsfenster nicht migriert werden und der Kunde so wenig wie möglich von der Migration betroffen sein soll (Silent Migration).
- **Transformieren:** Dies ist das „T" des ETL-Prozesses. Es geht um die Abbildung der Quelldaten in das Zieldatenformat. Manchmal werden hier mehrere Datensätze zu einem Datensatz zusammengeführt oder umgekehrt aus einem Quelldatensatz mehrere Zieldatensätze konstruiert, dies alles nach vorab definierten Regeln. Auch hier können Fehler auftreten, sodass die betroffenen Datensätze aus den Migrationsdatensätze herausgenommen und zur Korrektur zurückgegeben werden müssen, analog dem Schritt „Korrigieren". Hier befindet sich auch der **„Point of No Return" (PNR),** also der Zeitpunkt, an dem eine Rückkehr zum Ursprungszustand nicht mehr möglich ist.
- **Maschinelle Auftragsabwicklung:** Nun werden die regulären Auftragsabwicklungsprozesse maschinell gestartet, ohne dass in dem Ablauf der Auftragsabwicklung manuelle Schritte erfolgen müssen. Bei etwaigen Fehlern kann eine Korrektur allerdings nur noch in der Zielumgebung erfolgen. Der Auftragsabwicklungsprozess der

Migration ist im Vergleich zum regulären Auftragsabwicklungsprozess etwas modifiziert (z. B. bekommt der Kunde keine Auftragsbestätigung).

- **Updates in der Zielumgebung:** Diese Prozesse schließen die Migration in der Zielumgebung ab, sodass die Kundendaten nutzbar sind; jetzt statt in der Quellumgebung in der Zielumgebung.
- **Updates in der Quell-Umgebung:** Beinhaltet alle Aktivitäten, um die Migration in der Quellumgebung abzuschließen. Die Kundendaten bleiben gesperrt in der Quellumgebung, aber es wird z. B. markiert, dass diese Kundendaten migriert worden sind und wann. Dies ist für Rückfragen (Revision, Kundenrückfrage) notwendig.

### 3.8.2   Blockweise (Batch) Migration und Migrationszeitfenster-Konzept

Die blockweise Migration benötigt in spezifischen Zeiten höhere Verfügbarkeit und Aufmerksamkeit von Systemen und Akteuren, da in diesen Zeiten jeweils höhere Datenmengen verarbeitet werden als in der transaktionalen Migration (siehe auch Abschn. 3.5.2).

Die Voraussetzungen für das Migrationsfenster sind andere als bei der transaktionalen Migration, es muss hier viel stärker auf die vorbereitenden Schritte geachtet werden, wie z. B.:

- Die stärkere Validierung der Daten: Für die Validierung kann ein spezifisches Migrationsfenster definiert werden, um z. B. selektierte Daten (probeweise) in die Zielumgebung zu überführen. Daraus können Rückschlüsse gezogen werden, um das eigentliche Migrationsfenster zu optimieren, aber auch um die Applikationen und Migrationsprozesse an einen größeren Durchsatz zu „gewöhnen".
- Die mehrfache probeweise Migration mit steigenden Volumina: Damit können einerseits Erfahrungen mit dem Ablauf der Migration innerhalb eines Migrationsfensters gesammelt, andererseits aber auch Anpassungen am Migrationsfenster selbst getätigt werden.
- Als erweiterter Integrationstest können auch mögliche Fehlerquellen bestimmt werden, durch die steigende Volumina extrapoliert werden, sodass die generelle Planung der Durchführungsphase angepasst werden kann (welche Migration findet wann statt), ebenso gegebenenfalls Werkzeuge und Abläufe.
- Größerer Fokus auf Kontrolle während der Migration mittels Reporting und Dashboard, denn die Reaktionszeit während eines Migrationstages in der Batch Migration ist gering bzw. die Auswirkungen sind durch die große Datenmenge in kurzer Zeit schnell deutlich zu spüren.
- Fehlerquellen müssen in der Zeit vor der Migration entdeckt und entsprechende Mechanismen entwickelt werden, um sie zu beheben. Daher wird in der Konzeption des Migrationsfensters verstärkt Fokus auf die Vorbereitung und auf die Anlaufphase der Migration gelegt.

- In der Durchführungsphase der Migration kann es innerhalb des Migrationsfensters einen Punkt geben, an dem aus prozeduralen oder betrieblichen Gründen kein Rollback mehr möglich ist („Point of No Return"). An diesem Punkt müssen durch die Reports und das Dashboard eine Aussage möglich sein, ob die Migration sinnvoll fortzusetzen ist oder nicht. Idealerweise ist das auch eine bewusste, vom Management dokumentierte Entscheidung.

Dabei werden je nach Phase (Anlaufphase, Durchführungsphase und Post-Migrationsphase) unterschiedliche Migrationszeitfenster angewandt, da die Prozesse und Verfügbarkeiten je nach Phase unterschiedlich sein können.

Für das Migrationsfenster der Batch Migration ist zu beachten:

- Der hohe Durchsatz der Daten (z. B. 5 Mio. Kundendatensätze innerhalb eines Migrationsfensters von 24 h); daher werden Migrationsfenster außerhalb der Bürozeiten oder sonstigem starken Betrieb bevorzugt, z. B. in der Nacht oder am Wochenende.
- Hier wird noch wichtiger, dass parallel keine weiteren Migrationen stattfinden (z. B. transaktionale), denn diese können die gleichen Systeme (Leistungsfähigkeit eingeschränkt) und Akteure einbinden und die Komplexität maßgeblich erhöhen.
- Während viele Prozesse innerhalb des Migrationszeitfensters hochgradig automatisiert ablaufen, sind Start- und Endzeitpunkte, die menschliche Entscheidungen benötigen, manuell zu triggern. Ein typsicher manueller Trigger wäre der Zeitpunkt kurz vor dem **„Point of No Return"** (PNR), ab dem die Daten nicht wieder zurück in ihren Ursprungszustand gebrachten werden können. Diese Zeitpunkte werden besonders im Migrationsfenster gekennzeichnet. Bei einem PNR werden typischerweise alle bisherigen Informationen zusammengetragen und in einem Management Dashboard zur Verfügung gestellt. Danach kann das Management entscheiden, ob die Migration fortgeführt wird oder alles rückgängig gemacht werden soll.
- Die Migrationszweige können nicht nur unterschiedliche Datensätze beinhalten, sondern auch unterschiedliche Aktivitäten und unterschiedliche Migrationsfenster, da die Zeiten der Verarbeitung der Aktivitäten unterschiedlich sein können.
- Das Migrationszeitfenster-Konzept muss für alle Phasen der Batch Migration anwendbar sein und entsprechend angepasst werden.

### 3.8.3 Hybride Migrationen und das Migrationszeitfenster-Konzept

Eine hybride Migration ist die Kombination der drei Ansätze, die bisher erwähnt wurden: transaktionale, blockweise und individuelle Migration. Bei dieser Variante werden komplexe Anteile der Migration manuell getätigt und nur bestimmte Routinetätigkeiten maschinell durchgeführt, z. B. als Batch-Migration. Das Migrationszeitfenster muss all diese Besonderheiten und Anforderungen berücksichtigen. Mögliche Annahmen und

Ausnahmen sollten gesondert aufgeführt und in den Anforderungen mit aufgenommen werden. Annahmen wären z. B., dass Geschäftskunden zu gegebenen Zeitpunkten über die Umstellung ihre Daten informiert werden dürfen oder müssen.

Typische Anforderungen für hybride Migrationen können sein:

- Die Migration eines kompletten Datensatzes muss innerhalb eines Migrationstages innerhalb eines Migrationsfensters geschehen.[12]
- Das Potenzial an Fehlern und Interaktionen mit dem Kunden und externen Instanzen muss auf ein Minimum reduziert werden. Die Fehleranalyse kann bei komplexeren Datenstrukturen unter Umständen mehrere Tage oder Wochen bedeuten, die ganze Migrationsplanung könnte damit gefährdet werden.
- Probleme der Datenintegrität und -konsistenz und ganz generell die Qualität der Daten müssen im Vorfeld soweit es geht behoben werden, um Fehler während der Migration zu vermeiden.
- KPIs (Key Performance Indicators), also Schlüsselerfolgsfaktoren, müssen im Vorfeld definiert werden, um die Migration besser planen, strukturieren und auch steuern zu können. Auch während der Migration helfen KPIs bei der Überwachung (z. B. „Wie viele Verträge und Nebenvereinbarungen besitzt ein B2B-Kunde?", „Wie viele Vereinbarungen müssen innerhalb eines Migrationszeitfensters migriert werden?").

Die individuelle Verarbeitungsphase könnte bedeuten, dass eine manuelle Korrektur einzelner Datensätze erfolgen muss (z. B. bei einer B2B-Kundendaten-Migration die Anpassung der Kundenhierarchie eines einzelnen Großkunden).

Besondere Aufmerksamkeit in der hybriden Migration sollte die Anlaufphase bekommen, denn darin wird erkennbar, welche Migrationsprozesse Routinecharakter haben und welche nicht. Routine-Prozesse können automatisiert oder standardisiert werden, sodass diese von weniger geschultem Personal durchgeführt werden können. Außerdem können Erfahrungen mit der Qualität der Daten und der Qualität der Prozesse gesammelt werden, um somit die eigentliche Migration zu planen und zu strukturieren.

---

[12]Diese Datensätze können sehr komplex ausfallen. Eine hybride Migration könnte die Migration der Kunden im B2B-Bereich sein. Diese haben durch Hierarchien mit multiplen und vererbten Vereinbarungen in jeder Hierarchiestufe eine hohe Komplexität, sodass die Forderung „Migriere einen Kunden innerhalb von 24 Stunden" eine größere Herausforderung für die Migration bedeutet kann, wenn dieser Kunde ein großer Konzern mit allen Mitarbeitern ist. In solchen Fällen könnte ein spezieller Migrationszweig definiert werden, der möglicherweise auch eine Abweichung vom Grundsatz innerhalb eines Tages zu migrieren erlaubt, da durch die Komplexität Wochen oder gar Monate benötigt werden könnten.

Unter die hybride Migration könnte auch die Migration der verbleibenden Kunden und Produkte sowie Daten fallen. Dabei können verwandte[13] Migrationszweige zusammengefasst werden. Das könnten die Datensätze sein, die innerhalb der bisher definierten Prozesse nicht automatisch bearbeitbar waren, aber dafür könnten diese in einem hybriden halbautomatisierten Verfahren migriert werden. Dies kann Kosten, Ressourcen und Zeit sparen. Dafür können eigene Migrationszweige und Migrationszeitfenster definiert werden, wenn der Aufwand einem Nutzen gegenübersteht, der dies rechtfertigt.

## 3.9  Durchführung der Migration (Migration Execution)

Sobald das Konzept und Strategie der Migration feststehen, ist ein Team (**Migration Execution Team**) für die Ausführung der Migration mit entsprechenden Rollen zu definieren und ins Leben zu rufen sowie mit den notwendigen Privilegien zu versehen.

Dieses Team hat neben den organisatorischen Aufbau der Migration auch folgende Aufgaben (siehe Tab. 3.5 für eine Auflistung von Beispielen):

- **Aufbau** und Kommunikation der Migrationsprozesse.
- **Überwachung** der Ergebnisse und Eskalation bei gravierenden Fehlern, oder gar das außerplanmäßige Stoppen der Migration.
- Hierzu ist es sinnvoll, sich ein **Migrations-Dashboard** oder ein **Migration Cockpit** zu definieren, um die Fehler und den Fortschritt zu überwachen und/oder die Migrationstools zu steuern. So wird gewährleistet, dass eine Übersicht über den Ablauf und den Status der Migration innerhalb des Migrationszeitfensters gezeigt wird.

  Das **Migrations-Cockpit** steuert den Start der Migration in Echtzeit und kann je nach Status manuell den Ablauf der Werkzeuge im Migrationsfenster stoppen und wieder starten. Für die einzelnen Aufträge werden damit die Migrationstools für die Migrationsaufträge generiert und gesteuert. Geplante Systemausfälle führen nicht zur Beendigung der Migration oder zum Verlust von verarbeiteten Daten. Das Migrations-Cockpit sendet die Migrationsaufträge nach dem Ende der geplanten Systemausfallzeit. Außergewöhnliche Ausfallzeiten aufgrund plötzlicher/ungeplanter Systemereignisse beeinträchtigen den Arbeitsablauf nicht. Wenn die Systemverfügbarkeit wiederhergestellt ist, sendet das Migrations-Cockpit den Migrationsauftrag erneut.
- **Korrektur der Fehler,** Auflösung von Hindernissen und Reparationsarbeiten während der Migration: Wenn es Migrationsfehler gibt oder der Migrationsprozess

---

[13]Als verwandte Migrationszweige könnte man die Migrationszweige ansehen, die ähnliche Daten und Prozesse beinhalten und eher aus technischen oder organisatorischen Gründen als getrennte Migrationszweige definiert wurden (zum Beispiel die Kundendaten, die eine spezielle Vorverarbeitung im Rahmen der Migration benötigen). Eine fallweise Untersuchung hierfür ist jedoch unerlässlich, um nicht am Ende „Äpfel und Birnen" in einem Migrationszweig zu mischen.

**Tab. 3.5** Aufstellung von typischen Aufgaben des Ausführungsteams der Migration (Migration Execution Team) (Quelle: Eigene Darstellung)

| Migration Execution | | | | | | | | | |
| --- | --- | --- | --- | --- | --- | --- | --- | --- | --- |
| Migrations-Dashboard als Überwachung von | | | Migrations-Cockpit | | Korrektur von Fehlern und Problemen (inkl. Priorisierung und Überwachung) | | | Priorisierung der Migrationskampagnen | Kommunikation |
| Fortschritt der Migration | Fehler der Migration | Tools der Migration | Steuerung der Migration | Migrationsaufträge starten | Bereinigung von Migrationsdaten | Anpassung von Software | Anpassung von Datenbanken | Entscheidung über die Daten pro Migrationsfenster | Im Team und im Unternehmen |

nicht wie geplant abläuft, spricht man von Migration Issues, die es zu lösen gilt. Für jedes dieser Issues wird ein Ticket erzeugt, das je nach Problem **priorisiert** und entsprechend der Priorisierung bearbeitet und überwacht wird. Innerhalb des Migration Execution Teams bearbeitet zunächst eine Expertengruppe die Issues, die sowohl aus Applikationen- und Migration-Tools-Experten besteht. Wenn diese die Probleme nicht lösen können, werden sie zu einem erweiterten Expertenkreis zur Bearbeitung gesendet. Bei größeren Problemen und Fehlern, die größere Software- oder sonstige Anpassungen benötigt, werden diese entsprechend priorisiert (z. B. mittels Eskalationen), um keine Verzögerungen in der Migration zu bekommen. Hierbei können die regulären IT-Prozesse verwendet werden, werden aber von Mitgliedern des Execution Teams begleitet, überwacht und gegebenenfalls gesteuert. Die **Nutzung der regulären IT-Prozesse** hat den Vorteil, dass vorhandene Personen und IT-Partner genutzt werden können und dass nicht all dies speziell für die Migration aufgebaut werden muss. Typische Themen, die bearbeitet werden, können z. B. sein:

- manuelles Bereinigen der Daten (auch mit Hilfe von DB-Skripten)
- Defect Fixing und Aufbau neuer bzw. veränderter Funktionalität von IT-Applikationen
- Änderung des Datenbank-Designs, -Konfiguration oder anderer Workarounds

- Entscheidungen über die **Priorisierung,** welche Daten (z. B. Kunden-Segmente) oder welche Daten-Kampagnen in den kommenden Migrationsfenstern zu bearbeiten sind. Die Entscheidung, welcher Migrationszweig wann migriert wird, sollte vor der Migration, während der Strategieaufstellung und des Timings der Migration klar feststehen. Änderungen hierzu können nur in Ausnahmefällen getätigt werden. Das Migration Execution Team sollte die Kompetenz haben, auch weitere Entscheidungen zu treffen bzw. zu organisieren, wie: Wie der Schichtbetrieb aufzubauen ist, welche Gruppen welche Fehler/Issues bearbeiten, Entscheidungen über Fortgang oder Stopp der Migration bei massiven Fehlern, Entscheidungen über das Rückgängigmachen von Migration Orders, usw.

**Kommunikation** der Ergebnisse an und mit dem Unternehmensmanagement und Business-Teams. Die Kommunikation hat einen sehr wichtigen Anteil an der Arbeit im Team, da viele der Prozesse sehr zeitkritisch sind. In diesen Bereich gehören vor allem vor der Migration die Detaillierung der Dokumentation und Kommunikation der Migrationsprozesse mit allen betroffenen Einheiten des Unternehmens. Auch die Einrichtung einer Art von „Hotline" für Fragen bzgl. des Ablaufs der Migration gehört zu den Aufgaben des Execution Teams. Die Kommunikation der Migrationsprozesse kann im Rahmen von Workshops definiert werden, als Einstiegspunkt kann die Dokumentation der Prozesse genutzt werden. Die Migrationsprozesse müssen mit einem akzeptablen zeitlichen Vorlauf auch mit externen Geschäftspartnern vor dem Start der Migration kommuniziert werden, da sich diese Geschäftspartner auf die Migration vorbereiten und evtl. gemeinsame Absprachen getroffen werden müssen. Die Geschäftspartner und das Unternehmen, das die Migration initiiert, müssen gegebenenfalls Kommunikationsstellen einrichten, um den Fortschritt und den Status der Migration gegenseitig zu kommunizieren.

## 3.10    Aktivitäten am Ende der Migration (Post-Migration)

Die Post-Migration ist die letzte Phase der Migration. In der Regel umfasst sie die Aktivitäten, die durchgeführt werden, nachdem die Daten und Prozesse in die neue Zielumgebung übertragen worden sind, damit tatsächlich alle Geschäftsprozesse vollständig abbildbar sind. Hier handelt es sich vor allem um die Übertragung von Daten, die sehr selten benötigt werden, z. B. Rechnungen der Kunden aus den vergangenen Jahren. Ein sehr umfangreicher Block von Daten, die in diese Kategorie gehören, sind die Archivdaten.

Diese Daten sind oft zu umfangreich, als dass sie in der kurzen Frist der (normalen) Migration migriert werden können oder sollten. Auch dafür werden spezielle Migrationsprozesse mit eigener Software-Unterstützung benötigt. Auch Daten, die nur für Prüfungs- und Kontrollzwecke verwendet werden, gehören zu dieser Phase der Migration. Außerdem können hier Migrationen stattfinden, die vorher nicht möglich waren, z. B. Kunden und oder Partner, die aus vertraglichen Gründen nicht während der Vorphasen involviert werden konnten.

Ein weiterer großer Block von Aktivitäten, die nach der Migration stattfinden, sind die Archivierungen, Löschungen oder Auslagerung an Dritte oder die sonstige abschließende Behandlung der nicht migrierten Daten. Häufig entscheidet man sich bewusst aus ökonomischen Gründen dafür, einige Daten in den Altsystemen zu belassen und nicht zu migrieren. In diesen Fällen müssen zumindest aus finanztechnischen oder Compliance-Gründen die Daten gesichert werden. Es wird für diese Daten keine Migration mehr durchgeführt, sondern diese werden nur archiviert.

Für die **Archivierung** gibt es generell folgende Möglichkeiten:

- Die Altsysteme in einer sehr vereinfachten Form aufrechterhalten, um lesenden Zugriff auf die Altdaten zu bekommen, wenn Bedarf dafür entsteht, z. B. bei Prüfungen von Wirtschaftsprüfern oder Steuerbehörden. Oft wird dann nur das Speichermedium mit der Datenbank der Daten ohne eine GUI oder eine Anwendung gesichert. Archivdaten werden mit vordefinierten Skripten oder individuell entwickelten SQL-Abfragen zur Verfügung gestellt
- Die Altsysteme werden abgeschafft und alle Daten mittels einer einfacheren Migration (mit eigenen ETL-Prozessen) in einem Data Warehouse geladen. Von dort aus sind die etwaigen Abfragen wesentlich einfacher als mit SQL-Abfragen. Aus dem Data Warehouse werden Reports bei Bedarf erzeugt.
- Es wird ein umfangreiches neues Archivsystem aufgebaut, das mittels einer eigenen Migration, die je nach Umfang in der Post-Migrationsphase oder der Post-Migrationsphase nachgelagert durchgeführt wird, mit den zu archivierenden Daten befüllt wird. Darin müssen eigene Prozesse und Regeln definiert werden, z. B. Datenschutz-Zugriffsregeln, Aufbewahrungsvorschriften[14], GoB- oder SOX-Compliance Regeln, etc.

---

[14]Hinweis: Gerade bei Archiven ist vor dem Hintergrund von BDSG/DSGVO ein Datensatz nur so lange aufzubewahren, wie es erforderlich ist (Grundsatz der Verhältnismäßigkeit).

Nach der Archivierung stehen die Hardware und Software der Quell-Applikationen ohne Nutzung und ohne einen Bedarf da. Es wird die Frage gestellt, wie die **Außerbetriebnahme** funktionieren soll. Denn allein aus Datenschutz- oder Compliance-Gründen kann diese nicht allein mit Abschaltung der Systeme beendet sein. Personenbezogene Kundendaten dürfen beispielsweise nicht in fremde Hände geraten. Deswegen ist die Außerbetriebnahme ein wichtiger und zu dokumentierender Prozess. Ein wesentlicher Teil ist dabei die Zerstörung und Entsorgung von Festplatten der Datenbanken und damit die irreparable Vernichtung der Dateisysteme der Applikationen. Oft wird der Prozess der Außerbetriebnahme als gesondertes Projekt organisiert, mit einem definierten Anfang und Ende.

**Fazit**

Die Migration von Daten, Prozessen und Systemen ist ein wesentlicher Bestandteil von Unternehmenstransformationen. Vor allem die Datenmigration großer Organisationen stellt eine der wesentlichen Hürden im Transformationsprozess dar. Die Datenmigration muss vorab wohl überlegt und sorgfältig geplant werden. Je nach Größe des Vorhabens und Menge und Komplexität der Daten muss entschieden werden, ob eine individuelle oder maschinelle/technische Migration stattfinden soll. Im Fall der technischen Migration kann wiederum entschieden werden, ob eine Batch Migration oder eine transaktionale Migration angewandt werden soll. Bei großen Migrationen muss außerdem eine Segmentierung der Daten vorgenommen werden, um den Migrationsprozess in einheitlichen Teilen durchführen zu können. Der Migrationsprozess gliedert sich in Phasen, deren zeitlicher Ablauf in Kap. 4 diskutiert wird.

## Literatur


1. Boehm BW (1981) Software engineering economics. Prentice Hall, Upper Saddle River
2. Harwardt M (2011) Wasserfallmodell versus Scrum. Ist der gute Ruf der agilen Methode gerechtfertigt? https://www.fernuni-hagen.de/imperia/md/content/ps/masterarbeit-harwardt.pdf. Zugegriffen: 22. Okt. 2018
3. Kreutzer RT, Rumler A, Wille-Baumkauff B (2015) B2B-Online-Marketing und Social Media. Ein Praxisleitfaden. Springer Gabler, Wiesbaden
4. Kreutzer RT, Neugebauer T, Pattloch A (2017) Digital Business Leadership Digitale Transformation – Geschäftsmodell-Innovation – agile Organisation – Change-Management. Springer Fachmedien, Wiesbaden
5. Kriesel D (2013) Xerox-Scankopierer verändern geschriebene Zahlen. http://www.dkriesel.com/blog/2013/0802_xerox-workcentres_are_switching_written_numbers_when_scanning. Zugegriffen: 22. Okt. 2018
6. McKenzie J, Aitken P (2012) Learning to lead the knowledgeable organization: Developing leadership agility. Strategic HR Review. 11(6):329–334. https://doi.org/10.1108/14754391211264794
7. Rodov A, Teixidó J (2016) Blending agile and waterfall: the keys to a successful implementation. https://www.pmi.org/learning/library/blending-agile-waterfall-successful-integration-10213. Zugegriffen: 22. Okt. 2018

8. Ryan M et al (2016) Digitale Führungsintelligenz in der Praxis. In: Summa L (Hrsg) Digitale Führungsintelligenz: "Adapt to win". Springer Gabler, Wiesbaden
9. Samulat P (2017) Die Digitalisierung der Welt. Springer Gabler, Wiesbaden
10. Schwarzmüller T, Brosi P, Welpe IM (2015) Führung im digitalen Zeitalter. In: Becker T, Knop C (Hrsg) Digitales Neuland. Springer Gabler, Wiesbaden
11. Varhol (o. J.) Lean and mean. To agility and beyond: The history – and legacy – of agile development. https://techbeacon.com/agility-beyond-history%E2%80%94-legacy%E2%80%94-agile-development. Zugegriffen: 12 Juni 2018
12. Wachter S, Zaelke T (2015) Systemkonsolidierung und Datenmigration als Erfolgsfaktoren. Springer Vieweg, Wiesbaden
13. Weis C (2012) Definition. B2B bezeichnet Beziehung zwischen Unternehmen. http://www.business-on.de/definition-b2b-bezeichnet-beziehung-zwischen-unternehmen-_id38731.html. Zugegriffen: 7 Juni 2018
14. Beck K, Beedle M, Bennekum A, Cockburn A, Cunningham W, Fowler M, Grenning J, Highsmith J, Hunt A, Jeffries R, Kern J, Marick B, Martin RC, Mellor S, Schwaber K, Sutherland J, Thomas D (2001). Manifest für agile Softwareentwicklung. http://agilemanifesto.org/iso/de/manifesto.html. Zugegriffen: 20. Jan. 2018

# Timing im Migrationsprozess 4


**Zusammenfassung**

Dieses Kapitel befasst sich mit zeitlichen Fragen der Transformation und den Gefahren, die aus falschem und ungenauem Timing im Prozess der Transformation entstehen können. Es werden Fragen diskutiert wie: Wie passt der ständige Wandel einer Branche mit den daraus resultierenden Erfordernissen zu der großen Aufgabe der unternehmensweiten Transformation? Welche zeitlichen Faktoren spielen eine Rolle? Wie können Verlässlichkeit und Planbarkeit in der zeitlichen Abfolge großer Transformationsprojekte erreicht werden? Wie sind die Phasen der Transformation und Migration im Prozess der Transformation einzuordnen?


Durch die allgegenwärtige Globalisierung, den starken Druck der Digitalisierung bzw. das Internet der Dinge und die überall und immer zur Verfügung stehenden Informationen für jeden bleibt kaum eine Branche von den Erfordernissen zum Wandel verschont. Oft sind es nur kleine Veränderungen, die stattfinden, die Zeitspanne jedoch, nach der es immer wieder zu kleinen Veränderungen kommt, ist sehr kurz. Der Prozess von einer Idee bis zu einer marktfähigen Lösung läuft zeitlich in immer engeren Zyklen ab und wird von immer größeren Gruppen immer globaler diskutiert. Beispielsweise wird eine neue Idee zur Nutzung und „Vermarktung" von öffentlich frei verfügbaren Informationen (sogenannte Open Data[1]) einige Wochen öffentlich diskutiert, erste Pilotprojekte unterschiedlichster Unternehmen zur Integration frei verfügbarer Informationen als Datenquellen in ihre

---

[1]Open Data sind, unabhängig von ihrer Quelle, öffentlich zugängliche Daten, die für jeden (auch kommerziellen) Zweck verwendet und weiterverarbeitet werden dürfen, vgl. auch https://opendata-commons.org/. Zugegriffen: 17.09.2018.

bestehenden Datenhaushalte folgen. Innerhalb kürzester Zeit ist diese Idee zu einem offiziellen Industrie-Standard geworden, der in vielen Big Data-Initiativen zu berücksichtigen ist. Selbst gesetzliche sowie regulatorische Vorgaben, die es durch Unternehmen umzusetzen gilt, werden in kürzesten Zyklen überarbeitet und ergänzt, in einer neuen Version veröffentlicht oder ein ganz neuer Erlass verabschiedet.

Die unternehmensweite Transformation stellt vor allem große Gesellschaften vor die Herausforderung, dieser hohen Geschwindigkeit folgen zu müssen – Gesellschaften mit etablierten Prozessen, langen Entscheidungswegen und teils persönlich motivierter Unternehmenspolitik. Um dem zu begegnen, ist die im Kap. 3 erörterte Steuerung enorm wichtig, denn gerade diese Unternehmen werden ohne Bereitschaft zum Wandel langfristig in dem Markt, in dem sie agieren, eine immer geringer werdende Bedeutung haben, da ihre Kunden zu innovativeren Produkten wandlungswilliger bzw. wandlungsfähiger Unternehmen wechseln. Sie werden mit sinkendem Marktanteil dann auch noch zur Zielscheibe für Übernahmen (vgl. z. B. [3]).

Gibt es zeitliche Faktoren, die in unternehmensweiten Transformation eine Rolle spielen? Allem voran stehen natürlich der Startzeitpunkt und die in Summe zur Verfügung stehende Zeit, in der die Transformation erfolgreich abgeschlossen werden muss. Eine wichtige Rolle spielen zeitliche äußere Einflüsse (z. B. Inkrafttreten/Ablauf der Übergangsfrist von regulatorischen Anforderungen, vertragliche Vereinbarungen, aber auch der Streik eines externen Dienstleisters), die sich oft auf den festgelegten Endzeitpunkt auswirken.

Auch im Inneren eines Unternehmens gibt es zeitliche Einflüsse auf ein Transformationsprojekt, beispielsweise:

- (Vollzeit-)Verfügbarkeit von Mitarbeitern oder ganzen Abteilungen,
- andere laufende Projekte (vor allem IT-Projekte, die an der Systemlandschaft Veränderungen vornehmen),
- Outsourcing von Prozessen bzw. Unternehmensfunktionen,
- Personelle Veränderungen beteiligter Bereiche (sowohl im Sinne eines Stellenauf- als auch im Sinne eines Stellenabbaus), sowie
- der Wechsel von externen Dienstleistern (z. B. strategische Partner, Fachberatung, Entwicklungsleistung oder Application Management Support).

Wie an vorangegangener Stelle bereits erörtert, unterliegen besonders Transformationsprojekte den Anforderungen an ein gutes Projektmanagement. Dazu zählt insbesondere die zeitliche Planung des Projektes/Programms. Im Falle einer ganzheitlichen Unternehmenstransformation sind alle Projekte des Unternehmens zu berücksichtigen. Dies muss dann entsprechend über ein (möglicherweise noch zu etablierendes) zentrales Programm-/Release-Management sichergestellt und kontinuierlich überprüft werden.

Die Projektplanung setzt inhaltliche und zeitliche Meilensteine; Fortschritt, Risiken und Verzögerungen müssen fortwährend überprüft, eng gesteuert und hinsichtlich ihrer Kritikalität und Auswirkungen auf das Vorhaben konsequent bewertet werden. Vor allem bei einem großen Vorhaben muss allerdings auch immer der Detailierungsgrad der Steuerung passen, gravierende Risiken bzw. Verzögerungen müssen verlässlich zum Programmmanagement gelangen, kleinere Unwägbarkeiten, wie sie häufig in Projekten auftreten, müssen auf der Ebene der Projekt- oder Teilprojektleitung verbleiben und dort behandelt werden. Häufig werden allerdings an das Programmmanagement Mikromanagement-Fragestellungen und -Entscheidungen herangetragen und blockieren so die übergreifende Steuerung. In dem Fall kann es z. B. helfen, Projekt- und Teilprojektleitern höhere Entscheidungsbefugnisse einzuräumen oder den Handlungsrahmen großzügiger abzustecken.

In diesem Zusammenhang kann nicht oft genug betont werden, dass ein gutes Anforderungsmanagement der Schlüssel für ein erfolgreiches Projektmanagement ist und schließlich den Erfolg des Projektes (nicht nur für die zeitliche Lieferung der Ergebnisse, sondern auch für Budgeteinhaltung sowie inhaltliche Qualität) bestimmt. Häufige Anforderungsänderungen während des Projektes oder unklare, nicht-überprüfbare oder veränderliche Ziele des Projektes sind starke Treiber für einen Misserfolg. Dies gilt umso mehr, je größer und komplexer das Projekt ist. Das Anforderungsmanagement und die Ziele des Projektes sind wichtige Aspekte des Projektmanagements (und gelten nicht nur für Transformationsprojekte). Weitere wichtige Aspekte sind zu berücksichtigen, z. B. die Zeit, oder das Budget des Projektes (bei Änderung). Darin liegt auch für Migrationsprojekte die Wichtigkeit des magischen Dreieckes des Projektmanagements (siehe z. B. [6, S. 6]).

Wenn wir uns später dem Erfolg der Transformation bzw. der dazugehörigen Erfolgsmessung zuwenden, werden wir sehen, dass es neben dem Blick auf das Gesamtergebnis des Projektes und dessen Gesamtdauer auch die zeitliche Abfolge innerhalb der eigentlichen Transformation gibt. Dies kann z. B. bei der Übertragung der Kundendaten (Anlegen der Kunden in den Zielsystemen in der richtigen Reihenfolge mit der Berücksichtigung von Wartezeiten für die Verarbeitung), der Kündigung von Mitarbeiter- oder Lieferantenverträgen sowie der Einführung eines neuen SAP-Moduls (neue Hardware muss eingeführt werden, bevor die Software produktiv gesetzt wird) relevant sein.

## 4.1  Timing und versteckte Kosten

Während ein Teil der Kosten direkt der Transformation zugeordnet werden können, wie z. B. Lizenzkosten für das notwendige Migrationswerkzeug, können andere Kosten der Transformation nicht direkt zugeordnet werden, insbesondere Kosten, die schleichend und im Zeitplan der Transformation versteckt sind (z. B. Abstimmungen mit Fachabteilungen oder Ermittlungen von IT-Performance-Modellen, um die Systeme ausreichend für die Migration zu skalieren). Um einen guten Plan erstellen zu können und die Kosten effizient darzustellen, muss ein Projekt-/Programmleiter diese versteckten Kosten erkennen und verstehen und in der Planung berücksichtigen. Im Folgenden wird anhand

einiger Beispiele ein Bild zusammengestellt, das einen Eindruck über die mögliche Tragweite des Problems gibt:

**Ausfallzeiten**

Geplante Ausfallzeiten sind teuer, ungeplante teurer.

Beispiele aus Studien von Analysten wie Gartner, Forrester Research und anderen
(siehe exemplarisch [7]), sind nachfolgend aufgeführt.

---

**Beispiele**

Die Kosten, die Unternehmen durch IT-Ausfälle entstehen, betragen mehr als
16 Mio. US$ pro Jahr. Im Vergleich zu 2014 ist das ein Anstieg von 6 Mio. US$.

Im weltweiten Durchschnitt kostet der Ausfall einer geschäftskritischen
Anwendung pro Stunde knapp 80.000 US$, in Deutschland liegt dieser Wert bei rund
60.000 US$.

Wenn zusätzlich zum Ausfall der geschäftskritischen Anwendung ein Datenverlust entsteht, werden zusätzliche Kosten von knapp 90.000 US$ beziehungsweise
62.000 US$ pro Stunde in deutschen Unternehmen verursacht.

Die drei schwerwiegendsten, nicht-monetären Folgen schlechter Verfügbarkeit sind
nach Meinung der Befragten:

- der Verlust von Kundenvertrauen (82 % in Deutschland, 68 % global)
- Schäden am Markenimage (59 % in Deutschland, 62 % global) und
- sinkendes Mitarbeitervertrauen (37 % in Deutschland, 51 % global).

Solche hohen Kosten sind ein starker Anreiz, Ausfallzeiten so gering wie möglich zu halten bzw. gänzlich zu vermeiden, auch um finanziellen Schaden vom Unternehmen abzu-
wenden. Demnach beeinträchtigt die Nichtverfügbarkeit von Daten oder Anwendungen
unweigerlich stark die Gewinne.

Dies beeinträchtigt nicht nur den Regelbetrieb des Unternehmens, sondern im ver-
stärkten Maße die geplanten Migrationen.

Damit sowohl Daten als auch Anwendungen verfügbar bleiben, müssen unnötige
Ausfallzeiten vermieden werden. Zur Vermeidung oder Minimierung von Ausfall-
kosten müssen IT-Manager sicherstellen, dass Migrationen durch den normalen ope-
rativen Betrieb nicht oder nur minimal gestört werden. Damit wird die Wichtigkeit
der zeitlichen Planung während eines Migrationsfensters und darüber hinaus sichtbar.
Schlüsselindikatoren, die dabei sorgfältig betrachtet werden müssen, sind die Zeiten des
Regelbetriebes (sowohl Normalbetrieb als auch Spitzenbetrieb), geplante Ausfallzeiten,
Umbau und Wiederherstellung (Recovery), Release-Zyklen der Systeme und andere
Migrationen oder Portierungen.

**Arbeitszeiten**

Viele Unternehmen planen die Migrationsdurchführung für die Abend- und Nachtstunden bzw. Wochenenden oder Feiertage. Dadurch, dass das Personal in diesen Zeiten wenig verfügbar oder teurer ist oder Genehmigungen beispielsweise von Interessenverbänden oder dem Betriebsrat benötigt werden, neigen manche Unternehmen dazu, alle an der Migration unbeteiligten Systeme aus dem Regelbetrieb zu nehmen[2]. Solche „geplanten Ausfallzeiten" bedeuten neben dem Umsatzverlust auch Ärger der Kunden und evtl. Image- bzw. Vertrauensverluste für das Unternehmen (siehe auch oben bzgl. der nichtmonetären Auswirkungen der Ausfallzeiten). Daher wählen doch die meisten Unternehmen die Nacht oder Wochenenden (sofern diese Zeitfenster eine geringe Systemlast haben bzw. als umsatzschwache Zeiten gelten) als Ausweg und nehmen zusätzliche Personalkosten (Wochenend- und Nachtzuschläge, gesetzliche Ausgleichszeiten) in Kauf. Da Migrationen und Portierungen über Wochen und Monate laufen und damit einen längeren Zeitraum in Anspruch nehmen, summieren sich solche Kosten schnell zu einem hohen Betrag. Zudem sind diese Sonderschichten mit einem reduzierten Team bzw. einem Notfall-Team besetzt, notwendiges Know-how fehlt dann möglicherweise, wenn Probleme auftreten. In Konsequenz kann das dazu führen, dass größere Ausfallzeiten und disruptive Probleme (mit entsprechender Außenwirkung) auftreten können.

Um den Bedarf an teuren Überstunden zu minimieren, könnten Unternehmen nach Lösungen suchen, die **ohne Downtimes** der Anwendungen des Regelbetriebs auskommen oder zumindest die Ausfall- bzw. Wartezeiten (z. B. bei auftragsbasiertem System mit Warteschlange/Order Queue) minimieren und auf **unkritische Zeiten** ausweichen (z. B. Leerlaufzeiten, die im Regelbetrieb entstehen). Dadurch wird nicht nur die Notwendigkeit von Überstunden reduziert, sondern auch das Unternehmen besser in die Lage versetzt, auf auftretende Probleme direkt zu reagieren und sie zu beheben. Zudem ist es weniger wahrscheinlich, dass es so zu ungewollten disruptiven und teuren ungeplanten Ausfallzeiten kommt. Allerdings erfordert diese Variante auch ein hohes Maß an Flexibilität, sowohl in der technischen Migrationslösung als auch in der Migrationssteuerung, und erhöht zugleich die Komplexität des Vorhabens.

**Zeit für die Überprüfung der Migration**

Oft ist die Zeit für die Migration knapp bemessen. Der Aufwand und damit auch das reservierte Zeitfenster für die Überprüfung kommen dann noch hinzu. Fehler in der Migration, aber auch Fehler im Validierungsansatz (nicht vollständig konzeptioniert, falsche Rückschlüsse) bereiten den Beteiligten Sorgen. Überraschenderweise verlassen sich viele Unternehmen bei der Validierung auf simple Tests um sicherzustellen, dass die Daten

---

[2]Nicht zu unterschätzen: Wiederanlaufzeiten. Viele IT-Systeme, allen voran die Kernsysteme, sind auf einen unterbrechungsfreien Dauerbetrieb ausgerichtet, der Neustart ist häufig ein untrainierter und damit fehleranfälliger Prozess, der dazu häufig auch sehr inperformant ist bzw. viel Zeit in Anspruch nimmt.

korrekt transformiert und übertragen worden sind. Das spart natürlich viel Zeit in der Vielzahl der Validierungen, die wenigen Fehler, die damit nicht erkannt werden, haben jedoch ein hohes Potenzial, viel Zeit für Analyse und Behebung in Anspruch zu nehmen sowie eine fatale Außenwirkung zu haben z. B., wenn versehentlich alle Kunden angeschrieben werden, da ein kommunikationsauslösendes Attribut falsch interpretiert wurde.

Diese Vorgehensweise kann zu einer Verzögerung bei der Erkennung von Problemen und so dazu führen, dass teure außerplanmäßige Ausfallzeiten entweder während der Geschäftszeiten stattfinden (mit den oben angedeuteten Imageverlusten, Kundenärger, etc.), oder am Abend bzw. an Wochenenden (mit wiederum höhere Kosten wegen Überstunden und evtl. weiteren Problemen).

Um solche Situationen zu vermeiden, sollten Unternehmen versuchen, die Validierung der Daten, sowohl vor, während als auch nach der Migration einzuplanen. Auch für Migrationen gilt: Der Test stellt die Funktion und die Qualität des Produktes sicher. Daher sollten ausführliche Testzeiten im Migrationsplan enthalten sein. Erst dann kann gemeldet werden, dass die Migration erfolgreich durchgeführt worden ist.

**Datenverlust**

Dies ist eine Konsequenz aus Nachlässigkeiten in der Validierung (siehe oben). Leider ist diese nicht ungewöhnlich, wie häufig sie tatsächlich vorkommt ist jedoch schwierig zu ermitteln, da verständlicherweise Unternehmen, die einen Datenverlust erlitten haben, damit nicht hausieren gehen. Auf Analystenseite besteht Konsens darüber, dass etwa ein Drittel der Unternehmen während einer Migration Daten verliert, wovon etwa die Hälfte dieser Datenverluste einen direkten monetären Verlust zur Folge hat (siehe dazu z. B. die weltweite Studie in [4]).

Datenverluste können auch zu einem Vertrauensverlust auf Kundenseite führen. Dieser ist aber schwierig zu quantifizieren und damit auch kaum den tatsächlichen Kosten des Datenverlusts hinzuzufügen. Bei manchen kritischen Datenverlusten jedoch – wie dem Verlust von Verkaufs- oder Bestelldaten – könnte jedes Unternehmen selbst die potenziellen finanziellen Konsequenzen verstehen und analysieren (auch wenn dies kein einfaches Unterfangen ist und z. B. gut beschriebene Geschäftsprozesse und Sekundärquellen von Informationen der Kundenbeziehung voraussetzt). Wenn es um steuerrelevante Daten geht, ist darüber hinaus Ärger mit dem Steuer- oder Wirtschaftsprüfer vorprogrammiert.

Migrationsstrategien müssen versuchen, die Möglichkeit eines Datenverlustes zu minimieren. Auch eine Zielvorgabe „Es darf kein Datensatz verloren gehen oder nach außen dringen." kann helfen, die Migrationsstrategie zu unterstützen. In der Konsequenz bedeutet das, lieber einen Check und einen Vergleich auf **Vollständigkeit** mehr zu machen, als einen zu wenig. Außerdem sind Quelle und Ziel inhaltlich (oder mittels Checksummen-Checks oder auch mitgelieferten Zählerständen) zu überprüfen und im Zeitplan des Migrationsprojektes zu berücksichtigen. Eine der einfachsten

Voraussetzungen dafür ist eine vollständige **Datensicherung** des Quellsystems, noch bevor die Daten migriert werden[3].

**Zu wenig Budget**

Trotz aller Bemühungen von IT-Managern, die Anzahl der Arbeitsstunden und -zeiten vorherzusagen, die eine Migration benötigen wird, sind Planabweichungen zu erwarten. Damit stehen zu geringe Budgets für das Migrationsvorhaben zur Verfügung. Laut Branchenanalysen (vgl. [5]) ist bei mehr als der Hälfte der Migrationen das Budget in Bezug auf Personenstunden und Ausfallzeiten zu gering bemessen (vgl. [1]). Größere, komplexe Projekte – nicht nur IT-Projekte – haben die Tendenz, sowohl terminlich als auch mit ihrem Budget aus dem Ruder zu laufen. Oft nimmt die Katastrophe schon bei der Ausschreibung ihren Lauf und setzt sich im Projektmanagement fort. Dabei können sich die größten Stolpersteine schon im Ansatz umgehen lassen, indem ein gutes Projekt- und Anforderungsmanagement mit erfahrenen Projektmanagern und Business-Analysten von Anfang an installiert wird. Je nachdem, welche aktuelle Studie man zugrunde legt, sind bei größeren Projekten 70 bis 80 % der Projekte „Out of Time" oder „Out of Budget" (vgl. [9]).

Während Unternehmen möglicherweise nicht in der Lage sind, den eigentlichen Prozess der Migration zu beschleunigen, können sie sich bemühen, ihre Planungsprozesse zu verbessern und Potenziale um Migrationskosten genauer abzuschätzen. Oft fehlt dazu das **Know-how** und es wird mit der Migration **Neuland** betreten. Das macht die Kalkulation der Budgets auch nicht einfacher. Ein zu geringes Budget hat wiederum Einfluss auf die Timeline und die Qualität der Ergebnisse. Ein möglicher Ausweg aus diesem Know-how-Dilemma ist, bei den immer wiederkehrenden Transformationen und Migrationen Know-how intern aufzubauen. Alternativ oder ergänzend dazu kann auch auf externes Experten-Know-how zurückgegriffen werden.

**Verschobene oder abgelehnte Migrationen**

Aufgrund der Komplexität des Prozesses entscheiden sich viele Unternehmen dafür, Migrationsprojekte zu vermeiden oder zu verschieben. Während dies ein kurzfristiges Einsparpotenzial bietet (keine Migration → keine Ausfallzeiten → keine Kosten für Migration), kann diese Einsparung durch zusätzliche Kosten langfristig weit überkompensiert werden.

Wir stellen uns eine Serverkonsolidierung vor (Hardware-Migration). Ein Unternehmen kann erhebliche Einsparungen durch Konsolidierung seiner physischen Server erreichen: Senkung der Hardware- und Energie-, Lizenz- und Raumkosten sind einige Beispiele. Ein Unternehmen, das eine Konsolidierung wegen der Komplexität der Migration verzögern

---

[3]Eine vollständige Datensicherung klingt zunächst plausibel, ist bei dem Umfang der Daten und der Schnelligkeit der Veränderung der Bewegungsdaten jedoch schwer durchführbar, insbesondere bei einer transaktionalen Migration.

möchte, wird auf Dauer weit mehr verlieren, als es zu gewinnen scheint. Da ältere Geräte dazu neigen, weniger effizient zu sein, dafür aber fehleranfälliger sind und darüber hinaus auch einige Software-Hersteller ihren Produktsupport (inkl. Sicherheitsupdates) von der aktuellen Hardware-Generation abhängig machen, steigt das Ausfallrisiko und damit auch das Risiko, dass das normale Geschäft verzögert wird. Selbstredend führt ein eingetretenes Risiko auch zu Kosten.

Durch die Entwicklung eines effektiven Migrationsplans sowie die Investition in die notwendigen Anwendungen und Prozesse zur richtigen Zeit kann ein Unternehmen viele Unsicherheitsfaktoren beseitigen und die Zuverlässigkeit und Effizienz des Unternehmens steigern – durchaus mit dem Potenzial, künftige Transformationen und Migrationen einfacher zu gestalten.

**Kritische Daten**

Um einen korrekten Migrationsplan zu entwickeln, ist die richtige Reihenfolge der vorbereitenden Schritte unerlässlich. So muss ein Unternehmen nicht nur die physische Übertragung der Daten in die neue Infrastruktur bewerten, sondern auch die Kritikalität der Daten. Während alle Daten wertvoll sind, sind sie nicht alle gleichwertig. Durch die Feststellung der Kritikalität können Priorisierungen in der Analyse und später in der Migrationsdurchführung mit der richtigen Gewichtung vorgenommen werden. Damit können spätere Engpässe und Ad-hoc-Entscheidungen[4] vermieden werden. Die kritischen Daten erfordern evtl. eine umfangreiche Analyse, um alle Alternativen zu prüfen. Auch Sicherheits- und gesetzliche Aspekte sind oft an kritische Daten gekoppelt.

## 4.2  Phasen und Timeline der Prozesse der Migration/ Transformation

Bei jeglicher Art der Migration gibt es grundsätzlich folgende Phasen:

- Eine **Vorbereitungsphase:** Darunter fallen alle Aktivitäten, die für die eigentliche Transformation/Migration als Voraussetzung dienen. Exemplarisch sei hier die Simulation erwähnt, um eine Basis für die Kundensegmentierung zu erhalten oder um festzustellen, wie sich das Zielszenario auf Kunden monetär auswirkt (Umsatz-, Kündigungs- oder Leistungssimulation).
- Eine **Durchführungsphase:** Das ist die eigentliche Migration; diese kann wiederum eine Vor-Migrationsphase enthalten, eine Hauptphase und eine Nachholphase. Auch weitere Unterphasen können enthalten sein, wie z. B. die Aufbereitung relativ unkritischer Daten in der Nachholphase, um sie anschließend zu transformieren, beispielsweise Referenzdaten, ergänzende Kunden-/Produkt-Daten oder nicht sofort

---

[4]Also Entscheidungen, die auf unvollständigen oder fehlerhaften Analysen beruhen.

benötigte Daten, die nur für Prüfzwecke gebraucht werden. Dies kann über eine längere Periode geschehen (z. B. 6 bis 12 Monate), sofern diese Daten nicht in täglichen operativen Prozessen benötigt werden.

- Eine **Nachbereitungsphase:** Darunter fallen Aktivitäten der Transformation, die nach der Migration getätigt werden, wie Clean-Up („Aufräumen"), Archivierung und Löschen der Daten in den Altsystemen. Auch das Herunterfahren der Applikationen und Prozesse, die die Altsysteme betreffen, gehört dazu. Hier sind auch organisatorische Maßnahmen zuzuordnen, wie z. B. Schließung von Standorten. Diese Phase kann unter Umständen sehr langwierig sein, sie dauert nämlich so lange, wie Kunden samt ihren Daten noch mit alten Applikationen und Systemen bearbeitet werden müssen.

Im Folgenden betrachten wir die Phasen der Migration im Detail.

### 4.2.1  Vorbereitungsphase

DieseVorbereitungsphase Phase kann untergliedert werden in ein oder mehrere Projekte, die die vorbereitenden Aktivitäten bündeln, z. B. Untersuchungen und Simulationen des Zielzustandes, um zu erkennen, welche Daten zusammen als einheitliche Gruppe in der Migration transformiert werden können. In diese Phase gehört eine Vielzahl unterschiedlicher Tätigkeiten, hauptsächlich:

- Das „**Entgiften" von Daten:**[5] In dem Begriff ist die Erkenntnis enthalten, dass Daten auch „toxisch" sein können, das heißt also, dass eine bestimmte Eigenschaft einen Datensatz unbrauchbar macht bzw. dieser Datensatz potenziell tot ist, im System aber noch z. B. als aktiver Kunde geführt wird („Zombie-Kunde"). Diese Datensätze gilt es zu erkennen und zu bereinigen. Auch alte, nicht mehr unterstützte Produkte können dazu zählen. Für einen kleinen Teil kann es sogar nötig sein, dass das Produkt offiziell abgekündigt und mit Regelprozessen aus allen Systemen entfernt bzw. dass dem „Zombie-Kunde" gekündigt werden muss. Die Komplexität und der Umfang dieser Aktivität können sehr groß sein, sodass zu prüfen ist, ob dafür ein eigenes Projekt angebracht wäre.
- Das „**Entgiften" von Prozessen:** Im Rahmen von Transformationen ist dies ein sehr wichtiger Schritt. Abläufe, die veraltet sind bzw. gerade „sterben" und nicht mehr zu den Kunden- und Unternehmensbedürfnissen passen, sollen identifiziert werden. In manchen Fällen werden diese im Zuge der digitalen Transformation wegfallen. Beispielsweise werden künftig Kundendaten digitalisiert und zentral gespeichert, die bisherige manuelle Kontrolle für die Weitergabe und Neuerfassung für andere

---

[5]Viel geläufiger ist der englischsprachige Begriff Detox oder Digital Detox, wo es hauptsächlich um die Bereinigung der eigenen Daten im Internet geht, vor allem unter Datenschutz Aspekten.

Abteilungen oder Systeme entfällt dann. Die Einführung neuer Prozesse wird stattdessen im Rahmen der eigentlichen Transformation durchgeführt. Da Prozesse (vor allem manuelle) oft im Zusammenhang mit Personen und Organisationen zu sehen sind, muss diesen besondere Aufmerksamkeit geschenkt werden

- Das **„Entgiften" der Organisation:** In diesem Fall geht es um Umstrukturierungsmaßnahmen, die oft mit einer kompletten Streichung von Personalstellen einhergehen. Diese sind im Rahmen von einer digitalen Transformation und der Einführung von Automatisierung am besten ersichtlich: Tätigkeiten, ja sogar ganze Stellen werden von Maschinen übernommen. Die Problematik an dieser Stelle ist, dass es hier um menschliche Schicksale geht, die rechtzeitig kommuniziert und gemeinsam mit den Betroffenen geplant werden müssen. Auch Absprachen mit Betriebsräten und Personalabteilungen benötigen einen größeren Vorlauf, der in das Timing des Projektes passen muss.

- Das **Bereinigen von Daten:** Vor einer Datenmigration sollte der Zustand der Daten und deren Strukturen auf Qualität geprüft werden. Gibt es Eindeutigkeitsverletzungen oder vermeidbare Komplexität in den Daten? Dann sollte dies vor der Migration bereinigt werden. Diese Bereinigung kann sehr aufwendig sein und über mehrere Iterationen erfolgen:
  - Untersuchung und Identifizierung problematischer Datensätze,
  - Segmentierung der Daten in

    qualitativ unbedenklich,

    problematisch, aber ohne Auswirkung für die Migration,

    problematisch, aber korrigierbar noch bevor der Migration,

    problematisch, korrigierbar erst nach der Migration – für diese Daten muss noch geprüft werden, ob sie in der Nachbereitungsphase migriert werden können; sowie

    problematisch, aber nicht korrigierbar (nicht in absehbarer Zeit oder mit vertretbarem Aufwand).
  - Korrektur der Daten. Dies kann mithilfe einer separaten Datenhaltung (z. B. einer Datenbank oder eines Data Warehouse) durchgeführt werden. Selbstverständlich können hier weitere Tools eingesetzt werden, die mit Hilfe von künstlicher Intelligenz (KI) und/oder definierten Regeln die Bereinigung der Daten vornehmen.

- **Planung und Aufbau der Transformations-/Migrationsorganisation:** Diese Aktivität benötigt unter Umständen einen längeren Vorlauf, da (temporär) Stellen in der Unternehmensorganisation benötigt werden. Gespräche mit der Personalabteilung und Betriebsräten werden benötigt, auch müssen evtl. Verträge mit geeigneten[6] externen Dienstleistern geschlossen werden. Die Organisation, die die Durchführung der Migration oder Transformation verantwortet und operationalisiert, kann je nach Vorhaben sehr groß werden. Bei der Einführung eines neuen Abrechnungssystems bei einem

---

[6]geeignet unter Erfahrungs-, Wissens- und kapazitiven Aspekten.

großen Telekommunikationsbetreiber mit einem Projektvolumen im dreistelligen Millionenbereich wurden beispielsweise allein für die Ausführung, die Überwachung und das Management mehr als 50 Personen im Schichtbetrieb eingesetzt. Nicht alle der benötigten Personen können aus dem Personalbestand gestellt werden.

- **Vorbereitungen in der IT:** Dieser Punkt beinhaltet Software-Upgrades, Software für die technische Unterstützung (bspw. Monitoring) der Migration/Transformation, Hardware-Upgrades oder Anpassungen im Rahmen von Skalierungen. Diese Tätigkeiten können den weiteren Verlauf der Transformation und die Meilensteine des Projektes in der Durchführungsphase maßgeblich bestimmen. Ein Beispiel: Wenn Hardware nicht im gewünschten Zeitraum geliefert wird, müsste das ganze Projekt verschoben werden bzw. es verringert sich der Durchsatz der Datensätze.
- **Sonstige vorbereitende Tätigkeiten:** Z. B. neue Standorte kaufen, mieten oder aufbauen, die Logistik des Projektes aufbauen, das (Programm-)Reporting definieren, diverse rechtliche und finanzielle Prüfungen durchführen, Freigaben von externen Dritten einholen.

## 4.2.2   Durchführungsphase

Diese Phase gliedert sich in der Regel in drei Unterphasen: die Pre-Migration, die Haupt-Migration und die Post-Migration.

### Pre-Migration

Darin enthalten sind alle Tätigkeiten während der Migration, die unmittelbar und in engem Zusammenhang mit den ausgewählten Daten und Prozessen stehen, die migriert werden. Beispielsweise werden bei einer Kundendatenmigration analog einer Marketing-Kampagne die Kunden vorselektiert, um sie ersten Migrationstests zu unterziehen und später in der Haupt-Migration Fehler zu verhindern. Diese Migrationskampagnen könnten jeweils ihre eigenen Pre-Migrationsphasen haben, denen die jeweiligen Tätigkeiten zuzuordnen wären, die spezifisch für die Gruppe der Daten sind, die zu dieser Migrationskampagne gehören.

In der Pre-Migration werden im Prinzip die Datenkontingente erstellt und Vorselektionen der Kunden getätigt, um später in der Migration gleichartige Daten ohne Ausnahmen für eine automatisierte Migration verarbeiten zu können. Aber auch für eine manuelle Migration sind solche Vorselektionen und Segmentierungen der Migrationsdaten sehr hilfreich.

Weitere Möglichkeiten für Aktivitäten in der Pre-Migration:

- Identifizieren der kundenunabhängigen Daten, die im Voraus ermittelt werden können und im Zielsystem benötigt werden.
- Planen und Durchführen von Übertragungen von Fremd- und Spezialdaten. Hierunter fallen die Transfers und die Konsolidierungen von Daten aus Plattformen Dritter oder

aus Daten, die sich nicht im direkten Zugriff des Unternehmens befinden (sofern es nötig ist oder eine geschäftliche Grundlage existiert, diese Daten in der Zielumgebung zu integrieren; evtl. genügt es, in der Zielumgebung nur die APIs und die Schnittstellen zu diesen Datenquellen aufzubauen).

- Planen und Durchführen von Datenübertragungen wichtiger Daten vor der Migration. Das sind Daten, die während der Durchführungsphase der Haupt-Migration benötigt werden. Dieser Fall könnte kritisch für die Planung des Gesamtprozesses der Migration sein, denn wenn es hier zu Verzögerungen kommt, wirken sie sich auf das Gesamtprojekt aus (nach dem Projektmanagement-Jargon wäre diese Aktivität auf dem „kritischen Pfad").
- Anpassungen zur Zuordnung der jeweiligen Migrationskampagnen im gesamten zeitlichen Kontext, je nach Fortschritt des Projektes.

**Haupt-Migration**

Diese beinhaltet die eigentliche Migration. Dabei ist zu unterscheiden, ob es sich um eine transaktionale, eine blockweise oder eine nicht-stille Migration handelt. Die Tätigkeiten sind, wie schon im Abschn. 3.5 beschrieben, jeweils sehr unterschiedlich.

Die Haupt-Migration kann untergliedert werden in **Anlaufphase** (die geringe Datenmengen oder nur einfache Daten beinhaltet, die langsam in Umfang oder Komplexität anwachsen) um Erfahrungen zu sammeln, die **Normalphase** (die bis zur Grenze der maximal verarbeitbaren Datenmenge geht) und schließlich **Auslaufphase** ( die Problem- oder Korrekturfälle behandelt, die aus der Hauptphase herausgefallen sind).

Folgende Punkte sind in der Haupt-Migration in einer transaktionalen Migration zu betrachten (für andere Migrationsarten können diese Fälle analysiert und entsprechend angepasst werden):

- Die Eigenschaften und Regeln für die zu migrierenden Daten müssen definiert werden, um Daten, die nicht diese Regeln oder Eigenschaften erfüllen, von der Migration auszuschließen (sogenannte „gating eligibility rules" oder „gating checks", hierfür muss im Migrationsfenster eine Aktivität vorgesehen werden siehe auch Abschn. 3.8). Diese Regeln müssen vor der Haupt-Migration festgelegt und in den jeweiligen Software-Werkzeugen in der Vorbereitungsphase der Migration eingebaut worden sein. Jedoch müsste es aus Sicht des Zeitplans die Möglichkeit der Anpassung und/oder Erweiterung dieser Regeln während der Hauptphase der Migration geben.
- Extrahieren und Transformieren nicht nur der erforderlichen Daten, sondern auch der Regeln/Referenzdaten, die Kombinationen der Daten in der Quellumgebung regeln (z. B. Produktinformationen und komplexe Regeln in der Produktnutzung und deren Abrechnung).
- Zeitliche Synchronisierung und Orchestrierung der Kette der Tätigkeiten im Rahmen der Verarbeitung der Migrationsaufträge, sodass die Migration eines Datensatzes möglichst minimale Zeit benötigt, mit möglichst kurzen Wartezeiten.

- Alle störenden Effekte von außen (z. B. durch die Kunden oder Geschäftspartner des Unternehmens) sollten während dieser Phase unterbunden werden (z. B. durch Sperrung der Datensätze). Es sollte darauf geachtet werden, dass keine Prozesse, die vor der Migration definiert wurden, während der Migration starten, z. B. wenn die Kunden Produkte bestellt haben, die in der Zeit der Migration automatisch aktiviert werden. In Bezug auf die Kundendaten bedeutet das:
  - Auf allen Kanälen der Customer Journey wären Sperrungen für Kundendaten-Änderungen erforderlich: Web, Mobile, App, Hotline, stationärer Handel.
  - Wenn der Kunde aus der Migration ausgeschlossen wird, werden Datenänderungen wieder möglich, die Kundendaten wären dann wieder für Änderungen zu entsperren.
  - Nach erfolgter Migration könnten die Kundendaten für Änderungen in den Quellsystemen gesperrt bleiben.
  - Nach der erfolgten Migration sind die Kundendaten in den Zielsystemen für Änderungen über alle Kommunikationskanäle wieder verfügbar.

**Post-Migration**

Hierunter fallen die Tätigkeiten, die nach dem Hauptteil der Migration zum Transfer in die Zielumgebung führen. Dazu gehört z. B. die Identifizierung von Datensätzen, die nachträglich in der Quellumgebung verändert wurden. Dies betrifft Datensätze, die nicht gesperrt wurden, z. B. Referenzdaten von Kunden oder Datensätze, die während der Sperrung von Kundendaten telefonisch oder sonst manuell aufgenommen wurden und in der Zielumgebung nachgeladen werden müssen. Außerdem gehört hierzu der Transfer aller noch nicht übertragenen, aber explizit geplanten Migrationsdaten in die Zielumgebung.

## 4.2.3   Nachbereitungsphase

Nachdem die Migration durchgeführt worden ist und alle wichtigen Daten migriert worden sind, sodass z. B. nach der Migration eines Abrechnungssystems Kunden wieder korrekt abgerechnet werden können, sind noch einige „Aufräumarbeiten" durchzuführen. Die Daten und Prozesse funktionieren nun in der Zielumgebung. Während der Migration wurden viele Systeme und Prozesse hilfsweise aufgebaut, die es nun wieder abzubauen gilt. In die Nachbereitungsphase fallen z. B. die folgenden Tätigkeiten:

1. Aktivitäten, die in den großen Komplex Clean-Up gehören, d. h. Tools, Prozesse, Software und Datenbanken, die hilfsweise für die Migration entwickelt wurden und dort ihre Berechtigung hatten, nun aber nicht mehr nötig sind. Sie sind nun abzubauen, evtl. zu archivieren. Dies spart Kosten, Material (z. B. Hardware) und Betreuungspersonal.

2. Löschen oder Archivieren von Datenbanktabellen, Software, etc. (sowohl in den Ziel-
   als auch in den Quellsystemen von Daten/Anwendungen) die nun nicht mehr benötigt
   werden.
3. Archivieren der Daten aus den Altsystemen, die aus regulatorischen, finanztechnischen Wirtschaftsprüfungsgründen oder aus gesetzlichen oder geschäftlichen
   Gründen aufbewahrt werden müssen.
4. Das Herunterfahren der Prozesse und Applikationen, der Altsysteme und der
   Quell-Organisation. Z. B. Schließung von Standorten, die durch die Zielorganisation
   obsolet geworden sind. Umstrukturierungsmaßnahmen an den alten Standorten sind
   ein gängiges Mittel hierzu.
5. Vernichten und Entsorgen von alten Servern und Hardware. Es muss dafür gesorgt
   werden, dass die Daten in den Altsystemen nicht mehr von Dritten verwendet oder
   gelesen werden können.

Diese Phase kann unter Umständen sehr lange dauern, solange Kundendaten noch mit
alten Applikationen und Systemen bearbeitet werden müssen. Das kann durchaus auch
noch mehrere Jahre nach der Migration notwendig sein, da beispielsweise Anfragen
über die Altdaten gestellt werden, die nicht migriert wurden, sodass man diese Anfragen
entweder aus den zwar vereinfachten Alt-Applikationen beantworten muss oder aus in
einem Archiv. Allein die Planungs- und Entwicklungsaktivitäten für den Aufbau eines
sogenannten Universal Archives, das alle Daten der Alt-Applikationen beinhaltet, die
nicht migriert wurden, kann ein Jahr und länger dauern.

Viele der Tätigkeiten, die oben mit den Ziffern 1–5 gekennzeichnet sind, müssen
größtenteils sequenziell bearbeitet werden, da jede dieser Tätigkeiten den Abschluss der
vorhergehenden bedingt, sodass man zunächst mit den Clean-Up-Tätigkeiten anfängt
(die als Voraussetzung den Abschluss der Migration haben), während schließlich die
letzte genannte Tätigkeit erst am Ende der Archivierung starten könnte.

## 4.3  Detailplanung anhand eines Beispiels

Im Rahmen einer größeren Migration müssen die einzelnen Migrationszweige (siehe
Abschn. 3.8) aufgeteilt werden, um festzulegen, wann und mit welchen Vorbereitungs-
zeiten migriert werden soll, so dass eine Orchestrierung des Vorhabens ohne gegen-
seitige Störungen gelingen kann. Ein solches Migrationsvorhaben bedarf umfangreicher
Abstimmungen, aber vor allem auch des Management-„Buy-Ins", also des Commit-
ments, dass dies auch so von der Geschäftsleitung gewollt ist. Im Beispiel einer
Migration von Kunden- und Abrechnungsdaten mit dem Ziel, die CRM- und Billing-
Funktionen eines Unternehmens in eine schlanke und moderne Organisation zu überführen und dies auch durch geeignete IT-Systeme zu unterstützen, sind Abstimmungen
mit fast allen Bereichen des Unternehmens zu führen. Die Auflistung in Abb. 4.1 zeigt

**Abb. 4.1** Migrationskonzepte müssen mit fast allen Geschäftsbereichen und deren Verein-barungen/Konzepten abgeglichen werden. (Quelle: Eigene Darstellung)

die Komplexität und Tragweite einer übergreifenden Planung. Tab. 4.1 stellt exempla-risch für verschiedene Geschäftsbereiche typische Fragestellungen dar, die sich auf die Anforderung, Planung und Konzeption einer Migration auswirken.

Diese oben stehenden Fragen sind nur exemplarisch zusammengestellt worden. Jedoch gehen sie auf wichtige, allgemeine und auf jeden Fall zu berücksichtigende Facetten einer Migration ein, die jedoch zwingend um die Unternehmensspezifika ergänzt werden müssen, um sie in einen Plan der Migration einfließen lassen zu kön-nen. Sie sollen auch mögliche Barrieren und Stolpersteine aufzeigen und der Grund-stein einer ergebnisoffenen Diskussion zwischen den Stakeholdern sein. In einem echten Migrationsplan müssten sie jedoch mit all ihren Annahmen berücksichtigt werden, um später in der Durchführung der Migration keine Überraschungen zu erleben. In einem Migrationsplan werden beide Bereiche interessant: Was passiert im Gesamtablauf der Migration, welche Kundensegmente bzw. welche Migrationszweige werden wann bearbeitet (migriert) und was wird innerhalb eines Migrationstages bearbeitet (migriert)?

Aus der Vielzahl der möglichen Migrationspläne seien hier drei unterschiedliche Detaillierungsstufen von Migrationsplänen vorgestellt:

- Der sogenannte **„Masterplan"**, der alle Migrationszweige beinhaltet und besagt, wie welche Zweige in welchem Zeitraum migriert werden. Er enthält hauptsächlich die Durchführungsphase der Migration, mit Pre-Migration, Haupt-Migration und Post-Migration. Die Phasen der Vor- und der Nachbereitung können dazu genommen werden, gehören aber zu einem Gesamtprojektplan. Der „Masterplan" der Migration hat den Zweck zu visualisieren, wie hoch der Durchsatz und die Veränderungen an

**Tab. 4.1** Interaktion von Geschäftsbereichen und dem Migrationskonzept. (Quelle: Eigene Darstellung)

| Geschäftsbereich | Typische Fragestellung |
| --- | --- |
| Business Intelligence (BI) | Wie und wann ändern sich Datenlieferungen an das Data Warehouse? Unser Data Warehouse wird im Nachtfenster mit Quelldaten versorgt. Ist dies auch im Rahmen der Migration gewährleistet? Wann müssen wir künftig die Daten unseren Anwendern zur Verfügung stellen? |
| Marketing | Können künftige und derzeitige Kampagnen während der Migration und danach gewährleistet werden? Oder muss etwas daran geändert werden? |
| Finance | Wie können die Buchhaltungsdaten und alle Buchhaltungsschlüssel während der Migration weiterhin genutzt werden? Wie kann während der Migration der Monatsabschluss gewährleistet werden? Kann ein Freeze der Migration für die letzten 3 Tage eines Monats und am 1. Tag jedes Monats geplant werden? Und welche Auswirkung hat das auf Umsatz und Cashflow? |
| Kommunikation | Über welche Kanäle soll mit dem Kunden kommuniziert werden? Wann darf der Kunde über welche(n) Schritt(e) der Migration informiert werden? In welcher Detailtiefe? Welche Information kann in die automatisierten Prozesse eingebunden werden bzw. welche Information aus dem Migrationsprozess steht uns zu welchem Zeitpunkt zur Verfügung? Welche (relevante) Information muss manuell beschafft/beigesteuert werden? |
| Produktmanagement | Bei der Einführung von neuen Produkten kann es Änderungen an der Zielumgebung geben; was ist dabei zu berücksichtigen während der Migration? Sind alle relevanten Produktbestandteile in den künftigen Produkten enthalten? Und die daraus resultierenden Fragen: Mit welchem Vorlauf müssen neue Produkte definiert werden? Gibt es während der Migration „Freeze-Zeiten" für neue Produkte[a]? |
| Customer Service | Wie sollen die Kundenkontakte während der Migration behandelt werden, wenn z. B. die Kunden während der transaktionalen Migration gesperrt sind? Wann können diese Daten in der Zielumgebung übernommen werden? Wann sieht der Kunde, wann sieht der Customer Agent die Änderungen? |

(Fortsetzung)

**Tab. 4.1** (Fortsetzung)

| Geschäftsbereich | Typische Fragestellung |
| --- | --- |
| Billing (Abrechnung) | Wie sollen die Kunden während der Migrationszeit abgerechnet werden? Damit hängen folgende Fragen zusammen: Wenn Kunden in der Migrationszeit kündigen oder der Kunde Abschlagszahlungen in der Migrationszeit tätigt, wie bekommt es die Zielumgebung mit? Werden Guthaben und Gutschriften sowie deren Historie auch in der Zielumgebung sichtbar gemacht? Was geschieht mit den Daten von Kunden, die sich im Mahnverfahren befinden? Kann eine historische Abrechnung im Zweifelsfall noch mal in der Zielumgebung durchgeführt werden? Wird die Abrechnung während der Migration gestoppt? |
| Customer Self-Service | Wie werden die Passwörter und Kundendaten für die Anmeldung in die Zielumgebung übertragen, wenn z. B. der Verschlüsselungsalgorithmus maschinenabhängig ist? Wie soll sich während der Migration die Kundenplattform verhalten, wenn dort Eingaben erfolgen? Dabei sieht der Kunde oft die gleiche App oder Webseite, aber die Software im Hintergrund ändert sich. Woher weiß die Self-Service-Plattform, ob der Kunde bereits migriert ist oder nicht[b]? |
| Händler- und Geschäftspartner-management | Wie werden die Geschäftspartnerdaten behandelt? Wie werden die Provisionen von Händlern behandelt? Muss ich verhindern, dass meine transaktionale Migration automatisch Provisionen (durch „Neukundenanlagen") ermittelt und ausschüttet? Können Neukundenaufträge von Migrationskundenaufträgen unterschieden werden? Woher weiß eine Händler-Abrechnungsplattform, ob ein Händler und dessen Kunden schon migriert sind? Wird die Geschäftspartnerabrechnung während der Migration gestoppt? |
| Legal, Compliance, Rechtsabteilung | Es gibt eine Fülle von rechtlichen Anforderungen: Welche gesetzlichen Anforderungen gelten? Welche regulatorischen Anforderungen gelten? Wie wird sichergestellt, dass die rechtlichen Anforderungen eingehalten werden? Wer sorgt wie für Transparenz in den einzelnen Schritten der Migration? |
| Controlling | Wird die Datenbasis von Controlling migriert? Wenn ja, werden alle Controlling-Daten migriert? |
| Auditoren und Wirtschaftsprüfer | Bekommen Auditoren und Wirtschaftsprüfer die Möglichkeit, sich laufende Prozesse der Migration anzuschauen? Kann dann ein dedizierter Schritt während der laufenden Migration gestoppt oder gar rückgängig gemacht werden? |

(Fortsetzung)

**Tab. 4.1** (Fortsetzung)

| Geschäftsbereich | Typische Fragestellung |
| --- | --- |
| Kundendaten/ CRM | Da jegliche Interaktionen mit den Kunden während der Migration weiterlaufen sollen (insbes. bei der stillen Migration), ist es wichtig zu wissen, welche Regeln während der Migration zu beachten sind. Z. B.: Ab welchem Zeitpunkt sind die Stammdaten des Kunden gesperrt? Was soll passieren, wenn der Kunde dennoch eine Änderung machen will oder muss (beispielsweise, weil seine Kreditkarte gestohlen wurde)? Was passiert mit den Bewegungsdaten eines Kunden, die nicht gesperrt sind? Was passiert mit nicht abgeschlossenen Bestellungen? Kann eine Bestellung, die sich in Bearbeitung in mehreren Systemen und Abteilungen des Unternehmens befindet, mit all ihren Bestandteilen migriert werden? |

[a]Eine Migration kann, wie schon mehrfach erwähnt, mehrere Monate bis Jahre dauern; den Prozess der Einführung neuer Produkte einzufrieren kann größere Auswirkungen für das gesamte Geschäft der Unternehmung haben, denn neue Produkte sind wesentlich für das Fortbestehen, insbesondere in manchen technologiebasierten Branchen

[b]Diese Problematik, dass viele Front-End-Plattformen den Status der Migration der Daten nicht aktuell halten (wollen oder können), könnte überbrückt werden, indem „Weichen" in diese Front-End-Systeme eingebaut werden. Das Front-End schaut zunächst in der Ziel-Umgebung nach. Wenn die erforderlichen Daten nicht gefunden werden, wird anschließend in der Quell-Umgebung nachgeschaut. Dies hat evtl. den Nachteil längerer Wartezeiten am Anfang der Migration, bis die Daten im Front-End sichtbar werden

welchen Tagen der Migration sind, um Konflikte oder Kapazitätsengpässe zu vermeiden.

- Eine Detailplanung für den jeweiligen Migrationszweig, um die Zusammenhänge und Vorgänge innerhalb der gleichartigen Daten sichtbar zu machen. Dieser zeigt dann auf, welche Migrationskampagnen innerhalb des Migrationszweigs stattfinden.
- Eine Tages-Detailplanung innerhalb der jeweiligen Migrationszweige, die das Migrationsfenster angepasst auf die Bedürfnisse des jeweiligen Migrationszweiges sichtbar macht.

Die Frage ist jeweils, wie komplex und dadurch unbeherrschbar der einzelne Plan wird. Denkbar sind auch Mischformen der obigen Kategorien, z. B. ein Masterplan, der auch Elemente der jeweiligen Pläne der Migrationszweige enthält.

Ein typischer Migrationsplan fängt in der Anlaufphase (Ramp-Up) mit wenigen Datensätzen an und wird im Laufe der Migration immer größere Datenmengen aufnehmen, bis in der Hauptphase der Migration ein Maximum erreicht wird; danach fällt die Größe der Datenmengen wieder. In der Auslaufphase wird die Menge an Datensätzen immer geringer und schließlich werden im Plan noch einige Wochen als Puffer angesetzt, um etwaige Restdatenmengen zu migrieren. In Abb. 4.2 ist ein typischer Plan schematisch dargestellt.

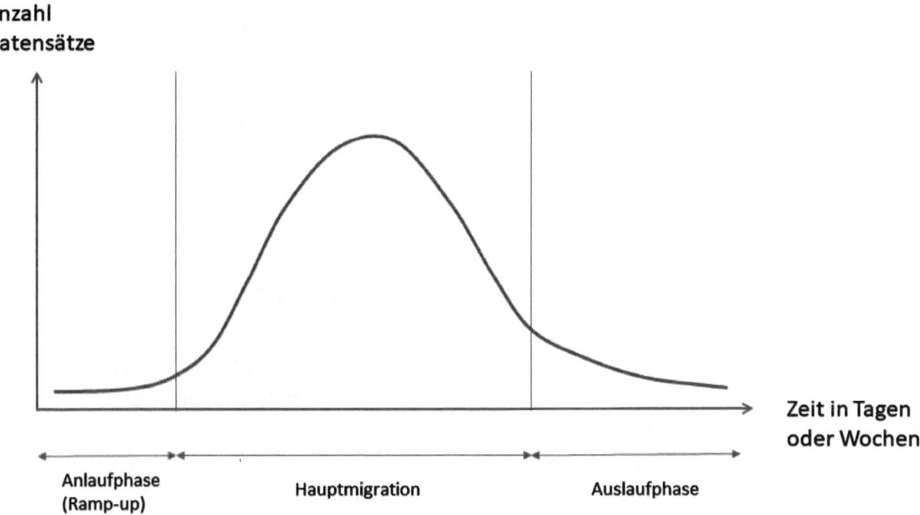



**Abb. 4.2**  Idealtypsicher Plan des Verlaufs einer Migration. (Quelle: Eigene Darstellung)

Es ist empfehlenswert, den Plan in Migrationstagen zu erstellen, dabei kann auch die Migrationsdatenmenge für einen einzelnen Migrationszweig dargestellt werden. Bei mehreren Migrationszweigen wird die Migrationsmenge sichtbar und kann so geplant werden, dass die Überlastung der Systeme an einem Migrationstag vermieden wird. Pläne pro Woche oder gar Monat dienen der Übersicht.

Abb. 4.3 zeigt einen Beispiel-High-Level-Plan mit 3 Migrationszweigen (hier bilden sich die Migrationszweige durch die Kundengruppen Premium, Convenient und

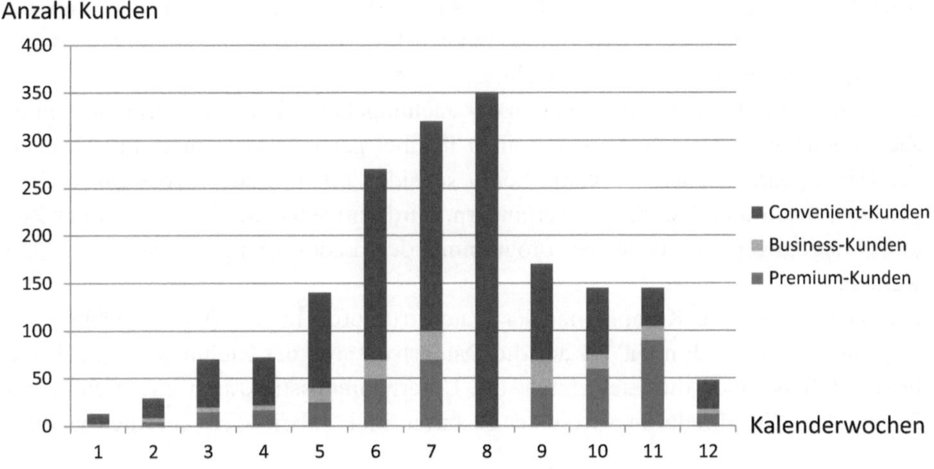



**Abb. 4.3**  (Eigene) Darstellung der Migrationsdatensätze (hier Anzahl Kundendatensätze) pro Woche und pro Migrationszweig

Business). Sichtbar sind dabei die Anlaufphase und die Hauptphase der Migration mit dem jeweiligen Wachstum, Maximum und Abfallen der Datenmengen. Dabei ist je nach Migrationszweig das Abfallen der Migrationsdatensätze unterschiedlich. Auffällig ist in der 8. KW, dass nur in einem Migrationszweig Migration stattfindet. Das liegt an der Kapazitätsgrenze für die Migration: Weitere Migrationen für die anderen Migrationszweige würden eine zu hohe Last auf den beteiligten Systemen erzeugen.

## 4.4    Risiken/Gefahren und mögliche Vorbeugung

Unserer Erfahrung nach sind die Risiken in Migrationsprojekten sehr vielfältig und liegen meist in der Unterschätzung der Komplexität des Vorhabens. Oft werden die Risiken erst durch die Detailanalyse sichtbar. Die meisten Risiken haben eine direkte Auswirkung auf den Zeitplan, oder das Ergebnis hat eine schlechte Qualität. Manchmal trifft auch beides zu.

Die häufigsten (und unterschätzten) Risiken sind hier aufgelistet:

- Die Qualität der Quelldaten ist nicht ausreichend, sodass große und langwierige Datenkorrekturen nötig werden. Dennoch bleiben viele Daten unkorrigiert oder sind nicht korrigierbar, sodass diese aus der regulären Migration ausgeschlossen werden müssen: „Im Interesse einer effizienten Migration sollten im Vorfeld alte Datenbestände bereinigt werden und eine detaillierte Analyse und Planung der Datenmigration erfolgen. Es ist außerdem zu analysieren, inwiefern sich die Struktur, Syntax und Semantik der Quell- und der Zielsysteme unterscheidet." (siehe [8, S. 11]). Wenn die Daten nicht a priori korrigiert werden und man es während der Migration darauf ankommen lässt, wird es schwer, die geplante Menge der Daten pro Migrationsfenster zu erreichen, es kommt zu Verzögerungen und die ganze Migration dauert länger. Alternativ müssen die geplanten Kapazitäten kurzfristig erweitert werden, was zusätzliche Kosten verursacht.
- Das konsistente Beladen von Daten in der Zielumgebung: Die Datenstrukturen in der Zielumgebung sind oft zu starr und nicht flexibel genug, sodass nicht mit Varianten der Daten gearbeitet werden kann. Somit scheiden oft im Ladeprozess ganze Gruppen von Daten aus. Um das zu verhindern, wird entweder die Software in der Zielumgebung angepasst, oder die Programme des Ladevorgangs müssen angepasst werden.
- Die Vielfalt und die Komplexität der Datenstrukturen in der Quellumgebung sind so groß, dass sie sich nicht 1:1 auf die Datenstrukturen der Zielumgebung abbilden lassen. Oft ist auch die Zielsetzung die Unternehmensstrukturen zu vereinfachen. Es werden Simplifizierungsprojekte gestartet und dabei wird auf die benötigte

Flexibilität verzichtet[7] (was allerdings eine Lösung meist auch weniger simpel macht). Im Ergebnis kann auch hier die Qualität der Migration oder des gesamten Transformationsvorhabens leiden, mit den Konsequenzen Kundenverlust, Imageverlust und Umsatzverlust. Daher ist es wichtig hier abzuwägen, wie viel Vereinfachung überhaupt möglich und nötig ist, um die Quelldaten noch übernehmen zu können.

- Wenn statt einer stillen Migration bewusste und geplante Kommunikation mit den Kunden vorgesehen oder man verpflichtet ist, Kunden oder Geschäftspartner zu informieren, wird oft versäumt, ein gut abgestimmtes Kommunikationskonzept zu definieren. Der Unterschied zu typischen Marketingkampagnen ist, dass hier die Kommunikation sehr genau zeitlich mit der IT und anderen Bereichen des Unternehmens abgestimmt werden muss. Normalerweise sind die anderen Bereiche nicht so exakt wie ein Uhrwerk aufeinander abgestimmt. Fehlende Abstimmung erzeugt Lücken in der Kommunikation, die sich mehrfach bemerkbar machen: Die Callcenter des Unternehmens werden durch die vielen Kundenanrufe überlastet. Imageschaden und Unzufriedenheit der Kunden können mögliche Folgen sein.
- Daten, die nicht migriert werden können, werden nicht früh genug identifiziert, sodass diese aus dem ersten Versuch der Migration herausfallen und die Nachbearbeitung überlasten. Damit entstehen Verzögerungen, da es nicht vorgesehen war, so große Mengen an Daten zu korrigieren und nachzubearbeiten. Dieses Finden und Herausfiltern der nicht migrierbaren Daten ist eine wesentliche Tätigkeit in der Vorbereitungsphase der Migration. Wenn das vernachlässigt wird, ist der Arbeitsaufwand danach größer, da auch manuelle Prozesse eingerichtet werden und Kapazitäten erweitert werden müssen, oder das Personal beschäftigt sich mit der Migration länger als geplant.
- Unterschätzung der Planung insbesondere in den B2B- und Partner-Bereichen, die traditionell komplexer sind, könnte die restliche Migration in den anderen Migrationszweigen in Mitleidenschaft ziehen, da oft keine hinreichenden Puffer existieren.
- Unterschätzen des Zusammenspiels der Applikationen und der Migrationstools. Insbesondere werden oft die Tests unterschätzt. Typisch ist, dass Verzögerungen aus anderen Bereichen der oben beschriebenen Risiken eine Verkürzung bzw. Steigerung der Parallelisierung der Testaktivitäten zur Folge haben. Das Besondere bei der Migration ist, dass zur herkömmlichen Anwendungsentwicklung die Entwicklung bzw.

---

[7]Simplifizierungsprojekte liefern oft nicht die gewünschten Ergebnisse, bzw. könnten wesentlich mehr liefern. Es geht oft um Abschaffung starrer organisatorischer Strukturen und Prozesse im Rahmen des Change Managements und impliziert eine Denkweise, die mehr Flexibilität erfordert und Ablösung von bisherigen Denkweisen. Es werden allzu oft standardisierte Rezepte zur Simplifizierung verwendet, z. B. Reduktion der Anzahl der Produkte (siehe z. B. [2]). (Eine Simplifizierung benötigt mehr geistige und praktische Flexibilität, Fantasie und Kreativität).

Konfiguration von Migrationstools hinzukommt. Diese zusätzliche Entwicklungsarbeit könnte abteilungsübergreifend angewandt werden, d. h. es könnte dabei mehr und intensiver mit den Business-Abteilungen zusammengearbeitet werden. Für die Entwicklung der Tools für die Migration bietet sich eine agile Methode an. Sinnvoll wäre in diesem Fall eine permanente Synchronisierung des Fortschritts aus allen Bereichen, um nach Möglichkeit parallele Tests zu vermeiden.

- Unterschätzen des „Point of no Return", also des Zeitpunktes in der Migration, nach dem nicht wieder alle Prozesse zurückgedreht werden können und dass man mit den Ursprungsdaten und den Ursprungsprozessen weiterarbeiten kann wie bisher. Es gibt solche Punkte, nachdem in den Quellsystemen Veränderungen eingetreten sind (und in den Zielsystemen auch), die die Rückkehr unmöglich machen. Ein Beispiel dazu: Wenn im Zuge des Wechsels des Netzanbieters von einer Telekommunikationsgesellschaft zu einer anderen die Kunden den Netzwechsel vollziehen, kann man diesen Prozess danach nicht mehr einfach rückgängig machen. Dieser Point of no Return kann ohne größeren Schaden und enormen manuellen Aufwand nicht behoben werden, ist er in der Migration einmal überschritten. Auch hier gilt es an diesem Punkt, vorsichtig zu sein und wohlüberlegte Entscheidungen zu treffen.

Interessant bei jeglicher Art von Risiken ist ihre Erkennung. Danach kann das Risiko bewertet und analysiert werden, um die mögliche Behebung zu erkunden. Auch hier können die klassischen Werkzeuge des Projektmanagements eingesetzt werden, z. B. bei der Bewertung und der Klassifikation der Risiken nach der Eintrittswahrscheinlichkeit und den Auswirkungen, wenn das Risiko eintritt (Aufbau eines Risk Registers, siehe dazu [6, S. 327 ff. sowie 10, S. 255 ff.]).

## 4.5  Timing für Kommunikation (Kunden, Partner, Intern)

Wie bei jedem Projekt ist die Kommunikation zwischen den involvierten Parteien essenziell, vgl. hierzu auch Abschn. 2.5. Aber in diesem Abschnitt wollen wir ein paar weitere Aspekte der Kommunikation aufzeigen, vor allem unter dem Gesichtspunkt des Faktors Zeit. Die Kommunikation dient nicht nur der Koordination, sondern beinhaltet auch Projektmarketing-, psychologische und Motivationsaspekte. In einem Transformationsprojekt gibt es neben den unternehmensinternen Projektbeteiligten z. B. Kunden, Geschäftspartner und gegebenenfalls Aktionäre. Je nach Art des Transformationsgegenstandes sind diese rechtzeitig zu informieren. Manche dieser Informationen sind gesetzlich geregelt, z. B. die Informationen an die Aktionäre, manche haben einen Marketingeffekt („Jetzt bieten wir Ihnen, lieber Kunde, eine neue, schnellere digitale Online-Plattform!"), oder es handelt sich um eine Information, um später unnötige Kundenanfragen zu vermeiden z. B., weil die Abrechnung anders gestaltet ist oder Rechnungsdetails nur noch online zu erhalten sind. Letzteres gehört zur Kategorie der

Minimierung von Risiken und nachträglichen Kosten und ist sehr sensibel zum Timing in der Transformation und der jeweiligen Migrationsschritte.

Mögliche Ziele einer Kundenkommunikation sind folgende:

- Bestmögliche Vorbereitung des Kunden auf die Migration durch eine transparente Kommunikation aller relevanten Informationen zum richtigen Zeitpunkt über einen dafür geeigneten Kanal.
- Sicherstellen einer guten Customer Experience durch Minimierung der für den Kunden spürbaren negativen Änderungen während der Migration.
- Hilfestellung bei für den Kunden neuen Produkten, Prozessen und Interfaces nach der Migration.
- Insgesamt soll die Kundenzufriedenheit auf dem heutigen Niveau gehalten werden, um das durch die Migration verursachte Churn-Risiko maximal zu senken.

Die bestehenden Kommunikationsprozesse, die in den normalen In-Life-Prozessen des Unternehmens integriert sind, sind auch für die Transformation zu verwenden (es sei denn, exakt diese sind der Transformationsgegenstand). Dabei geht es nicht nur um die (manuellen) Managementinformationen, sondern auch um diejenigen, die über automatisierte Prozesse ablaufen (z. B. getriggert über die Migrationstools). Deswegen sind auch die regulären Kommunikationsprozesse anzupassen bzw. zu erweitern. Die vorhandenen Tools, um z. B. E-Mails oder SMS an die Kunden zu schicken, benötigen neue Trigger mit neuen Inhalten. Die neuen Kommunikationsprozesse bzw. die Kommunikationsprozesse während und für die Migration sollten in ein Kommunikationskonzept einfließen (siehe auch Abschn. 2.5). Auch wenn es sich um eine stille Transformation oder Migration handelt, benötigt die Kommunikation eine „Orchestrierung", ein Management der Kommunikation: Wann darf welche Information während eines Migrationsfensters für welchen Migrationszweig an welchen Mitarbeiter, welchen Kunden oder Partner kommuniziert werden? Auch das „Wie", d. h. über welche Kommunikationskanäle, ist wesentlich.

Beispiele für den Aspekt Zeit während der Migration in der Kommunikation mit Kunden könnten die folgenden sein:

- Kommunikation über das Migrationstool über System-SMS nur wenige Minuten vor und nach der Migration per SMS: Das Einhalten des richtigen Zeitpunkts der Migration steht dann unter Beobachtung des Kunden und wird so umso wichtiger für die Customer Experience. Auch das Versenden der SMS muss mit den übrigen Prozessen der Migration zusammenpassen. Diese Kommunikationsaktionen wären z. B. nötig, wenn der Kunde aufgrund der Migration bestimmte Aktivitäten durchführen, z. B. etwas zustimmen muss.
- Einsatz von weiteren Vorverarbeitungsschritten, z. B. Einsatz von Big Data oder Data Warehouse, um Präferenzen und gespeicherte Bedürfnisse der Kunden zu selektieren

oder auch zu simulieren. Diese Daten müssen rechtzeitig vorliegen und zum Zeitpunkt der Migration aktuell sein. Für die Kundenkommunikation muss je nach Präferenzen und Kundenbedürfnissen die passende Zeit gefunden werden, um z. B. die beste Customer Awareness zu erzielen.

- Die Kundenkommunikation wäre in diesem Fall kundenindividuell; die individuellen Zeitpunkte der Kundenkommunikation könnten auch den Zuschnitt der Migrationskampagnen beeinflussen. Dies sollte berücksichtigt werden für jede Phase der Migration (d. h. auch sowohl davor als auch danach).
- Das Timing der Migration sollte abgestimmt werden mit den Vorgaben vom Data Warehouse/BI. Dies sollte berücksichtigen, dass für jeden Migrationszweig und jede Marke des Unternehmens spezifische zeitliche Aspekte für die jeweils unterschiedlichen Kommunikationsstrecken gelten.

Aus diesen Beispielen wird ersichtlich, wie wichtig es ist, dass die Timing-Prozesse der Migration und der Kommunikation synchronisiert werden.

**Fazit**

Der richtige Zeitpunkt ist für den Erfolg des Migrations- und Transformationsvorhabens essenziell. Je nach Transformation sind es einige Unternehmenseinheiten oder auch alle Einheiten des Unternehmens, die zusammenspielen müssen, damit das Vorhaben gelingt. Die Arbeit wird aufgeteilt und muss zu bestimmten Zeitpunkten zusammengeführt werden. Zu oft wird wegen mangelnder Planung der Zeitpunkte und des jeweiligen Aufwands an der Qualität der Ergebnisse gespart, was fatale Folgen für das Unternehmen sowie dessen Partner und Kunden haben kann; im besten Fall sind es nur Verzögerungen im Ablauf des Vorhabens. Letztlich liegt es an der Motivation der Mitarbeit und der Vision für die neue Welt, dem Neuland, das man erreichen will, die zeitlichen, planerischen und sonstigen Risiken zu überwinden.

## Literatur


1. Allen T (2017) Eine richtige Schätzung als Schatz: Effektive IT-Aufwands- und Kostenschätzung als Umsatzhebel. http://ap-verlag.de/eine-richtige-schaetzung-als-schatz-effektive-it-aufwands-und-kostenschaetzung-als-umsatzhebel/37936/. Zugegriffen: 25. Mai 2018
2. Jagersma PK (2004) Managing business complexity. http://www.managementsite.com/461/managing-business-complexiuty.aspx. Zugegriffen: 27. Juni 2018
3. Kreutzer RT, Land KH (2016) Digitaler Darwinismus: Der stille Angriff auf Ihr Geschäftsmodell und Ihre Märkte. Springer Gabler, Wiesbaden
4. Kroll (2016) Kroll Ontrack Umfrage: Ein Drittel aller Unternehmen verlieren Daten bei der Migration. https://www.ontrack.com/de/unternehmen/pressemitteilung/umfrage-migration/. Zugegriffen: 26. Juni 2018
5. Kurzlechner W (2011) Fatales Projektversagen. https://www.cio.de/a/fatales-projekt-versagen,2287797,3. Zugegriffen: 25. Mai 2018

6. PMI Project Management Institute (2013) A guide to the project management body of knowledge. PMBOK guide, 5. Aufl. PMI Publications, Newtown Square
7. VEEAM (2016) Aktuelle Veeam-Studie zeigt: Alle zwei Wochen steht die IT in deutschen Unternehmen still. https://www.veeam.com/de/news/2016-veeam-availability-report.html. VEEAM Pressemitteilung
8. Wachter S, Zaelke T (2015) Systemkonsolidierung und Datenmigration als Erfolgsfaktoren. Springer Vieweg, Wiesbaden
9. Wittbecker T (2013) Warum IT-Projekte aus dem Ruder laufen. https://www.channelpartner.de/a/warum-it-projekte-aus-dem-ruder-laufen,2607862. Zugegriffen: 25. Mai 2018
10. Wuttke T, Gartner P (2010) Das PMP-Examen: Die gezielte Prüfungsvorbereitung. Verlagsgruppe Hüthig-Jehle-Rehm, München

# Mitarbeiter für die Veränderung begeistern

**5**


**Zusammenfassung**

Die Aufgabe, Unbekanntes zu entdecken, kann spannend, aber gleichzeitig auch bedrohlich sein. Wie Vorgesetzte und Mitarbeiter darauf reagieren ist individuell sehr unterschiedlich. Neuland zu betreten, sich Freiräumen gegenübergestellt zu sehen, das bedeutet häufig, die eigene Wohlfühlzone zu verlassen. Der Motor der Transformation wird angetrieben durch die Innovationskraft einzelner Mitarbeiter. Dies zu ermöglichen, alte Denkmuster aufzubrechen, ist Aufgabe der Führungskräfte.


Jede Transformation bedeutet für ein Unternehmen, sich selbst neu zu erfinden, im Kleinen wie im Großen, und häufig müssen alle Beteiligten Neuland betreten, innovativ sein. Viele Unternehmen, vor allem aus dem Kreativbereich, versuchen, ein ansprechendes und innovationsförderndes Umfeld zu schaffen, indem sie flache Hierarchien leben, Duz-Kultur und Lockerheit an der Tagesordnung ist, flexible Arbeitszeitmodelle anbieten, ihre Mitarbeiter nicht mehr vor Ort lokalisieren, sondern auf virtuelle Teams setzen, und nicht zu vergessen: die Spielekonsole oder der Kicker-Tisch. So sehr diese Dinge eine entspannte Atmosphäre schaffen, in der Innovatives entsteht, so stark wird dies inzwischen auch erwartet. Und steht nicht im Mittelpunkt ein Individuum, das seine eigenen Erfahrungen bereits gemacht hat, oder eben auch noch nicht? Ein Unternehmen, das nach außen hin überzeugend innovativ auftreten möchte, muss also etwas für sich finden, das über das Erwartete hinausgeht, authentisch und dabei neuartig ist. Gerade etablierte Unternehmen müssen dafür auch Neuland betreten, Flexibilität und interessante Aufgaben bieten, ebenso Entwicklungsmöglichkeiten und innovative Technologien, und vielleicht auf „alte" Statussymbole verzichten, so schwer das auch fallen mag. Was nützt beispielsweise ein Dienstwagen, wenn man keinen Führerschein hat, oder ein Einzelbüro, wenn Teamarbeit gefragt ist?


© Springer-Verlag GmbH Deutschland, ein Teil von Springer Nature 2019

G. Panagos und C. Hammer, *Transformation von Unternehmen und Technologie*,

https://doi.org/10.1007/978-3-662-54052-7_5

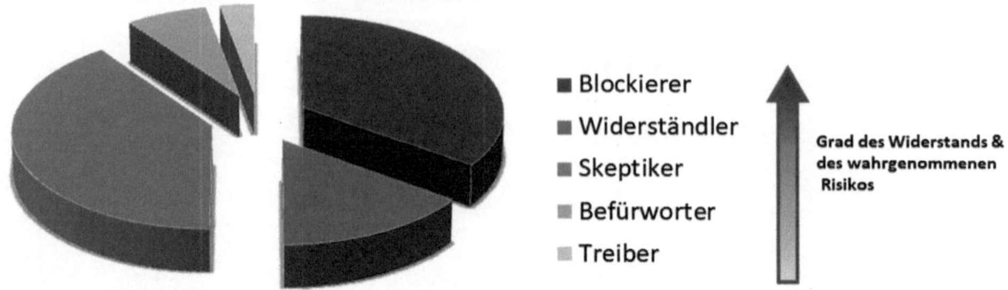



**Abb. 5.1** Wahrnehmung von Risiken durch Veränderungen beim Betreten des „Neulandes" von Mitarbeitern. (Quelle: Eigene Darstellung, angelehnt an [2, S. 221])

Ein typisches Szenario, wie Menschen auf Change-Prozesse reagieren, zeigt Abb. 5.1.

Hier ist zu sehen, dass insbesondere beim Betreten von Neuland, also dem Beginn einer Veränderung, einer kleinen Gruppe der Befürworter und Treiber eine große Mehrheit ablehnender Personen gegenübersteht. Dazu zählen Skeptiker, die nicht an den Erfolg des Prozesses glauben, aber mit Argumenten überzeugt und in die Gruppendynamik mitgezogen werden können. Die Widerständigen und in größerem Maß die Blockierer haben noch größere Bedenken und stellen sich Veränderungen bewusst entgegen. Sie verschleppen Entscheidungen und boykottieren konsequent deren Umsetzung, denn sie nehmen in der Veränderung ein großes Risiko wahr. Wenn dieser Widerstand im Laufe des Veränderungsprozesses nicht für die Sache reduziert oder beseitigt werden kann, wird der Transformationsprozess in Gänze scheitern. Die Lösung lautet deshalb: „Mache Betroffene zu Beteiligten". Deshalb sind gerade auch die Blockierer, Widerständigen und Skeptiker konsequent einzubeziehen und mit Informationen zu versorgen.

Der Prozess sollte jedoch moderiert werden und einem Management des Veränderungsprozess es unterliegen. Das bedeutet, dass die Mitarbeiter eine Führung durch den Prozess der Veränderungen benötigen, denn die Ziele sollten nicht aus den Augen verloren werden und die Fragen während der Umsetzung sollten mithilfe eines Moderators/Entscheiders schnell zielführend und pragmatisch geklärt werden. Besonderes Augenmerk liegt dabei auf der Vermittlung einer Vision, den (begründet) notwendigen Ressourcen (z. B. finanzielles Budget oder das Hinzuziehen von Spezialisten) und Fähigkeiten, sowie dem Commitment für einen Aktionsplan des Wandels, um das Neuland zu betreten (vgl. [2, S. 220–222]).

Das klingt nicht nur nach dem Aufbau eines neuen Unternehmens, das ist es auch häufig. Es wäre zu kurz gegriffen, eine neue „Kreativabteilung" aus dem Boden zu stampfen, wenn das Umfeld auf neue Ideen nicht adäquat reagieren kann. Isoliert betrachtet können einzelne Mitarbeiter mit ausreichend persönlichem Freiraum kreative Lösungen finden, dafür gibt es aber keine Garantie. Das ganze Umfeld muss passen, damit eine kreative Lösung zu einem Problem, das vorher vielleicht noch niemand gesehen hat, auch Fuß fassen kann. Dies birgt neben den Chancen, die aus einer

Kapitalisierung solcher Ideen entstehen können, unbedingt auch Risiken wie Fehlschläge, Plagiate bzw. die Klärung der Frage „Wer hatte den Einfall zuerst?" oder eine längere Durststrecke, weil die Kreativität ausbleibt. Wer diese Risiken nicht im Vorfeld einkalkuliert, findet sich nicht im Neuland wieder, sondern wird als Unternehmer für seine Blauäugigkeit bestraft.

Der Umbruch beginnt im Kopf – im Fall von Unternehmen im Kopf des Unternehmers und der Führungsspitze des Unternehmens. Unternehmerisches Denken, das Streben nach Umsatz- und Marktwachstum gepaart mit dem Willen, sich Neuem zu öffnen, stellen die Weichen für die Fahrt ins Neuland. Die Risikoaffinität, also das Maß der Bereitschaft Freiräume einzuräumen, ohne das Resultat voraussagen zu können, bestimmt dabei, wie schnell sich der Zug in Bewegung setzt und wie groß der Treibstoffvorrat für die Fahrt ist. In der klassischen unternehmensstrategischen Planung gibt es einige Mittel um herauszufinden, wie weit das Ziel entfernt ist. Damit lassen sich einfacher (ambitionierte) Planvorgaben definieren als in einem innovativen Umfeld. Eine strategische Vorgabe wie „Wir wollen unseren Marktanteil um 5% erhöhen" birgt das Risiko, dass Ergebnisverantwortliche sich für leichte Wege entscheiden (z. B. einen kleineren Wettbewerber zu übernehmen), wohingegen eine offene strategische Vorgabe wie „Wir wollen in den Markt für intelligente Haushaltsgeräte einsteigen" mehr Spielraum offen und damit Innovation zulässt. Diese Vorgabe muss aber zwingend in der kurz- und mittelfristigen Planung quantifizierbar beschrieben sein, um Fortschritt und Erfüllung auch messen zu können. Aber auch hierfür gilt: Viele klassische Mittel der Unternehmenssteuerung können Freiräume einschränken und müssen daher wohldosiert oder angepasst eingesetzt werden.

> Was man wissen muss, hat einen sehr bestimmten Belehrungscharakter. Man muss es nicht wirklich wissen, sondern man musste es gewusst haben, wenn etwas schiefläuft (vgl. [1]).

Das Wissen, aber auch die Erfahrungen, die in eine Unternehmenstransformation eingebracht werden, können per Definition nicht vollständig sein, der Umgang mit Fehlern und Schwächen, Misserfolgen und Rückschlägen hat dabei direkten Einfluss auf Motivation und auf die Entfaltung von Ideen. Viele Kulturen haben unterschiedliche Strategien für den Umgang mit Misserfolgen oder Fehlern und auch wir kennen die Weisheit, dass wir am besten aus Fehlern lernen können. Repressalien führen in der Regel zu Intransparenz und zu Angst, das ist weder positiver Druck, noch am Ende förderlich. Nun könnte man auch argumentieren: „Wenn ich Erfolgsdruck auf die Linienführungskräfte aufbaue, dann fördert das den Wettbewerb im Unternehmen und die Mitarbeiter der Führungskräfte sind gar nicht eingeschüchtert." Dies stimmt aus zwei Gründen nicht: Druck wird immer auf alle Hierarchieebenen verteilt und Arbeit im Angst-Kollektiv führt nur zu abkürzenden Optimierungsmaßnahmen (häufig nicht im Sinn der Sache). Daher muss auch diese Denkweise auf den Prüfstand gestellt werden.

Der Antrieb der Transformation ist die Innovationskraft der einzelnen Mitarbeiter. Diesen Motor in Gang zu setzen bedeutet vor allem eine größere initiale Investition.

Investitionen, die im laufenden Transformationsprozess notwendig sind, um ihn im Gang zu halten, fallen geringer aus. Dies liegt vor allem an der durch die Transformation begünstigten Eigendynamik, wenn also die Beteiligten sich mit der Transformation identifizieren und erkennen, dass sie Teil einer großen Bewegung sind. Ziel beim Betreten des Neulandes ist es also, auch alle Mitarbeiter auf das Ziel einzuschwören, damit sie gemeinsam an einem Strang ziehen. Dies gilt auch oder besonders für die Mitarbeiter, die am Ende der Transformation nicht mehr Teil des Teams sind, weil sie beispielsweise in Bereichen tätig sind, die aus Kostengründen oder Rationalisierungsgründen verkleinert werden müssen. Hier ist der Manager als Motivator gefragt, ebenso wie er mit seiner eigenen Kreativität Anreizsysteme schaffen soll, die aus Widerständlern neutral oder positiv gestimmte Mitarbeiter machen.

Das Unternehmen muss seinen Mitarbeitern zuhören und Ideen bzw. Veränderungen, die sie vorantreiben wollen, offen gegenüberstehen, darf sich dabei aber nicht selbst gefährden oder seine Authentizität verlieren. Ein offenes Vorschlagswesen, aber auch Thinktanks,[1] Innovation Labs,[2] Offsite-Veranstaltungen[3] oder der Besuch (und damit der Austausch) auf externen Veranstaltungen wie Messen oder Kongressen sind geeignete Maßnahmen, um Ideen zu gebären, die dann über geeignete Kanäle in das Unternehmen eingebracht werden und bewertet werden können. Vor allem in den klassischen Industrien, die häufig abwertend als „Old Economy" bezeichnet werden, fällt aber genau das schwer. Hier bestimmt oft hierarchisches Denken die Unternehmenskultur. Ideen von Mitarbeitern niedriger Hierarchieebenen finden selten Gehör auf Entscheider-Ebene. Dies spiegelt sich auch in Entscheidungswegen wider, die häufig langwierig und durch Kompromisse gezeichnet sind.

Stellen wir uns beispielsweise einen ehemaligen Staatsbetrieb vor, der privatisiert wurde. Dieser soll nun, nach erfolgreich abgeschlossener Transformation, am freien Markt mit dem Wettbewerb konkurrieren. Es sollen wettbewerbsfähige Produkte und Dienstleistungen zu (mindestens) kostendeckenden Preisen angeboten und möglicherweise noch unliebsame Spezialitäten (entlegene Vertriebsgebiete, Wochenendbereitschaft, etc.) weitergeführt werden, weil das der Staatsbetrieb früher ja ebenfalls übernommen hat. Eine Transformation in diesem Umfang, das sollte naheliegend sein, ist ein langwieriger Prozess, bei dem die kleinste Aufgabe die Ergänzung von „Aktiengesellschaft" im Firmennamen ist. Aber so wenig innovativ das Vorhaben im ersten Moment auch klingen mag, um die Ziele der Transformation zu erreichen, egal, ob es sich dabei um die kulturellen Ziele oder technischen Ziele handelt, sind innovative Ideen

---

[1]Denkfabriken, nicht unbedingt nur für Findung neuer politischer, militärischer oder juristischer Ideen.

[2]Kompetenzzentren, vor allem bekannt aus dem Silicon Valley, lassen sich inzwischen auch häufiger in Unternehmen auffinden.

[3]Offsite-Veranstaltungen werden häufig für Teambildungsmaßnahmen aufgesetzt, können inhaltlich aber auch zur freien Ideenfindung genutzt werden.

und Ansätze nötig. Vor allem dann, wenn man an Grenzen stößt, weil beispielsweise der Nummernkreis für Rechnungen erschöpft ist oder zwei Abteilungen zusammengelegt werden sollen, die vorher in Konkurrenz zueinanderstanden. An dieser Stelle soll noch einmal an das innovationsfördernde Umfeld erinnert werden, das für die Mitarbeiter entscheidend ist, für externe Berater aber ebenso.

Als weiteres Beispiel kann ein Unternehmen dienen, das durch eine Fusion seine Produkt- und Kundenstruktur verändern will, weil es sich einen neuen Teil des Marktes erschließen möchte. Dies kann aber nicht dadurch erreicht werden, dass es einfach die neuen Kunden in das bestehende CRM-System einspielt. Die unterschiedlichen kundenspezifischen Informationen der beiden Unternehmen, sämtliche Prozesse, die mit Kundendaten in Berührung kommen (Customer Service, Rechnungsstellung, aber auch Planung und Berichtswesen), die Kapazität bzw. Leistungsfähigkeit des Systems und dessen Schnittstellen sowie die Art der Schnittstellen selbst müssen in der Lage sein, diese Veränderung abbilden zu können. Und an dieser Stelle muss es möglich sein, neue Wege zu gehen, Neuland zu betreten. In Unternehmen der „Old Economy" findet man häufig sogenannte Legacy-Systeme, also maßgeschneiderte Anwendungen, die auf veralteten Technologien betrieben werden und für die man kaum Spezialisten findet, weil diese zum Teil schon in Rente sind (z. B. COBOL-Entwickler). Fehlende Funktionalitäten, Anpassungen des Datenmodells oder andere Änderungen im Rahmen von Transformationsvorhaben an diesen Systemen stellen eine besondere Herausforderung dar und machen es geradezu unerlässlich, dass alle Beteiligten offen innovative Ideen entwickeln können.

Nun haben wir uns die Bedeutung von Freiräumen und einem innovationsfördernden Umfeld für große Vorhaben angeschaut, dürfen dabei aber nicht vergessen, dass diese offene Unternehmenskultur auch für Projekte ohne Transformationsvorhaben – Standard-Unternehmensprozesse oder auch die tägliche, operative Arbeit im Unternehmen – positive Nebenwirkungen haben kann. Das kann bei der Effizienz beginnen, aber eben auch zu kleineren Innovationen bzw. Verbesserungen an Produkten führen. Das gesamte Unternehmen profitiert davon.

**Fazit**

Angst und Druck sind selten Begleiter von Innovationen, die Unternehmensführung ist daher aufgerufen ein Umfeld zu schaffen, in dem sich ihre Mitarbeiter entfalten und neue Ideen entwickeln können. Widerständler und Blockierer müssen für die Sache gewonnen werden, sei es mit spannenden Aufgaben, Verantwortungsteilung oder der Aussicht auf eine interessante Position in der Zielorganisation. Vor allem aber ist eine Kommunikation zwischen allen Parteien die Basis für das Betreten des Neulands. Jedes Vorhaben für sich hat seine eigenen Herausforderungen, Ziel sollte es deshalb immer sein, unter allen Gesichtspunkten (Unternehmerisches Handeln, Risikoaffinität, Innovationskraft, etc.) eine tragbare Lösung zu schaffen.

## Literatur


1. Dueck G (2010) Mein Zwitterleben – real und digirreal. Informatik-Spektrum 33(6): 654–660
2. Kreutzer RT, Neugebauer T, Pattloch A (2017) Digital business leadership. Springer Gabler, Wiesbaden

# Tools und Maßnahmen zur Unterstützung in der Transformation 6

**Zusammenfassung**

Die Transformation umfasst mehr als nur Managementmethoden. Gerade die Entscheidung, eine toolgestützte Transformation durchzuführen, wirft eine ganze Reihe von Fragen auf, die wir im Folgenden betrachten werden: Wie nachhaltig kann, sollte bzw. muss die technische Lösung sein? Gibt es eine Grenze, ab wann es nicht mehr sinnvoll ist, die Transformation technisch zu unterstützen? Ist es billiger, eine Reihe von studentischen Hilfskräften zu beschäftigen oder doch lieber ein Tool individuell zu entwickeln?

Durch Transformationsvorhaben soll das Unternehmen verändert werden, sei es durch Integration eines anderen Unternehmens, durch Umstrukturierungsmaßnahmen oder auch durch Verbesserungs- und Automatisierungsvorhaben, das Ziel ist eine Erhöhung des Umsatzes bzw. des Gewinns. Damit erschließt sich auch, dass so ein Vorhaben nicht mit dem Erzeugen vieler Dokumente und Präsentationen, mit Entscheidungen und Planungen abgeschlossen ist, sondern dass es häufig neben der Anpassung bestehender Systeme und Schnittstellen auch um die Implementierung neuer technischer Lösungen zur Unterstützung dieses Vorhabens geht. Im folgenden Kapitel soll daher beleuchtet werden, wie welche Werkzeuge zur Unterstützung eingesetzt werden können, aber auch, vor einem wirtschaftlichen Hintergrund, wie nachhaltig die Lösung sein muss und ob es neben einem technischen auch einen planerischen Ansatz gibt, das Vorhaben zu unterstützen.

© Springer-Verlag GmbH Deutschland, ein Teil von Springer Nature 2019  113
G. Panagos und C. Hammer, *Transformation von Unternehmen und Technologie*,
https://doi.org/10.1007/978-3-662-54052-7_6

## 6.1    Werkzeuge zur Unterstützung der Transformation

Die meisten der vorangegangenen, beispielhaft vorgestellten Transformationsvorhaben zeichnen sich durch Umfang und Komplexität, aber eben auch durch die Notwendigkeit aus, das Vorhaben mit technischen Werkzeugen zu unterstützen. Dabei kann natürlich eine Technologie selbst im Mittelpunkt des Vorhabens stehen, beispielsweise wenn als zentrale Finanz- und Bestandsverwaltungssoftware SAP eingeführt wird. Im Folgenden ist es daher unerlässlich zu differenzieren, ob es sich bei der Technologie oder den Werkzeugen um Hilfsmittel, die das Vorhaben unterstützen, oder um den eigentlichen Gegenstand der Transformation handelt.

Sowohl bei den ETL- als auch bei den Prozess-Werkzeugen kann es sich durchaus um Software handeln, die bereits im Unternehmen eingesetzt wird bzw. bereits lizenziert ist (vor allem zu ETL-Werkzeugen siehe auch Abschn. 3.2). Es kann vor allem aus Kostengründen ein starkes Argument sein, diese auch einzusetzen. Dennoch sollte funktional sichergestellt werden, dass die Werkzeuge in der Lage sind, die Anforderungen des Transformationsvorhabens gut zu erfüllen.

Außerdem ist es wichtig, dass die Werkzeuge Multiprojekt-Funktionalitäten[1] mitbringen, sodass es möglich ist, in den werkzeugeigenen Strukturen dafür zu sorgen, dass die einzelnen Projekte, beispielsweise ein unabhängiges Umsetzungsprojekt im Data Warehouse und ein Migrationsprojekt vom Transformationsvorhaben, getrennt werden. Die Gründe liegen auf der Hand: Idealerweise haben, im oben stehenden Beispiel, beide Projekte unterschiedliche Entwickler und Analysten/Konzeptersteller, behandeln andere Daten und unterschiedliche Datenmengen, verfolgen abweichende Anforderungen an Plattform, Betrieb und Stabilität und haben am Ende auch eine andere Projektlaufzeit. Eine Verquickung unterschiedlicher Projekte erhöht dazu die Komplexität und könnte die Begehrlichkeit wecken auf Ressourcen zuzugreifen, weil sie ohnehin verfügbar sind und das Transformationsvorhaben eine höhere Priorität und Wichtigkeit innerhalb des Unternehmens genießt als die übrigen Projekte.

Aus diesen Gründen sollten Werkzeuge, die eine Trennung von solchen Multiprojektvorhaben untereinander nicht ermöglichen, zur Unterstützung nicht herangezogen werden. Manchmal gibt es zwar kreative bis hin zu innovativen Ideen, die dieses Manko ausgleichen können, diesen Aufwand kann man aber ersparen, wenngleich zusätzlich mit Anpassungs- bzw. Konfigurationsaufgaben zu rechnen ist, die an Werkzeugen entstehen, die diese Funktionalität mitbringen.

Bei der Betrachtung der einzelnen verschiedenen Werkzeuge bzw. bei der Investitionsentscheidung bezüglich der Werkzeuge spielt auch immer die Abwägung

---

[1]Multiprojekte sind mehrere, zeitlich parallel laufende Projekte mit unterschiedlichen Zielen und meist unterschiedlichen Beteiligten in derselben Organisation.

zwischen „Make or Buy"[2] eine Rolle. Technische Migrationslösungen out-of-the-box unterstützen meist nur Teilaspekte, die Transformations-, aber auch die Mapping-Logik,[3] die jeweils beliebig komplex werden kann, erfordert menschliche Interaktion und stellt häufig den Aufwandstreiber in der Migration dar.

Warum lässt sich eigentlich ein komplexes Vorhaben wie die Datenmigration innerhalb einer Unternehmenstransformation nicht mit einfachen Mitteln wie Datenreplikation oder Kopieren umsetzen? Warum bedarf es eines Werkzeugs, mit dem etwas programmiert werden muss? Ist das nicht mit Kanonen auf Spatzen geschossen? Manchmal sind zwar pragmatische Ansätze zielführend, aber führen wir uns erneut vor Augen, dass wir unterschiedliche Datenquellen (Datenbanken, Dateien gegebenenfalls auch Web-Services) anbinden müssen. Außerdem benötigen wir für die Umsetzung von migrationsspezifischen Prozessen auch eine eigene Logik, die die Quelldaten so transformiert, dass die zu migrierenden Informationen im Zielsystem alle erforderlichen Prozessschritte durchlaufen können und vollständig nutzbare Datensätze übertragen werden.

**ETL-Werkzeuge**

Wenn wir uns nun der Kategorie der ETL-Werkzeuge zuwenden, sollten wir uns vorher noch einmal in Erinnerung rufen, dass es sich hierbei um Datenmanagement-Werkzeuge handelt, die die Aufgaben Extrahieren, Transformieren und Laden bewerkstelligen. Diese Aufgaben können allerdings auch, dies sei an dieser Stelle erwähnt und im gleichem Atemzug davon abgeraten, nah an einer Datenbank mit beispielsweise PL/SQL (Oracle) oder T-SQL (Microsoft SQL Server) umgesetzt werden. Vor allem, weil es hier um die Unterstützung mittels Standardwerkzeugen gehen soll, wird diese Variante im Folgenden jedoch nicht besprochen.

Gartner veröffentlicht jedes Jahr sogenannte Magic Quadrants (für Hintergrundinformationen siehe [1]), um seine unabhängigen Marktforschungsergebnisse zu visualisieren. Hier finden sich die Hersteller eingeteilt in die Quadranten „Challengers", „Leaders", „Niche Players" und „Visionaries" wieder. Bei der Betrachtung gängiger ETL-Werkzeuge soll der Blick vor allem auf die sogenannten Leaders dieser Übersicht gerichtet werden, von denen wir exemplarisch Informatica, IBM, Talend und Oracle betrachten wollen.

---

[2]Wobei beim Thema „Buy" der Einkaufsprozess eine Ausschreibung beinhaltet, die über mehrere Monate läuft. Außerdem macht eine weitere Partei den Prozess der Migration nach dem Einkauf komplexer, da noch laufende Anpassungen und Konfigurationstätigkeiten benötigt werden und Know-how aufzubauen ist.

[3]Mapping-Logik beschreibt die Verknüpfung von Quell- zu Zielinformation, beispielsweise entspricht beim Geschlecht den Ziffern „14" und „m" „männlich" und der Ziffer „9" und „f" oder Ziffer „12" und „w" „weiblich".

Grafische Oberflächen sowie eine grafische Notation, mit der Datenflüsse und Transformationen abgebildet werden, haben alle Werkzeuge gemeinsam. Auch wenn an einigen Stellen mit analytischen Fähigkeiten bzw. einem technischen Grundverständnis ein erstes Ergebnis erzielt werden kann, ist es dennoch ein Programmierwerkzeug, für das Entwicklungsrichtlinien definiert werden sollten.

- **Informatica**
  Der Hersteller Informatica bietet mit dem Informatica PowerCenter eine etablierte Plattform, die mit allen gängigen Datenbanken und Datenaustausch-Ansätzen wie Textdateien, XML oder SOAP (Webservices) umgehen kann. Eine große Zahl unterschiedlicher Datenbanken, die sowohl als Quelle als auch als Ziel dienen können, hat vor allem in sehr heterogenen Systemlandschaften den großen Vorteil einer maximalen Abdeckung der technischen Anforderungen. Als einer der Marktführer in diesem Bereich mit einer offenen Entwickler-Community ist das Know-how zu diesem Werkzeug auch recht leicht am Markt zu beschaffen, z. B. in Form externer Berater.

- **IBM**
  IBM hat als Hersteller von IBM InfoSphere DataStage nicht nur ein Datenintegrationswerkzeug im Programm, sondern bietet auch eine Datenbank (DB2) oder Werkzeuge zur Analyse bzw. Berichtswesen wie IBM Cognos oder zur Unternehmensplanung wie IBM Planning Analytics (TM1). Seine Stärken spielt InfoSphere DataStage aus, wenn die IBM DB2 im Einsatz ist, andere Datenbanken können allerdings ebenso sowohl als Quelle als auch als Ziel genutzt werden. Dieses Werkzeug bietet sich vor allem dann an, wenn DB2-Datenbanken bereits im Unternehmen vorhanden sind.

- **Talend**
  Der Hersteller Talend steht als einziger in der „Leaders"-Sektion von Gartners Marktstudie, der neben der kommerziellen Talend Data Management Platform auch ein kostenfreies Werkzeug namens Talend Open Studio anbietet. Mit beiden Werkzeugen lassen sich alle gängigen Datenbanken bis hin zu Big Data-Quellen anbinden, sie unterscheiden sich am Ende jedoch erheblich im Funktionsumfang des kollaborativen Arbeitens (z. B. fehlt in der freien Variante ein zentrales Repository) sowie im Support durch den Hersteller (in der freien Variante gibt es nur Self-Service-Support).

- **Oracle**
  Oracle bietet mit dem Oracle Data Integrator ebenfalls ein Datenintegrationswerkzeug, das Teil einer großen Business-Intelligence-Plattform ist und aus dem Haus eines Datenbankherstellers kommt. Außerdem ist auch JAVA, das die technische Grundlage der Entwicklungsumgebung des Oracle Data Integrators darstellt, aus dem Hause Oracle. Ähnlich wie im Fall von IBM integriert sich auch dieses Produkt stark im gesamten Produkt-Stack von Oracle, was jedoch nicht zu Einschränkungen in der Konnektivität zu anderen Datenbanken, ob als Quelle oder Ziel, führt.

Über die exemplarisch vorgestellten Werkzeuge hinaus gibt es am Markt der Datenintegrationswerkzeuge noch eine Vielzahl unterschiedlicher kommerzieller und nicht-kommerzieller Produkte mit ihren eigenen Stärken und Schwächen. Bei einer möglichen Produktevaluierung, also der Bewertung, welches der Produkte für das Transformationsvorhaben am besten geeignet ist, sollten alle funktionalen Anforderungen im Vorfeld erhoben sein, allen voran, welche Daten- bzw. Informationsquellen angebunden werden müssen, sowie im nicht-funktionalen Teil auch Kriterien berücksichtigt werden wie z. B. Marktrelevanz bzw. Verbreitung, was einen starken Einfluss auf die Möglichkeit hat, externes Wissen zuzukaufen.

Im Gegensatz zu den vorgestellten Datenintegrationswerkzeugen gibt es auch betriebssystem- oder datenbanknahe Werkzeuge, die Teile der Migrationsaufgaben übernehmen können, aber nicht das vollständig notwendige Funktionsspektrum abdecken. Erste Recherchen werden sogar vollständige Datenmigrationstools zutage fördern, bei näherer Betrachtung befasst sich diese Werkzeugkategorie allerdings eher mit dem Kopieren von Daten oder Dateien, indem man physische oder virtuelle Festplatten spiegelt oder Datenbanken repliziert. Die Schwierigkeit des Vorhabens besteht aber eben nicht im Kopieren der Dateien, dies wird im Zweifel das Betriebssystem übernehmen, die Schwierigkeit liegt vor allem in der Implementierung der Logik. Welche Kunden haben welche Eigenschaften und wie sind diese ausgeprägt? Wie übersetzen wir unsere Logik und wie füllen wir im alten Bestandssystem fehlende Werte so auf, dass sie im Zielsystem erkannt werden, aber die Logik des Kundendatensatzes nicht entstellen bzw. verfälschen?

**Werkzeuge, die den Migrationsprozess unterstützen**
Neben der Unterstützung der Datenextraktion und -transformation zählt auch die Unterstützung des gesamten Prozesses zu den technischen Schlüsselfaktoren eines Transformationsvorhabens. Hierbei werden einerseits Werkzeuge benötigt, mit denen sich der Prozess visualisieren bzw. definieren lässt, und andererseits Werkzeuge, mit denen sich der Prozess implementieren lässt.

Für die Visualisierung von Prozessen ist neben dem Werkzeug selbst auch eine einheitliche, standardisierte Notation notwendig. Mit dieser ist gewährleistet, dass ein Prozess von vielen Beteiligten gelesen und verstanden werden kann. In der Praxis hat sich die von Stephen White entwickelte **BPMN** (Business Process Model and Notation) bewährt, aktuell gültig in der Version 2.0.2 (Detailinformation unter [2]). Diese Notation hat auch den Vorteil, dass sie fast schon intuitiv verständlich ist und in eine Reihe von Modellierungswerkzeugen als Vorlage bzw. Schablone mit ihren Standard-Elementen integriert worden ist. Praktischerweise kann BPMN auch in einem Swimlane-Diagramm dargestellt werden, mit dem z. B. Verantwortlichkeiten, übergeordnete Prozessschritte oder bestimmte Systeme hervorgehoben werden können.

Alternativ können auch Flussdiagramme, Entscheidungsgraphen oder Ähnliches verwendet werden, die gewählte Notation sollte nur konsistent eingesetzt werden, ohne große Einarbeitung oder ergänzende Dokumentation verständlich sein, sowie den notwendigen Detaillierungsgrad unterstützen.

Als Visualisierungswerkzeuge können unter anderem Activiti (Open Source), ARIS Express (Software AG), yEd (yWorks) oder auch Visio (Microsoft) verwendet werden, die Liste könnte natürlich noch beliebig verlängert werden, auf dem Markt der Prozessmodellierungswerkzeuge gibt es eine große Vielfalt. Häufig fällt die Entscheidung auf ein Produkt, das im Unternehmen bereits lizenziert bzw. zu dem Wissen im Unternehmen vorhanden ist.

Während ein Teil der Transformation mit einer Änderung in der Organisation und organisatorischen Handlungsanweisungen abgedeckt wird, wird für den Teil des interorganisatorischen Austauschs ebenfalls technische Unterstützung benötigt. Im Teil der ETL-Werkzeuge haben wir uns eingehend damit beschäftigt, aus Datenquellen mittels Transformationsregeln für die Zielsysteme Informationen zu genieren, die eben dort verwertet und verarbeitet werden können. Diese müssen aber auch am Bestimmungsort ankommen. In vielen Unternehmen ist bereits sogenannte Middleware im Einsatz (siehe auch Kap. 2), die vor allem für die Interaktion intraorganisatorischer Systeme einen zentralen Ansatz zur Verfügung stellt, sodass diese nicht direkt miteinander verknüpft werden, sondern beispielsweise nur mit einem einzigen Enterprise Service Bus (ESB) kommunizieren müssen. Dies entzerrt die Komplexität von Schnittstellen und senkt den Implementierungsaufwand für die Transformation erheblich.

Für den Fall, dass es im Unternehmen noch keine Middleware gibt, seien hier zwei mögliche Werkzeuge genannt, die für diese Aufgabenstellung eingesetzt werden können: IBM MQSeries sowie TIBCO ActiveMatrix BusinessWorks. Diese Werkzeuge sollen Anwendungen bzw. Systeme miteinander verbinden, was vor allem beim Verlassen der bisherigen Unternehmensgrenzen auch noch verschiedene zu beachtende Sicherheitsaspekte mit sich bringt, da der Intranet-Netzwerkverkehr per se abhörsicher ist, der Internet-Netzwerkverkehr jedoch nicht. Und gerade an einem Transformationsvorhaben besteht durchaus ein großes, öffentliches Interesse.

**Technische Assistenten**
Häufig bieten Software-Hersteller für unterschiedliche Belange Wizards oder andere technische Assistenten an. Als bekanntes Beispiel seien Installationsroutinen genannt, die von uns alle erforderlichen Parameter abfragen, um eine Software zu installieren. Aber auch für Portierungen und Migrationen bieten die Hersteller Unterstützung an, sei es für die Einbindung von Drittanbieter-Inhalten oder im Rahmen der Installation einer Software-Version, die automatisch erkennt, dass bereits eine Vorversion desselben Herstellers vorhanden ist.

Dieser Art von Hilfe kann man durchaus kritisch gegenüberstehen. Bereits in Kap. 2 haben wir im Rahmen der 1:1-Migration gesehen, dass die Erfolgsquote von der Komplexität sowie dem Grad der Anpassung abhängt. Die Erfahrung zeigt, dass Assistenten teilweise schon mit einfachen Sonderzeichen wie Umlauten überfordert sind. Auch ein Beispiel aus der Praxis hat gezeigt, dass ein Architekturwechsel einer

Beta-Version[4] nicht konsequent bis zum Ende gedacht wurde: Um Mehrsprachigkeit zu unterstützen, sollte die Datenbank des Werkzeugs einen leistungsfähigeren Zeichensatz unterstützen. Für die Migration der Alt-Version in die neue Datenbank hätten beide Versionen aber gleichzeitig mit unterschiedlichen Zeichensätzen in derselben Datenbank aktiv sein müssen, was technisch unmöglich war.

Nicht jeder Assistent stößt auf derartige Probleme, aber schnell an seine Grenzen, wenn die Nutzer der Systeme kreativ waren oder einen hohen Freiheitsgrad genossen haben. Wir können das leicht anhand einer fiktiven Anwendung in Microsoft Excel nachvollziehen: Wenn wir eine simple Tabelle haben, in der lediglich Zahlen stehen, können wir diese vermutlich problemlos in ein PDF speichern oder in OpenOffice konvertieren. Wenn diese Tabelle aber anstelle von Zahlen eine bedingte Formatierung aufweist oder in einem zweiten Tabellenblatt diese Tabelle pivotiert wurde oder Spezialfunktionen von Excel zum Einsatz kamen, kann es sowohl beim Speichern als PDF zu Problemen kommen als auch die Wahrscheinlich verhältnismäßig gering sein, diese Excel-Datei in gewohnter Weise und Formatierung in OpenOffice nutzen zu können.

Jede Migration birgt auch die Chance, im Sinne einer Transformation die bestehenden Prozesse zu hinterfragen und sie anschließend, wo erforderlich und sinnvoll, zu verbessern. Diese Chance sollte man sich nicht von einem technischen Assistenten nehmen lassen, der hinterfragt nämlich nicht die Notwendigkeit oder stellt einen Prozess infrage oder bringt neue Ideen ein. Kehren wir wieder zurück zu dem Excel-Beispiel: Ein technischer Assistent würde an der Stelle versuchen, das Ziel möglichst nahe der Quelle nachzuempfinden, ungeachtet der Möglichkeit, dass es beispielsweise in Open-Office andere Mechanismen gibt, um Tabellenwerte nach bestimmten Bedingungen zu gestalten oder eine Kreuztabelle zu formatieren. Darüber hinaus könnten Nachfragen beim Fachbereich, wie „Was ist das Ziel dieser Anwendung? Welche Prozesse soll sie unterstützen?", zu der Erkenntnis führen, dass diese Excel-Anwendung bereits seit einiger Zeit funktional durch eine andere Lösung (DWH) abgelöst worden ist.

> Die Unternehmenstransformation erfordert in der Regel auch die Unterstützung durch Werkzeuge. Es wäre allerdings an der Stelle fatal zu glauben, dass ein gutes Ergebnis erreicht werden kann ohne im Vorfeld ausführlich System und Daten zu analysieren, neuen Code zu programmieren oder in die Datenmigration zu investieren.

---

[4]Aus offensichtlichen Gründen sowie Gründen der Vertraulichkeit kann an dieser Stelle der Softwarehersteller nicht genannt werden.

## 6.2    Sustainability oder: Wie gewinne ich Zeit?

Mit Hilfe der beispielhaft unter Abschn. 6.1 vorgestellten Werkzeuge wird eine eigenständige Anwendung geschaffen, die die Migration bzw. das Transformationsvorhaben als Ganzes unterstützen soll. Spätestens wenn wir uns der wirtschaftlichen Facette des Vorhabens zuwenden, wird aber die Frage entstehen: Was kann ich mit dem eigens entwickelten Migrationswerkzeug darüber hinaus anfangen? Hat es für mein Unternehmen einen Wert über die reinen Arbeitsstunden der Entwicklung hinaus? Oder ist nach Abschluss des Projektes nur eine große Rechnung zu bezahlen (also auf welcher Seite der Bilanz taucht der Aufwand auf)?

Um eines vorweg zu schicken: Auf die Qualität der Entwicklung dieses Migrationswerkzeuges hat es keinen Einfluss, ob es ein „Wegwerf-Produkt"[5] oder „für die Ewigkeit" ist. Wegwerf-Produkte sind nur für den einmaligen bzw. zeitlich kurzen Einsatz vorgesehen, im Gegensatz zu „Ewigkeitsprodukten" werden diese nicht vollständig in die System- oder Servicelandschaft integriert. Die Transformation ist unternehmenskritisch, daher darf an der Qualität nicht gespart werden, ganz unabhängig von der Einsatzdauer der Lösung.

Aber Sustainability heißt ja mehr als nur „hohe Qualität",[6] der Begriff beschreibt vor allem die Nachhaltigkeit und damit eben auch den Umstand, ob es sich um ein Investitionsgut handelt. In einigen Fällen wird er auch noch weiter gefasst und inkludiert auch den ökologischen Fußabdruck, der immer mehr an Bedeutung gewinnt. Für den weiteren Verlauf wollen wir uns aber auf die einfache Nachhaltigkeit im rein wirtschaftlichen Sinne konzentrieren.

Transformationsvorhaben sind zeitlich meist angespannt, Entscheidungen müssen zügig getroffen werden. Wenn in diesem Umfeld allerdings Fragen nach Nachhaltigkeit gestellt werden, kann sich das ungünstig auf Entscheidungsfindung auswirken, da die Nachhaltigkeit ja erst noch bewertet werden muss. Es kann allerdings auch ein Indikator sein, dass Kosten gespart werden müssen oder Synergie-Effekte nicht so gehoben werden können, wie ursprünglich geplant. Andererseits kann ein positives Prüfergebnis auf Nachhaltigkeit (Beispiel: Teile der Migrationslösung lassen sich auch für andere Unternehmensaufgaben nutzen) dazu führen, dass das eigene Projektbudget steigt. Dennoch sollte das Thema innerhalb des Transformationsvorhabens vorsichtig behandelt und nach Möglichkeit zumindest in Meetings ausgeklammert werden.

▶    Wirtschaftliche Nachhaltigkeit ist wichtig im Zusammenhang mit jedem Transformationsvorhaben, darf aber keine Entscheidungen verhindern.

---

[5]Man könnte meinen, dass die Migrationstools nur für einen einmaligen Gebrauch, d. h. nur für die Dauer einer Datenmigration zu verwenden sind, daher sprechen wir hier von Wegwerfprodukt.

[6]Der Begriff der „hohen Qualität" ist ohnehin schwierig, da meist keine Kriterien definiert sind, anhand deren sich die Qualität der Software messen oder vergleichen lässt.

## 6.3 Maßnahmen zur Unterstützung der Transformation

Wir haben uns bereits in Abschn. 6.1 die Notwendigkeiten und die möglichen Werkzeuge angeschaut, die in Transformationsvorhaben eine Rolle spielen können. Die nachfolgend vorgestellten Maßnahmen stellen einen weiteren Schlüssel zum Erfolg des Vorhabens dar.

**Planung**

Unabhängig davon, ob das Transformationsvorhaben als Projekt oder als Programm organisiert ist, ist eine **Projektplanung** in beiden Fällen wichtig (vgl. auch Abschn. 4.2). Darin sollten klassisch Abhängigkeiten abgebildet werden sowie ein kritischer Pfad erkennbar sein. Die Planung selbst ist natürlich nicht Selbstzweck, sondern Basis für Budgetierung und auch Überwachung des Projektfortschrittes, sowie Ableitung des Projektstatus. Neben der klassischen Meilensteinplanung, die oft auf Arbeitspaket-Ebene heruntergebrochen wird, sind aber auch noch verschiedene andere Pläne zu erstellen. Dazu zählt die **Roadmap,** die **Migrationsplanung,** die **Kommunikationsplanung** aber gegebenenfalls auch eine **zentrale Release-Planung.**

Im Gegensatz zur feingranularen Meilenstein- oder Arbeitspaket-Planung, die in großen Transformationsvorhaben schnell tausende von Elementen enthalten kann, gibt die Roadmap einen groben Überblick über Ziel und zeitlichen Verlauf des gesamten Vorhabens und passt idealerweise auf eine DIN A4-Seite. Damit ist die Roadmap auch sehr stabil, jedoch nicht unbedingt sehr konkret, beispielsweise fehlen in der Regel konkrete Datumsangaben.

Sofern innerhalb des Transformationsvorhabens auch eine Migration durchgeführt werden muss, empfiehlt es sich eine Migrationsplanung zu erstellen. Diese geht als Prämisse davon aus, dass alle Voraussetzungen zu einem bestimmten Zeitpunkt geschaffen sind und berücksichtigt damit nur die Aspekte, die für die Migration selbst relevant sind. Ähnlich wie in der Projektplanung auch arbeitet man sich am besten vom Großen zum Kleinen vor, erstellt also eine allgemeine Migrations-Roadmap (welche Kundengruppen, Produktgruppen oder Geschäftspartner werden in welcher Reihenfolge migriert), detailliert in der nächsten Stufe vor allem auf Systemebene, welche Unternehmensbereiche betroffen sind und in welchen Wochen bzw. an welchen Wochentagen migriert werden soll, und plant im letzten Schritt jede Woche bzw. jeden Tag im Detail aus. Dabei geht es vor allem darum, Ressourcen zu allokieren, angefangen vom Fachbereich über die Besetzung des Krisenstabes bis hin zur Kundenhotline.

Es gibt eine Reihe von Standard-Produkten, die Projekt- und Programmplanung unterstützen. Ein wichtiges Ziel bei der Auswahl des Produktes ist neben der Abdeckung der Standard-Funktionalität auch die Abdeckung von integrierten Ansätzen. Eine Lösung sollte in der Lage sein, den inhaltlichen Fortschritt der Migration auch abzubilden, möglichst mit einem hohen Automatisierungsgrad (automatische Übertragung des Migrationsfortschritts).

Wie bereits in Abschn. 2.5 dargestellt ist für die Außendarstellung bei einem Vorhaben, das möglicherweise auch Kunden und Produkte betrifft, ebenfalls eine Kommunikationsplanung zu erstellen. Marketingunterlagen, Pressemitteilungen, postalische Kommunikation an die Kunden müssen in Summe zum zeitlichen Verlauf des Vorhabens passen, genauso wie die Inhalte der Kommunikation.

Um eine Transformation bestmöglich zu unterstützen ist es meist erforderlich, dass Änderungen an mehreren Systemen, teilweise sogar über Unternehmensgrenzen hinweg, vorgenommen werden. Denken wir hier an eine Fusion von Unternehmen mit ähnlichen, aber im Detail unterschiedlichen Produktstrukturen oder an das Erschließen neuer Vertriebskanäle bzw. Märkte wird auch klar, dass das Transformationsvorhaben nicht nur an der Oberfläche kratzen kann, sondern tief in die Unternehmenskernsysteme eingreifen muss: Rechnungserstellung bzw. Abrechnungssysteme, Kundenbestandssysteme, Produktbestandssysteme und viele Spezialanwendungen sind betroffen, teilweise müssen sogar neue Plattformen aufgebaut werden. Die Aufgabe der zentralen Release-Planung ist es, die unterschiedlichen Entwicklungs- und Produktivsetzungszyklen zu konzertieren und dafür zu sorgen, dass Funktionalitäten dem richtigen Release zugeordnet sind und in Summe zueinander passen. Hierzu müssen verbindliche Regelzyklen definiert werden und mit dem Transformationsprogramm entsprechend abgestimmt werden, welche Inhalte sich in welchem Release befinden. Außerdem ist die Einhaltung bestimmter Prozessschritte (Abschluss Entwicklung, Testabschluss, usw.) zu überwachen und bei Überschreitungen frühzeitig in Richtung Projekt und Linie zu eskalieren. Die Erfahrung hat gezeigt, dass dieser Fall durchaus öfter eintreten kann, z. B., weil die Entwicklung nicht rechtzeitig oder vollumfänglich fertiggestellt wird. Hier muss schnell beurteilt werden, welche Auswirkungen und Kritikalität das auf das gesamte Vorhaben bzw. auf die Kernsysteme hat.

Um bei dem Beispiel zu bleiben, dass es sich um die Fusion zweier Unternehmen handelt (gilt allerdings auch für Unternehmen mit unterschiedlichen Release-Zyklen ihrer Systemlandschaft): Jedes Unternehmen hat seinen eigenen Release-Zyklus (monatlich, quartalsweise, halbjährlich, bei Bedarf), teilweise sogar unterschiedliche Software-Entwicklungsvorgehensweisen, wie agile Entwicklung, XP (Extreme Programming) oder Wasserfall. Diese in einen einheitlichen Takt innerhalb eines Transformationsvorhabens zu bringen ist eine besondere Herausforderung, aber zwingend erforderlich.

**Risikoüberwachung**
Analog der Projektplanung ist auch die Risikoüberwachung ein Standardwerkzeug, das jeder Projekt- bzw. Programmleiter in einem derartigen Vorhaben kennen und beherrschen sollte. Im Gegensatz zur Planung unterscheidet sich diese Aufgabe aber nicht vom Risikomanagement in üblichen Projekten, sie darf nur deswegen nicht vergessen werden, da gerade bei Transformationen die Komplexität der Risiken meist höher ist und teilweise sogar eher unübliche Risiken wie „Kartellamt verbietet Fusion" überwacht werden müssen und aktiv gegengesteuert werden muss.

**Ressourceneinsatz**

Zu Beginn der Planung stellt sich schnell die Frage nach dem Aufwand und wie man diesen unter Effizienzaspekten auf wie viele Mitarbeiter verteilen kann. Der Beantwortung dieser Frage geht eine fundierte Aufwandsschätzung voraus – von dem Ansatz, gänzlich ohne Aufwandschätzung Zeit oder Budget festzulegen, ist dringend abzuraten. Eine häufig in Vorphasen bemühte Strategie gerade bei Migrationsvorhaben ist es, den Aufwand auf eine möglichst große Anzahl Arbeiter zu verteilen.

Dafür sind zwei Herangehensweisen denkbar:

- Ein billiges Offshore-Backoffice-Team legt alle zu migrierenden Kunden manuell an.
- Um Zeit zu sparen verdreifacht man die Entwicklungsmannschaft.

Auf der einen Seite hat das kostengünstige Offshore-Backoffice-Team den Vorteil, die Kernprozesse bereits mit unternehmenseigenen Prozessen zu bedienen und so eine verhältnismäßig hohe Prozessqualität zu liefern. Gleichzeitig entsteht aber der Nachteil, dass neue Funktionalität, um beispielsweise Besonderheiten der zu migrierenden Kunden zu unterstützen, nicht vorhanden ist und möglicherweise Kreativität ins Spiel kommt. Die Entwicklungsmannschaft zu vervielfachen hat sich in der Praxis häufig auch nicht als schneller Gewinn erwiesen, da Einarbeitungsaufwand die Produktivität senkt und sich bestimmte Aspekte auch nicht parallelisieren lassen. Beispielsweise gibt es eine Reihe von ETL-Werkzeugen, die die Entwicklung an einem ETL-Mapping auf nur einen Entwickler beschränken. Eine Vielzahl von Prozessen erzwingt die Einhaltung einer bestimmten Sequenz mit einer festgelegten Dauer (z. B. mehrstufiger Mahnprozess oder Serviceerbringung innerhalb eines SLA-Modells), die eine Parallelisierung kategorisch ausschließen.

▶ Transformationsvorhaben sind in erster Linie wie ein Projekt oder ein Programm mit vielen Einzelprojekten zu organisieren und dafür Standard-Techniken und -Methoden anzuwenden, wie man sie im klassischen Projektmanagementseminar lernt. Darüber hinaus gibt es aber auch Spezialitäten wie eine Migrationsplanung oder eine zentrale Release-Planung, die für das Transformationsvorhaben noch zusätzlich zu definieren sind.

## 6.4  IT-Architektur

Transformationen greifen tief in die IT-Systeme des Unternehmens ein, verändern Prozesse und Daten, schaffen neue Funktionalitäten und Automatismen. In diesem hochkomplexen Umfeld finden sich Enterprise bzw. Unternehmensarchitekten gut zurecht. Obwohl es keine einheitliche Definition von dieser Rolle über Unternehmensgrenzen hinweg gibt, bringen diese Spezialisten die Fähigkeit mit, die Unternehmenssystemlandschaft ganzheitlich zu betrachten, sowohl die Unternehmens- als auch die IT-Prozesse und

Abhängigkeiten zu verstehen, und sie sind meist auch Teil der strategischen IT-Planung. Dieses Wissen lässt sich hervorragend für die Unternehmenstransformation nutzen, vor allem wenn es um die IT-Konzeption des Vorhabens geht, die entsprechend dem gesamten Ansatz eine ganzheitliche Betrachtung erfordert.

Unter IT-Architektur versteht man alle Infrastruktur en, Managementinstanzen und Schnittstellen, die zur Organisation der IT eingesetzt werden. Außerdem bestimmt die IT-Architektur die Regeln, die das Zusammenspiel selbiger organisieren (vgl. [3]).

Wie jedes Projekt mit IT-Anteil sollte auch eine Transformation dem Vorhaben eine wohldurchdachte IT-Architektur zugrunde legen. Dabei meint Architektur in diesem Zusammenhang die übergeordneten Zusammenhänge, beispielsweise Differenzierung nach bestimmten Systemgruppen, um davon eigene Migrationszyklen ableiten zu können. Aber auch ein tieferes Verständnis der beteiligten „Welten", also beispielsweise Alt- und Neu-System oder Mutterkonzern und zu integrierendes Tochterunternehmen, sowie Kenntnisse zu den beteiligten Plattformen sind darin eingeschlossen.

Für eine gute Transformationsarchitektur ist der Detaillierungsgrad wichtig, auf dem sich das Architekturkonzept bewegt. Grundlegende Entscheidungen, die sich beispielsweise aus der Strategievorgabe Buyer is leading ableiten, sind in dem Konzept zu dokumentieren und zu begründen. Außerdem sind im Architekturkonzept alle Bereiche zu behandeln, die durch die Transformation betroffen sind. Die Detaillierung sämtlicher Bereiche findet dann im Migrationskonzept statt.

Darüber hinaus sollten die Architekten sowohl am Austausch innerhalb des Vorhabens beteiligt sein, als auch am regelmäßigen Austausch auf Unternehmensebene außerhalb des Vorhabens (z. B. regelmäßige Architekturrunden), um selbiges auch in das Unternehmen zu transportieren, dafür zu werben und Missverständnisse bzw. Vorbehalte zerstreuen zu können. Das ersetzt natürlich keine unternehmensinterne Kommunikation im Sinne von „Tue Gutes und sprich darüber" (Abschn. 2.5).

▶   Die Transformationsarchitektur gibt auf grober Ebene die Richtung der Transformation vor, das Transformationskonzept detailliert diese. Die Mitarbeit vor allem von Enterprise-Architekten ist zwingend erforderlich, da für diesen Teil des Vorhabens ein ganzheitlicher Blick notwendig ist.

## 6.5   Testmanagement

Die Ziele des Testmanagements liegen vor allem in der Erhöhung der Software- bzw. Prozessqualität, aber auch in der Gewährleistung von Stabilität für die spätere Transformation. In manchen Fällen kann es auch vorkommen, dass im Rahmen von Abnahmetests auch formale Bedingungen mit dem Test verknüpft sind. An das Testen werden in Transformationsvorhaben allerdings auch besondere Anforderungen gestellt. Hier gilt es, neben der Abdeckung der normalen Teststufen Entwicklertest/Komponententest (liegt teilweise auch in der Hoheit der IT), (System-)Integrationstest sowie Akzeptanz-bzw. Abnahmetest auch noch weitere Teststufen einzuführen bzw. die Teststufen für die Bedürfnisse entsprechend zu erweitern.

Welche zusätzlichen Anforderungen an das Testmanagement ergeben sich nun aus der Transformation? Mehr noch als im normalen Projektgeschäft kommt es bei der Transformation darauf an, die Komplexität zu beherrschen und Aussagen zur Leistungsfähigkeit der Migrationslösung tätigen zu können. Um die Komplexität zu beherrschen, aber auch um möglichst früh ein Gefühl dafür zu entwickeln, wie die einzelnen Komponenten zusammenspielen und ob der Transformationsprozess funktioniert, ist ein sogenannter **Ende-zu-Ende-Test** (E2E) ratsam. In diesem Test wird das Zusammenspiel der Komponenten anhand exemplarischer Testfälle mit einer möglichst hohen Testabdeckung simuliert: wie der Name schon suggeriert Ende zu Ende, also beginnend mit dem Quellsystem über sämtliche Systeme, Transportstrecken bis hin zum gewünschten Zielsystem in einer Testumgebung, die sich so nah wie möglich an der später anzutreffenden Realität befindet. Der Aufbau einer dedizierten E2E-Umgebung ist ratsam, wobei abgewägt werden muss, ob es in der zur Verfügung stehenden Zeit überhaupt möglich ist, eine neue Umgebungsart in die Tests einzubringen. In einigen Fällen ist es auch möglich, die künftige Produktivumgebung dafür zu nutzen, man darf nur nicht vergessen, dass es gerade im späteren Verlauf des Vorhabens zu Konflikten kommen kann, wenn gleichzeitig Tests und beispielsweise eine Migration durchgeführt werden. Daher kann man diesen Ansatz auch nutzen, um nur den Durchstich nachzuweisen und im Sinne eines E2E-Tests Testdurchführungen zu kapseln, indem man Tests auf Abnahmeumgebungen des Tochterunternehmens sowie, mit dem dort erzeugten Output, auf den Abnahmeumgebungen des Mutterkonzerns weiter testet und bereits nachgewiesene Funktionalität (z. B. den Transport des Outputs) als funktionierend in die Prämissen aufnimmt.

Hilfreich im Zusammenhang mit dem Ende-zu-Ende-Test ist auch der sogenannte Schreibtischtest. Hierbei wird bewusst auf den Einsatz von Werkzeugen verzichtet, Mitarbeiter analysieren den auszuführenden Software-Code und vollziehen diesen auf Papier (oder in Excel) nach. Wenn beispielsweise Daten extrahiert werden sollen, wird eine SQL-Anweisung Daten aus der Datenbank selektieren und zurückliefern. Das Ergebnis wird dann aber am Bildschirm in den nächsten Schritten manuell weiterverarbeitet. Dieses Vorgehen deckt Prozesslücken, logische Fehler und Fehler in Verfahrensanweisungen auf und ist auch in einem frühen Stadium möglich. Der Schreibtischtest bietet sich auch an, um beispielsweise Ende-zu-Ende-Transformationsprozesse[7] intensiv zu prüfen.

Auch Dry-Runs, also „trockene Durchläufe", sind ein probates Mittel, um Sicherheit für den späteren echten Durchlauf zu gewinnen. Im Gegensatz zum Schreibtischtest werden hierzu die Migrationswerkzeuge eingesetzt, allerdings werden dazu keine oder ausschließlich künstliche (Test-)Daten verwendet.

---

[7]Insbesondere wenn es um abteilungsübergreifende Prozesse geht. In den Schnittstellen zwischen Abteilungen sind meist Lücken zu erwarten.

Neben dem E2E-Test, durch den die Komplexität überschaubarer wird, ist der sogenannte **Performance-Test** ebenfalls notwendig. Häufig wird vor allem von Kundenverantwortlichen der nachvollziehbare Wunsch geäußert, dass die Übertragung bzw. Neueinrichtung von Kunden und Produkten so wenig Zeit wie möglich in Anspruch nehmen darf. Am Ende kostet diese Zeit, in der Kunden als Kunde nicht „vollständig" sind, weil sie gerade migriert werden, das Unternehmen ja auch Geld, da diese Kunden wenig oder gar keinen Umsatz machen können oder das Unternehmen gegebenenfalls sogar Schadenersatz bzw. Gutschriften zahlen muss, um Nutzungsausfall zu kompensieren. Daher bietet sich ein Performance-Test an, um diesen kritischen Faktor abzusichern, aber auch um in die Planung Größen wie minimaler/maximaler Durchsatz, Tagesvolumen oder Reaktionszeiten ableiten zu können. Darüber hinaus können Ergebnisse aus den Performance-Tests dafür genutzt werden, Anforderungen an die Skalierung der beteiligten Systeme zu definieren.

Bei Performance-Tests bestimmt immer die Herausforderung,[8] dass selbst kleine Abweichungen von der Zielarchitektur auf niedrigsten technischen Ebenen dazu führen können, dass die Aussagekraft des Tests nicht mehr gegeben ist. Außerdem sind auch das Datenvolumen sowie die Inhalte der Testdaten entscheidend, da man leider, gerade wenn es um die Leistungsfähigkeit aller beteiligten Systeme geht, immer berücksichtigen muss, dass meistens neben Mechanismen wie Load Balancing oder Abfrageoptimierung bei Datenbanken die Systemlast über den Tag bzw. die Woche unterschiedlich verteilt ist. Dies stellt auch eine der größten Herausforderungen an den Performance-Test dar, weil eine entsprechende Umgebung im Prinzip als exaktes Abbild der Produktivumgebung aufgebaut werden muss. Neben datenschutzrechtlichen Aspekten (Testen mit Produktivdaten, vgl. Bundesdatenschutzgesetz) spielen vor allem monetäre Aspekte eine Rolle, in einigen Fällen kann aber auch schlicht eine strikte Zonentrennung (Entwicklungszone, Testzone, Produktivzone) dafür sorgen, dass es überhaupt nicht möglich ist, eine derartige Testumgebung in der Hoheit des Testmanagements zu betreiben.

Eine hohe Bedeutung kommt bei einem Transformationsvorhaben den Testwerkzeugen[9] zu, gerade um die Komplexität zu beherrschen. Auch der Ansatz, Ende-zu-Ende zu testen, erfordert Werkzeugunterstützung. Viele der Werkzeuge bringen auch Mechanismen zur Testautomatisierung mit. Gerade bei großen Vorhaben kann man davon stark profitieren.

---

[8]Zusätzlich gibt es auch die Herausforderung, ein sogenanntes Lastmodell aufzubauen und zu verifizieren. Dies kann zwar im Vergleich mit der Lastumgebung weniger aussagekräftig sein, ist aber am Ende viel kostengünstiger.

[9]Einen ersten Überblick zu Testwerkzeugen kann man sich unter https://www.testing-board.com/ alm-tools-testmanagement-software/ verschaffen, während man unter https://www.testing-board. com/testautomatisierung-tools auch Informationen zu Testautomatisierungswerkzeugen finden kann.

Bei der Auswahl von Testwerkzeugen spielen im Wesentlichen Funktionen für Testfall-Management (häufig in Form von Tickets), Nachhalten/Dokumentation von Testergebnissen, Abbildung von Workflow s bzw. dem Testprozess, (verbindliche) Abnahme von Testergebnissen, Unterstützung unterschiedlicher Teststufen wie Integrations-, Komponenten- oder Abnahmetest sowie in einigen Fällen auch Testautomatisierung eine Rolle. Viele Werkzeuge am Markt haben Testfall-Management und die Dokumentation der Testergebnisse in Form eines Ticket-Systems im Fokus, mit entsprechender Unterstützung/Abbildung testspezifischer Prozessschritte. Dazu zählen vor allem JIRA (Atlassian) und HP Quality Center (HP QC) bzw. HP Application Lifecycle Management (HP ALM). Andere Werkzeuge wie z. B. JUnit, JMeter, LoadMeter oder Selenium adressieren ausschließlich spezielle Testarten wie z. B. Last- und Performance-Tests von IT-Systemen bzw. Komponententests bestimmter Software-Technologien (JAVA). Der Einsatz bestimmter Werkzeuge unterscheidet sich bei Migrationen nicht stark von anderen Testvorhaben, daher gelten hierfür auch keine besonderen Anforderungen.

Neben diesen Ansätzen sind trotzdem die üblichen Aufgaben des Testmanagements ebenfalls zu berücksichtigen: Testkonzeption, Testfallerstellung (Abnahmetestfälle kann selbstverständlich nur der Abnehmer definieren), Testplanung sowie Protokollierung der Testergebnisse. An dieser Stelle wollen wir uns im Detail nur mit der Erstellung von Testfällen sowie der Protokollierung von Testergebnissen beschäftigen, die übrigen Aufgaben variieren grundsätzlich nicht sehr stark zu anderen Projekten.

Die Erstellung der Testfälle ist im Kontext einer Unternehmenstransformation komplexer und langwieriger als im normalen Projektgeschäft. Dies ist bedingt durch die hohe Anzahl an Beteiligten, aber auch durch den großen Umfang, da eben nicht nur ein System betroffen ist, sondern sich der Veränderungsprozess durch das gesamte Unternehmen zieht und vor den wenigsten Systemen haltmacht. Bei der Definition der Abnahmetestfälle stellt sich darüber hinaus noch die Herausforderung ein, dass oft ein eindeutiger Abnehmer fehlt bzw. die Stakeholder in der Hauptsache meist nicht tief genug in die Konzeption eingebunden bzw. mit dem notwendigen Detaillierungsgrad vertraut sind. „Ich erwarte, dass alle Kunden migriert werden" ist als Test- bzw. Abnahmekriterium leider nicht ausreichend. Es ist zwar möglich, sich iterativ an einen Testfall heranzutasten, aber eben auch zeitintensiv. Die Zeitfenster für den Test sind genauso festgelegt, wie es für andere Phasen des Transformationsvorhabens gilt.

Zur Protokollierung der Testergebnisse sei gesagt: Unternehmenstransformationen stehen durchaus im öffentlichen Interesse, auch in dem von Aufsichtsbehörden. Da es möglicherweise keine konkreten Abnahmen, sondern nur eine allgemeine/generelle Abnahme von Testergebnissen gibt, sollte die Protokollierung der Testergebnisse lückenlos, nachvollziehbar, ja sogar revisionssicher sein. Idealerweise ist darüber hinaus auch die Konfiguration sowie die Datenkonstellation beschrieben, um gegebenenfalls Testdurchführungen wiederholen zu können. Mit einer Überprüfung seitens interner oder externer Revisionsstellen sollte jederzeit gerechnet werden.

▶ Das Testmanagement hat innerhalb eines Transformationsvorhabens zusätzliche Aufgaben, die Kreativität genauso erforderlich machen wie präzises Arbeiten und Beharrlichkeit. Testkonzeption und Testplanung müssen überzeugen und ebenso ein Gesamtverständnis des Vorhabens widerspiegeln, wie es für alle anderen Disziplinen und Teilbereiche gilt.

**Fazit**

In einem Transformationsvorhaben sind viele verschiedene Aspekte zu berücksichtigen, wobei ein Handlungsrahmen, aber auch die unterschiedlichsten Werkzeuge, Assistenten und Maßnahmen helfen, Vollständigkeit und eine hohe Qualität zu erreichen. Unschlagbar in der „Werkzeugliste" ist jedoch die Erfahrung.

## Literatur

1. Gartner (o. J.) Gartner Magic Quadrant. https://www.gartner.com/en/research/methodologies/magic-quadrants-research. Zugegriffen: 26. Okt. 2018
2. OMG (2013) Business Process Model and Notation (BPMN). Version 2.0.2. https://www.omg.org/spec/BPMN/2.0.2/PDF. Zugegriffen: 26. Okt. 2018
3. Weis C (o. J.) IT Definition. http://www.business-on.de/informationstechnik-it-definition-_id46575.html. Zugegriffen: 28. June 2018

**Zusammenfassung**

Die Kriterien für den Erfolg einer Transformation müssen während der Planung und vor dem Start des Vorhabens definiert werden. So müssen u. a. Schwellen für die Anzahl und die Qualität der Fehler definiert werden. Aber auch Kriterien für den Abschluss der Migration sind wichtig, ebenso, wann ein Datensatz als erfolgreich migriert anzusehen ist. Die Frage, wie der Erfolg sich messen lässt, führt zu organisatorischen, prozessualen wie technischen Maßnahmen; davon werden einige repräsentativ hier vorgestellt.


Mit dem Start eines Transformationsvorhabens sind die Kriterien festzulegen, die an dessen Ende zu einer Entscheidung verhelfen, ob das Ziel erreicht worden ist oder nicht. Aber nicht nur am Ende der Migration sind die Kriterien wichtig, sondern auch während des Migrationsprozesses, um zu überwachen, ob das Ziel erfüllt werden kann. Auch jeder einzelne Datensatz sollte anhand eindeutiger Kriterien während seiner Migrationsschritte dahin gehend beurteilbar sein, ob er fehlerfrei, fehlerbehaftet oder erfolgreich migriert ist.

Die Kriterien für den Erfolg einer Transformation lassen sich aus den Zielen ableiten. Voraussetzung ist, dass die Ziele einer Transformation quantifizierbar sind. Es genügt z. B. nicht zu sagen: „Wir wollen die digitale Transformation in unserem Unternehmen integrieren", oder (etwas besser): „Wir wollen die Kunden in ein digitales Zeitalter einführen und ein CRM-System für die Kundeninteraktionen nutzen".

Ersteres ist zwar eine schöne Aussage, kann aber nicht als Maßstab für einen wirklich messbaren Prozess der Transformation verwendet werden: Der Ausweg daraus ist, diesen konkreter und detaillierter zu verfassen, z. B. festzulegen, welche Prozesse im Unternehmen mit welchen Personen was und in welchem Zeitraum digitalisieren.


© Springer-Verlag GmbH Deutschland, ein Teil von Springer Nature 2019  
G. Panagos und C. Hammer, *Transformation von Unternehmen und Technologie,*  
https://doi.org/10.1007/978-3-662-54052-7_7

Damit könnte man zumindest für den Zeitraum eine Messgröße haben, oder die Anzahl der Prozesse und Personen etwas messbarer machen. Dies ist natürlich in einer frühen Phase schwierig ableitbar, häufig werden daher Vorprojekte durchgeführt, um eine Idee so weit zu konkretisieren, dass die nötige (messbare) Zieldefinition abgeleitet werden kann.

Oft scheuen sich die jeweiligen Abteilungen in größeren Unternehmen, etwas im gesamten Transformations- und Change-Prozess messbar zu machen, da sie die Erfahrung gemacht haben, dass die Verantwortlichen zur Rechenschaft gezogen werden, wenn etwas schiefläuft. Dann lieber die High-Level-Aussagen so generell wie möglich verfassen, sodass man jegliches Ergebnis am Ende als Erfolg verkaufen kann. Was aber so eine einzelne Karriere „schützt", hilft dem Unternehmen nichts: Eine Investition ohne wirkliche, messbare Ziele mündet oft in eine Fehlinvestition, denn es gibt keine Korrekturkriterien auf dem Weg zum Ziel. Es ist wie bei einem Schiff, das kein Ziel hat: Jegliches Ziel oder jeder beliebige Hafen, den man am Ende der Reise erreicht, wäre dann ein Erfolg.

Im zweiten Beispielziel wird es etwas konkreter, aber auch hier wird z. B. kein Zeitraum festgelegt, wann dieses neue CRM eingeführt werden soll. Auch wird nicht konkretisiert, ob die existierenden Kunden mit ihren Daten und Historien in eine zentrale Datenbank des neuen CRM-Systems migriert werden. Und über die existierenden Prozesse fehlt auch jegliche Aussage. So könnte z. B. als Erfolg gewertet werden, dass das neue CRM-System installiert und nur für eine kleine Gruppe von Interessenten und Neukunden verwendet wird (da eine Migration der existierenden Kunden gescheitert ist). Wenn automatisierte Prozesse in einem Unternehmen greifen sollen (auch eine Migration enthält technische automatische Prozesse), müssen mehr konkrete Vorgaben definiert werden. Dies ist oft das Dilemma der Business- und fachlichen Abteilungen, wenn sie mit der Technik- und IT-Abteilung des Unternehmens sprechen. Oft resultiert das in Alternativen und Vorschlägen der Techniker der IT-Abteilung; dies ist aber der falsche Weg, denn man ist schon mehrfach auf die Erkenntnis gekommen, „…dass wirklich durchschlagende Businessmodelle, wie z. B. Airbnb, Uber etc., erst einmal mit Technologie nicht so viel zu tun haben" (vgl. [2, S. 71]) (siehe auch Kap. 8 zur Begründung und den Ursachen des schwierigen Zusammenspiels). Es wird eine Vielzahl von Methoden zur Definition von Anforderungen angeboten, um daraus Kennzahlen und Messzahlen zu generieren, z. B. das Valueboard® (vgl. [1]), die Balanced Scorecard (BSC, vgl. [3]) u. v. m. Diese wiederum können in die organisatorische und technische Transformation von existierenden Prozessen eingesetzt werden, z. B. mittels Kaizen, Kanban oder des Kontinuierlichen Verbesserungsprozesses (KVP).

**Wir sollten also zwei Kategorien von Erfolgsmessungen definieren**
- Eine Kategorie, die sich mit den Kriterien beschäftigt, die sich direkt aus den langfristigen Zielen der Transformation ableiten, um schließlich am Ende des Transformationsprojektes den Erfolg messbar darstellen zu können. Diese Gegenüberstellung der Kriterien und der Ergebnisse der Transformation ist ein **einmaliger** Vorgang am Ende der Transformation.

- Und eine zweite Kategorie, die Kriterien enthält, die zur **permanenten** Kontrolle und Überwachung der einzelnen Schritte der Transformation oder Migration dienen. Mit dem Wort „permanent" ist hier gemeint, dass Kontrolle nicht nur einmalig am Anfang oder punktuell geschieht, sondern kontinuierlich, z. B. für jeden einzelnen zu migrierenden Datensatz.

Vor allem für die zweite Kategorie der Erfolgsmessung können für die Transformation und die Migration Schwellwerte eingesetzt werden, die in der Umsetzung der Transformation in Dashboards verwendet werden. Sie sollen auch während der Migration bei jedem übertragenen Datensatz zur Anzeige bringen, ob es zu Fehlern kommt oder nicht und auch, welche Fehlerkategorien sich ergeben.

Damit die Transformation erfolgreich überwacht und der Fortschritt gemessen werden kann, stehen uns zur Verfügung:

- Organisatorische Maßnahmen; d. h. z. B. die rechtzeitige Planung des zusätzlichen Personals und der Know-how-Aufbau für die Zeit während der Transformation, aber auch für die neue Zielorganisation und die Planung und Abstimmung der Aufbauorganisation.
- Planung in der Ablauforganisation: Die Zielabläufe nach der Transformation müssen in der Planungsphase festgelegt werden. Denn es muss nicht nur das Personal geschult werden, sondern die neuen Abläufe haben Auswirkungen auf die Transformation selbst.
- Während der Transformation sind organisatorische Einheiten einzuplanen, die für die Überwachung sowie die Probleme und Issues zuständig sind (siehe auch Abschn. 3.9).
- Die Prozesse während der Transformation: Diese sollten vor dem Start der Transformation niedergeschrieben und mit den beteiligten Abteilungen abgestimmt sein. Dabei empfiehlt es sich, Software und methodische Werkzeuge der Prozessmodellierung zu verwenden (z. B. BPMN). Typische Fehler in der Prozessdokumentation sind, dass der Detaillierungsgrad nicht ausreicht oder nicht mit allen Beteiligten abgestimmt worden ist. Diese Dokumentation sollte bei jeglichen Änderungen den Beteiligten kommuniziert werden.
- Technische Unterstützung mittels Software-Überwachungswerkzeugen. Diese Instrumente benötigen Erfolgsschwellen, Erfolgsfaktoren, die während und am Ende jedes transformierten Prozesses, migrierten Datenelements oder auch ganzer Unternehmensbereiche oder Datenbanken eintreten. Dies wird im Abschn. 7.1 diskutiert.

## 7.1 Instrumente, um den Erfolg zu messen

Unabhängig davon, welche Kriterien der Messung der Ergebnisse einer Transformation zugrunde liegen, können Methoden eingesetzt werden, um den Rahmen aufzubauen, der eine Messung überhaupt ermöglicht.

Instrumente, die den Erfolg einer Transformation zielführend beeinflussen, könnten sein:

- **Parallelbetrieb der Systeme der „alten" und der „neuen Welt":** Das Aufbauen der Welt nach der Transformation kann in manchen Fällen parallel zur Welt vor der Transformation geschehen (hier als „neue Welt" vs. „alte Welt" bezeichnet). Dieses Instrument, das sich auch für die Risikominimierung der Transformation eignet, kann wunderbar für die Messung des Erfolges einer Transformation verwendet werden, denn damit wird der Vergleich zwischen den Zuständen vor und nach der Transformation sichtbar. Ein mögliches Beispiel ist die Migration von Software und Daten in einem neuen Abrechnungssystem (Billing System), das auch neue Abläufe und Prozesse beinhalten kann. Dieses neue Billing System kann aufgebaut sein und echte Daten verarbeiten, aber Abrechnungen zunächst nur intern produzieren. Die neuen Abrechnungsdaten sollen nicht an die Kunden oder Geschäftspartner gehen, sondern nur zur Kontrolle und Messung der Ergebnisse genutzt werden.
- **Definition von fixen Schwellwerten:** Typisch wäre in diesem Beispiel, dass der Parallelbetrieb des alten und neuen Billing Systems für zwei bis drei Monate läuft (z. B. bei monatlichen Rechnungen an Kunden), in denen kontrolliert wird, ob die Differenzen der zwei Billing Systems für die gleichen Kunden und verkauften Produkten nicht größer als eine festgelegte Schwelle ist, z. B. 0,1 % der Rechnungsbeträge oder Nulltoleranz für Abweichungen (diese Schwellen und Vorgehensweisen sind jedoch zumindest mit allen unternehmensinternen Stakeholdern vorab abzustimmen und zu planen), ein grafisches Beispiel dazu findet sich in Abb. 7.1. Wenn dies für zwei aufeinanderfolgende Monate erfüllt ist, wird dann das neue Billing System samt der migrierten Kundendaten und der neue Prozesse in Betrieb genommen. Das alte System kann für ein bis zwei weitere Monate parallel im Betrieb bleiben, aber diesmal werden die Rechnungen des Altsystems mit den Rechnungen des neuen Systems verglichen. Zusätzlich kann das Altsystem als Referenz für etwaige Fragen

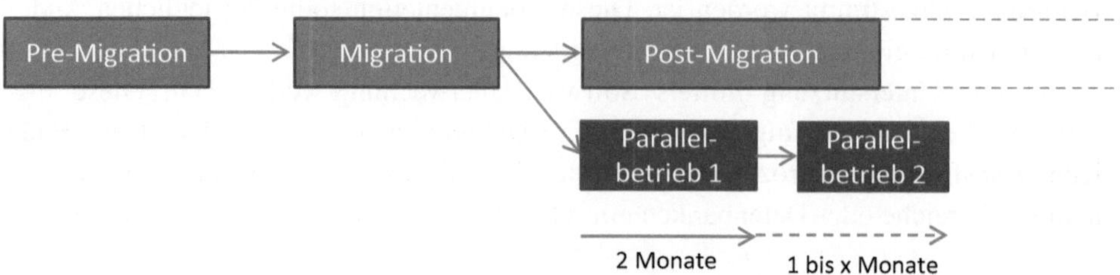


**Abb. 7.1** Grafische Einordnung Parallelbetrieb in den Migrationsphasen. Parallelbetrieb 1: Der Betrieb des Altsystems ist kundenwirksam (mit einer beispielhaften Dauer von zwei Monaten). Parallelbetrieb 2: Das migrierte System ist kundenwirksam (beispielhafte Dauer kann zwischen einem und x Monaten variieren). Die gestrichelten Linien deuten eine je nach Projekt variable Dauer an (so kann die Postmigration wesentlich länger als der Parallelbetrieb dauern). (Quelle: Eigene Darstellung)

oder Probleme mit dem neuen System und den neuen Prozessen verwendet werden. Erst nach diesen ein bis zwei Monaten kann das Altsystem archiviert und außer Betrieb gesetzt werden.

Der Parallelbetrieb schafft erst die Grundlage, um den Vergleich zwischen „alter" und „neuer Welt" zu erreichen. Jedoch ist dieser Vergleich nicht immer möglich, beispielsweise bei Transformationen, die einen großen Anteil an organisatorischen Maßnahmen beinhalten. Die Organisation kann in den seltensten Fällen sowohl im alten als auch im neuen Prozess arbeiten. Es sind oft die gleichen Mitarbeiter, die beide Prozesse bedienen müssen, und ein Parallelbetrieb würde doppelte Arbeit bedeuten. Die eigentliche Produktivität wäre durch die Mehrarbeit nicht erhöht, denn diese Arbeit würde nur Referenz- und Kontrollzwecken dienen. Bei automatisierten Prozessen mithilfe der IT ist der Parallelbetrieb eher möglich.

Der Parallelbetrieb dient außerdem noch der Risikominimierung des Transformationsprozesses. Es gibt viele Unsicherheiten bei jedem Transformationsprozess, insbesondere über die Auswirkungen extern und bei den Kunden des Unternehmens. Es geht um die Reputation, die Kundenzufriedenheit und schließlich um den Umsatz des Unternehmens. Die Vergleichsmöglichkeit durch den hier dargestellten Parallelbetrieb kann die Bedenken und Ängste gegenüber diesen Risiken nehmen.

- **Modellrechnungen oder Simulationen:** Modellrechnungen mit der neuen Zielarchitektur der Transformation sind meist im Vorfeld der Transformation angesiedelt. Dabei werden die neuen Möglichkeiten durch die Transformation transparenter gezeigt und mit den existierenden Ergebnissen verglichen. Dies dient vor allem der Entscheidungsfindung und Modellbildung, welchen Weg die Transformation gehen soll. Dabei kann die Ausgestaltung einer Migration definiert werden, z. B. welche Kundensegmente in der Migration eine Gruppe bilden oder welche Produkte gemeinsam einen Migrationszweig bilden.

## 7.2  Überwachung der Migration

Um den Erfolg der Migration zu messen und sichtbar zu machen, bedarf es einer Reihe von Überwachungsaktivitäten. Wie schon in Abschn. 3.9 erwähnt ist die Überwachung der Migration ein wesentlicher Bestandteil der Aufgaben des Migration Execution Teams. Die Überwachung wird mit Hilfe von Dashboards ermöglicht. Dafür könnten die gängigen IT-Monitoring-Systeme integriert werden und die Datenbanken und IT-Applikationen überwachen. Die Ergebnisse fließen anschließend in das Dashboard ein. Damit kann das Migrations-Dashboard das führende System über die Ergebnisse und den Status der Migrationstools werden. Wie könnte aber inhaltlich diese Überwachung aussehen? Wir wollen hier anhand eines Beispiels versuchen, die Strukturen der Überwachung sichtbar zu machen.

Im Rahmen einer Unternehmensübernahme in der Telekommunikation sollen die Kundendaten (einschließlich den von Kunden gekauften Produkten) migriert werden.

Es gibt neben dem CRM-System noch die Auftragsabwicklung (Order Management), das Abrechnungssystem (Billing) und das Finanzsystem, in denen Kundendaten verwaltet werden; außerdem gibt es Kundendaten in den Netzsystemen. Diese Systeme liegen in unserem Beispiel auf der jeweiligen Seite der Beteiligte mindestens einmal vor. Denkbar sind auch noch weitere (spezifische) Systeme, es sind jedoch alle in der Migration zu berücksichtigen, entweder als Quell- oder als Zielsystem.

Das Kernstück der Überwachung ist eine Datenbank. In dieser Überwachungsdatenbank werden u. a. die folgenden Informationen festgehalten:

1. **Basis für die Kommunikation mit und von dem Kunden** (dies kann technisch mittels eines Flags zum jeweiligen Kunden realisiert werden):
   - **Kundenbasisdaten:** Dies sind die Kerninformationen zum Kunden, z. B. Marke und Produktkategorie, die der Kunde gekauft hat, Art des Kunden (B2C, B2B, etc.). Dazu gehören ebenso die Kundenstammdaten, aber auch abgeleitete Merkmale, um den Kunden kategorisieren und entsprechend einem Migrationszweig zuordnen können, beispielsweise Kriterien für die Kundenkategorien „sensibler Kunde" oder „VIP".
   - **Status** der Kundendaten während der Migration: Darin sind Plandaten enthalten, z. B. Migrationszeitpunkt oder -zeitraum, tatsächlich stattgefundene Migration, ob die Migration erfolgreich war oder nicht. Diese Information muss rechtzeitig vor der Migration existieren (z. B. vier Monate vor Beginn), damit die Kommunikation an Kunden korrekt erfolgen kann.
   - **Migrationskampagnen-Information,** die z. B. folgende Merkmale enthält:
     Name der Migrationskampagne
     Zuordnungen der Kunden zu einer Migrationskampagne
     Geplantes Datum der Migration dieser Kampagne
     Status der Migrationskampagne
     gegebenenfalls Informationen zu Subkampagnen der Migration
   - **Fehlerinformationen:** Damit sind nicht Fehlercodes gemeint, denn diese wären je nach System nur von Experten interpretierbar, sondern Gruppierungen von Fehlern, die eine automatisier- oder planbare Kundenkommunikation durch Service/Callcenter oder per Brief vereinfachen. Das bedeutet, die Fehlerqualifizierung und Definition der Fehlergruppen muss vor der Migration anhand der möglichen Fehlercodes der jeweiligen Systeme erfolgen.
   - **Realtime- oder Ad-hoc-Migrationsreporting:** Das Reporting der obigen Information kann mit Hilfe von Data-Warehouse-Funktionalität erfolgen. Allerdings sollte das Data Warehouse in der Lage sein, in Reports mit Echtzeitdatenaktualisierung zu erzeugen. Diese Funktionalität ist essenziell, damit auf Basis von aktuellen Informationen mit dem Kunden kommuniziert wird.
2. **Status der Migrationsdatensätze:** Es werden die Informationen über den Status der Datensätze der Kunden festgehalten, z. B.: „Der Datensatz befindet sich in der Extraktion aus den Quellsystemen" oder „in der Transformation" (Abbildung auf

das Zielformat), oder „in der Speicherung in den Zielsystemen". Bei Erfolg oder Nicht-Erfolg wird dies vermerkt, z. B. „nicht erfolgreich in der Transformation". Der Fehlercode sollte so aufgebaut sein, dass dadurch das jeweilige System und das entsprechende Problem sichtbar wird. Darüber hinaus sollte ein Fehlermapping/ eine Fehlergruppierung stattfinden um die Fehlerinformationen für die Kundenkommunikation darzustellen. Neben den produktiven IT-Applikationen des Unternehmens sind die Migrationstools, d. h. die Tools, die den ETL-Prozess durchführen, ebenfalls an der Bestimmung des Status sowie der Übermittlung in die Überwachungsdatenbank beteiligt.

Es ist wichtig, dass die Daten für den Status in Echtzeit (oder nahezu Echtzeit) gespeichert werden. Der Prozess der Statussammlung und -speicherung ist stark von der Performance der beteiligten Systeme abhängig. Eine entsprechende Aufrüstung und Performance-Prüfung vor der Migration bietet mehr Sicherheit für die Migration.

3. **Information aus existierenden IT-Überwachungstools:** Die existierenden Werkzeuge, die in der IT-Produktion und im Betrieb der IT-Systeme verwendet werden, können und sollten mittels Software Interface im Migration-Dashboard eingebunden werden. Falls das nicht möglich ist, können diese weiterhin als eigenständige Software eingesetzt, aber in der Arbeit des Execution Teams eingebunden bzw. als Zusatzinstrument der Überwachung verwendet werden (siehe auch Abschn. 6.3).

Diese funktional vorgestellte Überwachungsdatenbank bekommt ihre Daten aus den jeweiligen Quell- und Zielsystemen, die in der Migration beteiligt sind. Diese Daten können sowohl online (d. h. in nahezu Echtzeit) analysiert als auch in Form von Reports (für eher nicht so kritische Daten) zur Verfügung gestellt werden. Für die Online-Daten sind neue (temporäre) Schnittstellen zwischen den Applikationen, den Datenbanken und der Überwachungsdatenbank aufzubauen.

Mit Hilfe von Ad-hoc-Reports oder Alarmfunktionalitäten könnten aus dieser Datenbank entsprechende Maßnahmen für die Steuerung der Migration, vom Aussteuern von fehlerhaften Datensätzen bis hin zum Stoppen einer Migrationskampagne, resultieren.

Die Meldung „Erfolgreiches Laden eines zu migrierenden Datensatzes" ist nicht unbedingt gleichzusetzen mit dem Erfolg der Migration für diesen Datensatz. Denn nach dem Laden der Daten in der Zieldatenbank sind evtl. noch wichtige Daten in der Postmigrationsphase zu migrieren. Außerdem ist die Konsistenz der Daten in der Zielumgebung nicht durch das Laden in einer Datenbank gewährleistet; z. B. könnte die CRM-Datenbank Inkonsistenzen mit der Billing-Datenbank oder der Buchhaltung aufweisen. Solche Inkonsistenzen werden nur zum Teil durch eine Überwachungsdatenbank sichtbar, z. B., wenn entsprechende Querverweise in den jeweiligen Datenbanken existieren. Sonst werden die Inkonsistenzen erst im Live-Betrieb sichtbar, was aber größere Aufwände für deren Behebung erfordern könnte. Daher ist es empfehlenswert, die wichtigsten Kernprozesse zumindest stichprobenartig für jede Migrationskampagne direkt nach der Migration zu prüfen.

Die folgende Übersicht zeigt eine Aufstellung von sinnvollen KPIs für die Überwachung der Migration. Diese Liste enthält nur Beispiele zu einer Datenmigration. Denkbar sind weitere KPIs, wie z. B. die Performance der beteiligten Systeme oder auch eine Auswertung nach Fehlergruppen (siehe auch Abb. 7.2). Für eine Hardware-Migration wären weitere Parameter zu messen, insbesondere wird dann der regressive Vergleich zu den Quellsystemen wesentlich (denn üblicherweise soll die neue Hardware mindestens das gleiche Ergebnis liefern wie die alte Hardware). Bei einer Software-Migration bzw. einem Upgrade des Systems ist meistens auch die Datenhaltung betroffen, daher gelten dabei sowohl regressive Indikatoren, Performance-Indikatoren, als auch die unten aufgelisteten Datenmigrations-spezifischen KPIs.

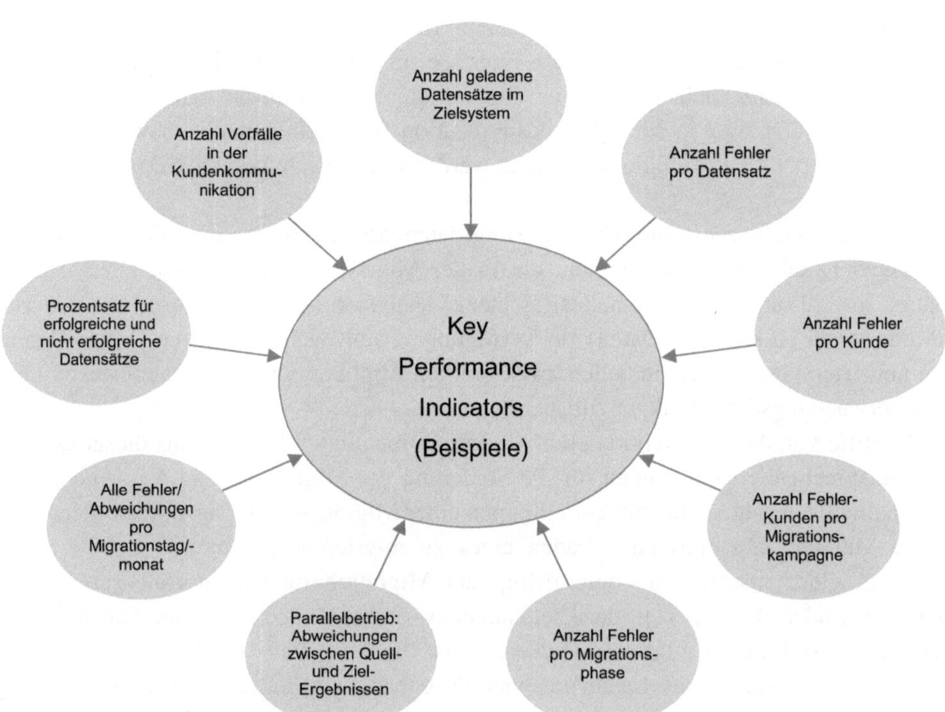


**Abb. 7.2** Beispielhafte Aufstellung von KPIs für die Überwachung der Migration. In der Regel sollten alle KPIs dargestellt werden können: pro Zeiteinheit (Tag, Stunde, Monat), pro Migrationskampagne, pro Kundengruppe (z. B. B2C/B2B), pro Produktgruppe (z. B. Premium-Produkte, Convenient-Produkte). (Quelle: Eigene Darstellung)

**Sinnvolle Indikatoren für eine Migration**

- Anzahl gespeicherte Datensätze pro Zielsystem. Damit ist der Erfolgsfall gemeint, d. h. wie viele Datensätze je Zielsystem persistiert wurden.
- Anzahl Fehler pro Datensatz; da pro zu migrierendem Datensatz eine oder mehrere Zwischenspeicherungen existieren und ein oder mehrere Zielsysteme betroffen sein können.
- Anzahl Fehler pro Kunde. Der Begriff Kunde ist nicht unbedingt gleichzusetzen mit Datensatz, denn ein Kunde kann aus mehreren Parametern/Datensätzen bestehen, z. B. Stammdaten, Bewegungsdaten, gekaufte oder bestellte Produkte, Web-Selfcare-Parameter (wie z. B. Passwörter), oder im Bereich Business-Kunden kann „Kunde" eine Vielzahl von einzelnen Personen einschließen.
- Anzahl fehlerhafter Kundendaten pro Migrationskampagne in den Zielsystemen; hier werden die Fehler gesammelt und diese pro Migrationskampagne dargestellt. Dies kann einen oder mehrere Migrationstage umfassen. Damit kann man den Erfolg der Kampagne messen und Vergleiche zwischen den Kampagnen aufstellen. Dieser Indikator könnte bei größeren Abweichungen zwischen den Kampagnen auf systematische Fehler hindeuten. Dieser KPI kann auch als Gruppierung der obigen Einzel-KPIs verstanden werden.
- Anzahl Fehler pro Migrationsphase. Dies sind summierte Fehler über alle Kunden innerhalb z. B. der Pre-Migration oder innerhalb der Dry Runs (ein Dry Run ist ein Sonderfall, der naturgemäß hohe Fehlerraten am Anfang bietet, die im Verlauf der Wiederholungen und gesammelter Erfahrung aber immer geringer werden sollten).
- Gruppe der KPIs im Parallelbetrieb: Dies stellt z. B. die Summe der Abweichungen zwischen den Quell- und Zielsystemen dar, beispielsweise für die erzeugte Rechnung (pro Kunde, pro Kundengruppe wie B2B). Diese Abweichungen sollten auf einige wenige wesentliche Parameter eingeschränkt werden, damit sie als Grundlage für Managemententscheidungen dienen können, z. B. Gesamtbetrag der Rechnung.[1]
- Verhältnis zwischen erfolgreich und nicht erfolgreich migrierten Datensätzen/Kundengruppen/Migrationskampagnen. Hier werden hauptsächlich Vergleiche von obigen Messungen hergestellt, um den Erfolg von größeren Bereichen zu bestimmen.

---

[1]In der Telekommunikation könnte man weitere Parameter hinzuziehen, die telekommunikationsspezifisch sind, z. B. Anzahl der CDRs (Call Detail Records, das sind die Abrechnungseinheiten für Telefonie, Events bei der Datennutzung oder die Anzahl der SMS). Oder es ließe sich prüfen, ob die Abrechnungsperiode übereinstimmt (Billing-Zyklus, das ist die Periode, die für die Abrechnung verwendet wird – in der Regel ein Monat, z. B. vom 25. bis zum 24. des Folgemonats).

- Vorfälle in der Kundenkommunikation, die Außenwirkung haben (z. B. Anzahl Beschwerden, Kundenmeldungen, Kündigungen, Verhältnis zu den Beschwerden/Kündigungen vor der Migration). Dieser große Bereich des Kunden- und Kundenservice-Monitorings hat in der Migration eine besondere Bedeutung, da hier die Außenwirkung einer (stillen oder fast stillen) Migration sichtbar wird. Dieser Bereich kann in der Regel nach der Migration (einer Kundengruppe oder einer Migrationskampagne) gemessen werden. In der Regel treten die Reaktionen der Kunden erst einige Tage oder Wochen nach der Migration auf. Wenn Ergebnisse einer Migrationskampagne schneller benötigt werden, müsste man mit anderen Instrumenten arbeiten, wie z. B. Test-Anrufe, Pilotkunden-Befragungen, Online- und Social-Media-Kontaktaufnahmen.

Diese Parameter können nach verschiedenen Dimensionen gemessen werden, z. B. pro Migrationstag oder pro Migrationsmonat. Wie oben schon erwähnt sollte es möglich sein, alle KPIs nach verschiedenen Zeiteinheiten zu aggregieren. Dies könnte auf mittelfristige Trends in der Migration hindeuten, oder bei plötzlichen Anstieg oder Abfall auf systematische Fehler im Migrationsprozess hindeuten.

**Fazit**

Eine der wichtigsten Voraussetzungen für eine erfolgreiche Migration ist die Vorabdefinition der Ziele sowie Festlegung der Strategie und der Vorgehensweise. Wenn dies klar ist, können die Messfaktoren (KPIs) definiert werden, um den Grad des Erfolgs (oder auch Misserfolgs) sichtbar zu machen und mit diesen Informationen zu steuern. Erst die KPIs machen die Quantifizierung des Projektes möglich. Die Vorabdefinition dieser Erfolgsfaktoren setzt wiederum voraus, dass ein Abstimmungsprozess mit allen Beteiligten im Unternehmen durchlaufen worden ist. Dies ist nur möglich, wenn alle Beteiligten an einem Strang ziehen, eine gemeinsame Sprache sprechen und miteinander reden. Diese Punkte werden in Kap. 8 näher erläutert.

## Literatur


1. Samulat P (2015) HMD 52: 624. https://doi.org/10.1365/S40702-015-0152-2
2. Samulat P (2017) Die Digitalisierung der Welt. Springer Gabler, Wiesbaden
3. Weber J (2018) Definition. Balanced scorecard. https://wirtschaftslexikon.gabler.de/definition/balanced-scorecard-28000/version-251640. Zugegriffen: 31. Mai 2018

# Die Zweckehe von Business und IT im Migrationsprozess

**8**


**Zusammenfassung**

Das Spannungsfeld zwischen Fachbereichen und der IT verändert sich, vor allem auch während der Transformation der Organisation (Lagerbildung). Als Erfolgsfaktor eminent wichtig: Beide müssen an einem Strang ziehen – aber wie gelingt das? Perspektivwechsel, Offenheit für Neues, Zugeben von Lücken und Fehlern oder einfach die Kenntnis der Grenzen und Barrieren sind einige Hilfsmittel dazu, die in diesem Kapitel vorgestellt werden.


Die Rolle der Unternehmens-IT spielt in den Transformationsprozessen, insbesondere in der digitalen Transformation eine Schlüsselrolle. Traditionell hat die IT eine Servicefunktion für die Fachbereiche, wie z. B. Marketing, Vertrieb oder Finanzen. Im Zuge der Arbeitsteilung sind oft Denk- und Prozess-Silos entstanden. Es ist nun die Frage, wie die Ziele solcher Silos mit den Zielen der Transformation des Unternehmens vereinbar sind. Oft liegt dieser Zwiespalt in der menschlichen Natur begründet: die Angst vor dem Neuen oder vor Veränderungen, die Angst davor, im Zuge von Rationalisierungsmaßnahmen im Unternehmen im Umfeld der Digitalisierung zu verlieren. Die Angst ist eine starke Triebfeder, um die Ziele der nötigen Transformation zu konterkarieren. Außerdem treffen zwischen der IT und den Fachbereichen unterschiedlichste Denkweisen aufeinander. Das geht sogar so weit, dass in den Unternehmen kein einheitliches Begriffsverständnis für viele Dinge (oder Prozesse) existiert: Was ist ein „Kunde" aus Marketing-, Vertriebs-, Finanz- oder IT-Sicht? Während im Marketing und Vertrieb auch ein künftiger Kunde (engl. „prospect") als Kunde bezeichnet wird, ist es im Finanzbereich ein Debitor und in der IT jemand, der in einem IT-System bekannt ist (also z. B. eine Kunden-ID hat). Handelt es sich dabei immer um denselben Kunden? Woran kann


© Springer-Verlag GmbH Deutschland, ein Teil von Springer Nature 2019    139
G. Panagos und C. Hammer, *Transformation von Unternehmen und Technologie*,
https://doi.org/10.1007/978-3-662-54052-7_8

man den Kunden unterscheiden bzw. eindeutig identifizieren? Wie kann man den Kunden zählen, um daraus z. B. ein Ziel für eine Transformation abzuleiten?

Es gibt also „Barrieren" zwischen den Abteilungen, die am deutlichsten (und zumeist auch offen) in der Beziehung zwischen IT und Fachabteilung sichtbar werden. Aber wenn schon im Unternehmensalltag Barrieren existieren, wie wird es dann bei dem größeren Vorhaben einer Unternehmenstransformation sein, wo eine Zusammenarbeit unabdingbar ist? Eine bloße Aufforderung oder ein Appell zur Kollaboration wird wahrscheinlich scheitern. Wir wollen daher in diesem Abschnitt die Strukturen und Möglichkeiten diskutieren, mit denen diese Gefahr in eine Chance umgewandelt werden könnte. Der Schlüssel liegt oft im gemeinsamen Dialog. Ein weiteres Kriterium ist, dass die einzelnen Abteilungen jeweils Know-how von der anderen Abteilung übernehmen, also z. B. die Marketing-Abteilung ein wenig IT verstehen, während die IT-Abteilung ein wenig Marketing verinnerlicht haben sollte.[1]

## 8.1    Perspektivwechsel

Im Zuge der Digitalisierung und der Transformation zur Industrie 4.0 spricht man oft über den sogenannten digitalen Reifegrad (engl. „digital maturity model").[2] Mittlerweile haben die größeren Unternehmensberatungsgesellschaften und Verbände solche Reifegrad-Modelle entwickelt.

Der Reifegrad kann einerseits helfen, den aktuellen Standort zu bestimmen. Andererseits kann er auch den Weg vorskizzieren, den das Unternehmen durchlaufen soll, um wirklich die nötige Effektivität zu erreichen. Wir stellen hier zwei Reifegrad-Modelle beispielhaft vor und diskutieren diese hinsichtlich der Möglichkeiten/Potenziale für eine Unternehmenstransformation.

Die IT des Unternehmens kann als reine Serviceabteilung verstanden werden – in diesem Reifegrad (siehe Abb. 8.1) wird auf eine Öffnung der schon erwähnten „Silos" der Abteilungen plädiert, um von einer Stufe des Reifegrad-Modells auf die nächsthöhere zu wechseln. Bei jeder dieser Stufen werden entsprechende Methoden angewandt: Für den Wechsel von der **niedrigsten** (Ausgangssituation) auf die **erste Stufe** ist eine

---

[1]Zu dieser Erkenntnis insbesondere in der Digitalisierung sind nicht nur die CxOs gekommen, sondern auch die einzelnen Mitarbeiter, siehe z. B. Interview mit Britta Seeger, Vorstand Vertrieb und Marketing bei Daimler, über „ein neues Miteinander" im Zuge der Digitalisierung. Auf die Frage danach, wie die unterschiedlichen Kulturen und Sprachen in der IT und Marketing zusammengebracht werden können, antwortet Britta Seeger: „Ganz einfach: Indem wir aufeinander zugehen. Man muss sich trauen und sagen: Ich verstehe noch nicht, was du sagst" (vgl. [12, S. 10]). Schließlich geht um das gemeinsame Entwickeln von Ideen, Vorgehen, Prozessen und Zielen.

[2]In gewisser Weise sicherlich vergleichbar mit dem bekannteren Capability Maturity Model Integration (CMMI).

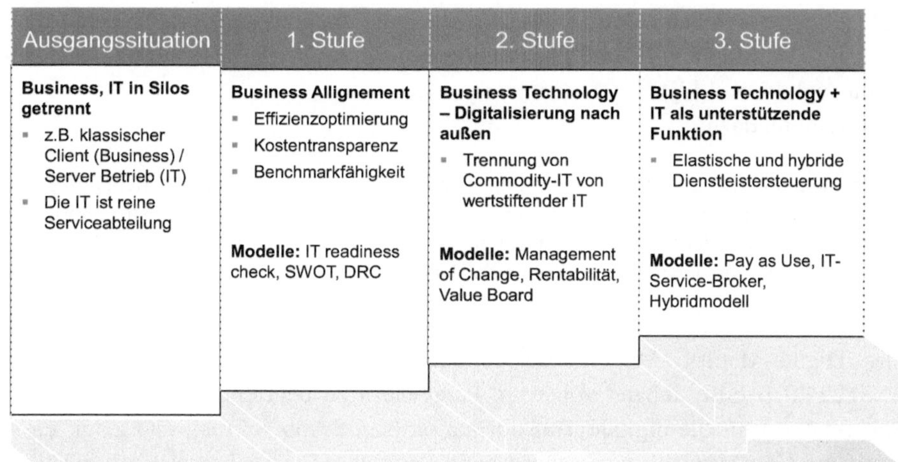



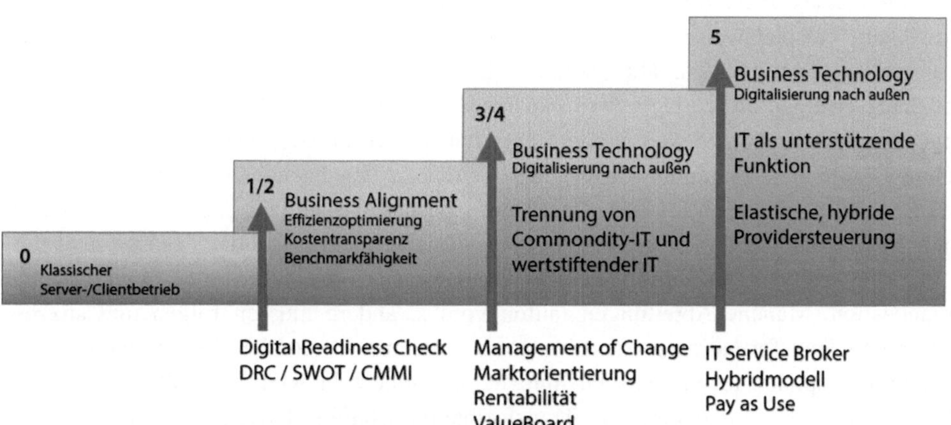



**Abb. 8.1** Die vier Reifegrade. (Quelle: Angelehnt an [9])

Prüfung der Bereitschaft und des Status der IT (IT Readiness Check) sowie eine Stärken/Schwächen-Betrachtung (SWOT-Analyse) notwendig, um den aktuellen Stand zu bestimmen und die nächsten konkreten Schritte zu definieren. In der ersten Stufe wird eine Digitalisierung nach innen erreicht. Hier sind die meisten Barrieren und Probleme mit den Fachabteilungen zu überwinden, um schließlich abgestimmte Prozesse mit den Fachbereichen zu erreichen (Business Alignment). Für die **zweite Stufe** wird eine Digitalisierung nach außen mittels Change-Management-Methoden erreicht, es wird mehr auf die Rentabilität geachtet, um die Effektivität weiter zu steigern. Dabei wird die interne Stimmigkeit auch nach außen sichtbar. In der **dritten Stufe** schließlich hat die IT einen Reifegrad der Serviceabteilung erreicht, der eine Transparenz der Kosten in der Umsetzung und Planung vorweist, so dass diese in einem Pay-as-Use-Modell auch nach außen wirken kann. Die IT ist eine Unterstützung und läuft synchron mit den Anforderungen des Marktes. IT und Fachabteilungen arbeiten wie aus einem Guss, wie eine Einheit (vgl. [9, S. 148]).

Samulat schreibt dazu:

> Besonders intensiv trifft die Digitalisierung die Unternehmens-IT. Entgegen der Sichtweise, dass die IT-Organisation „Enabler" neuer digitaler Prozesse ist, macht die Transformation die eigene IT oft zu Betroffenen, nicht selten zu Verlierern dieser Entwicklung: Kopfmonopole müssen aufgegeben und in Wissen des Unternehmens überführt werden (siehe [9, S. 149]).

Auch das Digital-Maturity-Modell von Peyman und die Adaptation von Kreutzer (vgl. [5, S. 224 ff.]) hilft, anhand von neun Parametern zu beurteilen, ob eine Organisation reif (mature) für die digitale Transformation (siehe Abb. 8.2) ist, und zeigt, dass sie den reifsten Grad erreicht, wenn diese neun Parameter unternehmensweit und über alle Abteilungen hinweg angewandt werden. Angefangen von der Strategie und der Definition eines Transformationsplans wird zunächst ein Geschäfts- und Produktplan entwickelt, beispielsweise mit Modulbausteinen der Produkte, die in kleineren Pilotprojekten getestet werden. Dies soll auf Basis eines soliden Ressourcen- und Budget-Plans erfolgen. Aber nicht nur die Produkte, sondern auch die Prozesse müssen angepasst bzw. neu entwickelt werden. Dies hat wiederum Auswirkungen auf die Unternehmenskultur und -kommunikation.[3] Es werden in den Fachabteilungen neue Rollen und Expertisen entstehen müssen, die oft auf externes Wissen und Expertise angewiesen sind. In der Transformation geht es u. a. um die Übernahme und das Management dieses Wissens und der Einführung neuer bzw. angepasster Businessprozesse in die gesamte Organisation. Manche Abteilungen laufen voraus, andere müssen folgen und sukzessive in den Transformationsprozess integriert werden. Insbesondere bei digitalen Transformationen spielen technologische Innovationen eine sehr wichtige Rolle, so dass die IT-Abteilungen das Fundament der Transformation schaffen. Ohne deren Integration ist eine Transformation nicht möglich. Es darf weder die IT-Technik noch die Fachabteilung (z. B. Marketing oder Produktmanagement) der alleinige Treiber sein, sondern beide müssen im Transformationsprozess mitwirken.

In der Diskussion der motivationsorientierten Organisationsmodelle ist einer der wichtigsten Einwände: Die Scheinharmonie zwischen Organisationseinheiten (etwa bei [10, 11, S. 48 ff.], oder [6]) steht im Gegensatz zur Überzeugung des Human-Ressource-Ansatzes, der besagt, dass die Ziele der Organisationseinheiten sich in Einklang bringen

---

[3]Das Thema Kommunikation und Kulturänderung ist bei jedem Unternehmen nach einer Vielzahl von Studien ein wesentlicher Bestandteil oder auch Voraussetzung für den digitalen Wandel. Nur wenn die neue Kultur des Wandels von allen Abteilungen gelebt und entsprechend kommuniziert wird, kann Digitalisierung gelingen. Das betrifft nicht nur die externe Kommunikation, sondern auch die interne. Vergleiche dazu [12, S. 13], [7, S. 147 ff.] sowie [2 S. 91 ff.].

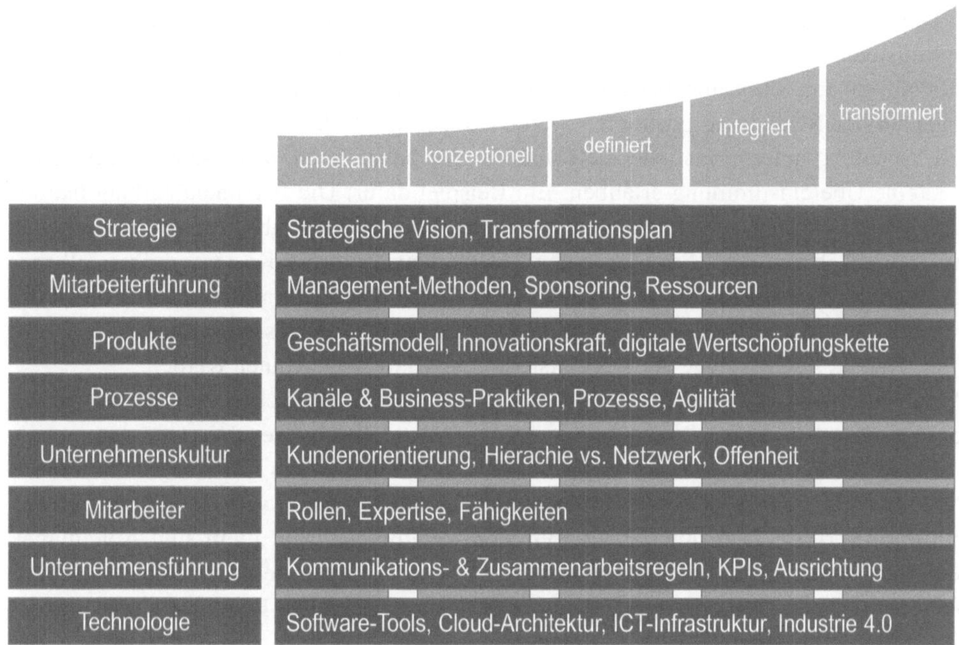


**Abb. 8.2** Angepasstes und modifiziertes Digital-Maturity-Modell nach Peynman, angepasst von Kreutzer et al. Diese Grafik impliziert, dass für jeden der neun Parameter (und die hier dargestellten Attribute) mehrere Zyklen durchlaufen werden müssen: von der Ursprungssituation, in der das Transformationsvorhaben gänzlich unbekannt ist und der Aufnahme der Ist-Situation, über die konzeptionelle Phase, dann über definierte Parameter und Ziele, aber höchstens vereinzelte Umsetzung Der große Schritt folgt über die abteilungsübergreifende Integration und Umsetzung aller Parameter. Schließlich (nicht ohne Anpassungen) erreicht die Organisation den unternehmensweiten transformierten Zustand. (Quelle: In Anlehnung an Peyman et al. 2014, S. 38)

ließen, um schließlich motivierend und harmonisierend zwischen Individuen der jeweiligen Organisation zu wirken. Man müsste vielmehr von „Nullsummen-Spielen" im organisatorischen Leben ausgehen, noch viel stärker, wenn es um Change-Prozesse geht, wie bei Transformationen, in denen die Fachabteilungen jeweils beteiligt und betroffen sind. Nach einem Human-Ressource-Ansatz wegen der Transformation würden doch alle beteiligten Abteilungen profitieren. Wo ist dann das Problem?

Es ist typisch, bei der Transformation die Frage nach der „Harmonie" zwischen IT- und Business-Abteilung aufzuwerfen. Mit anderen Worten stellt sich viel häufiger als angenommen die Frage, ob die Fachabteilungsziele oder die Ziele der IT verwirklicht werden sollen, die bekanntermaßen häufig im (scheinbaren) Widerspruch stehen. Die Mittel und die Zeit zur Zielerreichung sowohl der einen als auch der anderen Seite seien sehr knapp. Statt harmonischer Kongruenz sei daher für gewöhnlich ein erbitterter Kampf um die knappen Mittel (z. B. das Ringen um das Budget) an der Tagesordnung.

Dieses Argument trifft einen sehr wunden Punkt und arbeitet gegen den generellen Optimismus und die ursprüngliche „Aufbruchsstimmung" einer Transformation. Man geht davon aus, dass alle betroffenen Organisationseinheiten gleichermaßen von den Früchten der Maßnahme profitieren werden. Jeder weiß, dass im geschäftlichen Alltag jede Abteilung unterschiedliche Ziele und Vorteile haben kann, ja sogar Ziele existieren, die keine Übereinstimmung erlauben. Ein Beispiel dafür: Die Personalabteilung hat das Ziel, Personalkosten zu reduzieren, die IT-Abteilung benötigt aber für die zusätzlichen Aufgaben während der Migration einen Schichtdienst, der die Kosten erhöht – all dies im Zuge der Transformation. Ein weiterer Stolperstein ist die Angst vor dem Abbau der persönlichen Macht und Bedeutung des eigenen Fachbereiches zugunsten der IT und ihrer Systeme, die im Zuge der Digitalisierung an Einfluss gewinnen werden.

Tab. 8.1 fasst die typischen Blockadegründe, die sicherlich nicht nur in Transformationsvorhaben eine Rolle spielen, in einem überspitzten „Regelwerk" zusammen.

Leider finden wir, wenn wir ehrlich sind, häufig viele (wenn nicht sogar alle) dieser Punkte vor, gerade in größeren Unternehmen. Dieses Vorgehen verhindert Innovationen und erschwert die Zusammenarbeit zwischen Abteilungen. Vor allem sind Abteilungen betroffen, deren operatives Tagesgeschäft weit voneinander entfernt ist: IT vs. Business. Sicherlich kann man proaktiv gegen die zehn oben dargestellten Regeln zur Innovationsverhinderung steuern. Aber wie könnte eine Kultur der Zusammenarbeit wachsen und Innovation und Transformation unterstützen?

Es kristallisieren sich die folgenden wichtigen Strukturmerkmale für eine Transformation heraus (inspiriert von [4, S. 402 ff.] sowie [3]):

1. **Innovation als Bestandteil des Wertesystems** des Unternehmens: Dies bedeutet nicht nur eine Veränderung in der Unternehmenskultur, sondern in kleinen praktischen und alltäglichen Verhaltensweisen: Lob und Incentives bei Kreativität, Belohnungen und Auszeichnungen für Innovatoren und nicht zuletzt Unterstützung mit Budget bei Engagement im Transformationsprozess. Dies beinhaltet mindestens vier Bereiche des oben erwähnten „Digital Maturity Models": Operations, Culture, People, Governance. Dabei gilt es natürlich zu erwähnen, dass die Änderung des Wertesystems eines Unternehmens eine langwierige Aufgabe und nicht mit einer Rundmail erledigt ist.

2. **Toleranz bei Fehlschlägen:** Es ist klar, dass es bei jeder Transformation, gerade weil das Unternehmen Neuland betritt, Fehlschläge geben wird. Ein Klima der Toleranz gegenüber Misserfolgen ist ein wichtiger Bestandteil eines Transformationsprojektes. Die Kultur der Transformation darf aus Fehlschlägen Kapital schlagen und daraus lernen, anstatt sich zurückzuziehen und Kritik zu üben (siehe auch Punkt 5 in Tab. 8.1). Im Digital-Maturity-Modell ist dabei neben dem Bereich Culture auch der Bereich Leadership gefragt, um so eine Kultur einzuführen.

3. **Job-Sicherheit und Möglichkeiten der Karriereentwicklung:** Dies bietet sicherlich ein wichtiges Fundament für jeden Mitarbeiter, um aus seiner Basisposition in der eigenen Abteilung herauszukommen und offener in der Transformation mitzuwirken.

**Tab. 8.1** Innovationsfeindliche Kulturen: Wie werden Innovationen blockiert? 10 Regeln. (Quelle: Angelehnt an [4, S. 401])

| Nr | Regel |
| --- | --- |
| 1 | Betrachte jede neue kommende Idee mit Misstrauen |
| 2 | Bestehe darauf, die Zustimmung auch höherer Ebenen in der Unternehmenshierarchie einzuholen |
| 3 | Fordere Abteilungen und Individuen auf, Vorschläge zu kritisieren, damit wird die Entscheidung oft blockiert |
| 4 | Äußere Kritik in jedem Meeting, ohne die Fortschritte, ohne Erfolge zu erwähnen oder zu loben |
| 5 | Behandle die Aufdeckung von Problemen als Fehlleistung, somit entsteht eine Kultur der Unterdrückung von möglichen Hindernissen und Risiken |
| 6 | Kontrolliere genau, und stelle kleine Abweichungen von der Norm als Problem dar |
| 7 | Überrasche die Mitarbeiter mit Reorganisationsbeschlüssen, ohne sie vorher zu informieren |
| 8 | Wenn jemand nachfragt, stelle Gegenfragen, warum er die Nachfrage stellt |
| 9 | Delegiere problem- und risikoreiche Fälle oder Projekte, die potenziell als problematisch gelten |
| 10 | Stelle dich immer als wissender und wichtiger Entscheidungsträger dar |

Hier müssen die Strategie und Führung des Unternehmens mitwirken (siehe auch Bereiche Strategy und Leadership des Digital-Maturity-Modells).

4. **Unterstützung der Champions** als wesentlicher Bestandteil der förderlichen Kultur in der Veränderung; diese können katalytisch die Zusammenarbeit anschieben. Dabei ist ein Champion nicht der „Macher", sondern ein hoch motivierter Mitarbeiter, der Probleme erkennt und diese zu seinem persönlichen, vordringlichen Anliegen macht. Dabei spielt Kommunikation eine wichtige Rolle. Wenn diese Champions in den jeweiligen Teams der Transformation akzeptiert werden, werden die Erfolge nicht ausbleiben. Dabei spielen mehrere Bereiche eine Rolle: Akzeptanz durch das Management, das Setzen klarer Zielen, Weitergabe von Wissen und Know-how, Vorgabe klarer Prioritäten, Vorgabe klarer Verantwortlichkeiten.[4] Hier wirken fast alle Bereiche des Digital-Maturity-Modells ein.

So wichtig diese Feststellung ist, so fatal wäre es jedoch, würde man daraus den Schluss einer totalen Inkompatibilität der Ziele ziehen. Für die strukturellen Inkompatibilitäten gibt es bei vielen Betrieben neben den unternehmenseigenen Leitlinien auch geltende

---

[4]Die Organisation kann sich dabei durch das Management inkrementell hin zu einer innovativen Kultur entwickeln; dieses ältere Prinzip lässt sich heute insbesondere in agilen Vorgehensweisen anwenden. Das Management lässt aber den Mitarbeitern improvisatorische Freiheiten, siehe [1].

gesetzliche Regelungen (z. B. das BetrVG). Dennoch ist für die tägliche Zusammenarbeit im Rahmen der Transformationsprozesse das Beharren auf den Konflikt wenig zielführend. Ohne positives Leitbild innerhalb des Kreises der beteiligten Abteilungen (hier Business und IT) ist keine gedeihliche Zusammenarbeit zu bewerkstelligen[5] Dies trifft auch auf das zweite Argument bzgl. des Abbaus von Macht und Einfluss zu. Warum sollte jemand nicht an einer inspirierenden motivierenden Zusammenarbeit teilhaben und mehr Freude daran haben, als im Status uo des Innovationsdrucks und des Innovationsdefizits? Es gibt unzählige Beispiele von positiven Effekten der Zusammenarbeit, von denen insbesondere die IT und Business profitiert haben (vgl. z. B. [8]). Allen ist gemeinsam, dass das Management sich stark involviert und selbst Teil und Triebfeder des Transformationsprozesses ist.

## 8.2    Diverse Barrieren (und deren Überwindung)

In jedem Unternehmen gibt es zwischen Personen, Abteilungen und Unternehmensbereichen Blockaden, Barrieren, die das tägliche, aber auch das strategische oder taktische Arbeitsleben erschweren oder gar zum Erlahmen bringen. Diese Barrieren begründen sich oft durch das Set-up der Konfiguration der Beziehung zwischen Business und IT, gerade bei Transformationen und längeren Change-Prozessen. Oft wird eine Transformation neben dem täglichen Business und operativem Geschäft betrieben, d. h. die gleichen Personen sind quasi „nebenher" auch mit der Transformation beschäftigt. Für die IT wiederum ist es „just another project", ohne die Tragweite des Transformationsvorhabens für das eigentliche Geschäft und die tägliche Arbeit zu berücksichtigen. Diese operativen Einschränkungen behindern generell strategische oder taktische Vorhaben, nicht nur in Bezug auf zeitliche Kapazitäten, sondern auch aus weiteren Gründen, die wir hier im Folgenden zu diskutieren versuchen. Einige Probleme bzw. Barrieren lassen sich begründen, z. B. im Aufbau eines Ein- oder Mehr-Linien-Systems, in der Länge der Informationswege, der Zuweisung der Verantwortung oder im Fehlen der fachlichen Kompetenzen (bzw. der korrekten Zuweisung), vgl. dazu [4, S. 127 ff.]:

- **Ein- oder Mehr-Linien-System:** Es bilden sich meist in den Business-/Fachabteilungen Instanzen, die zur Koordination, zur Herbeiführung von Entscheidungen sowie Priorisierung der Aufgaben der IT dienen. Dabei können diese über mehrere

---

[5]In diesem Fall kristallisiert sich der positive Effekt des motivationsorientierten Organisationsmodells heraus, ein positives Leitbild zu entwickeln und die Bedürfnisse der Mitarbeiter zu befriedigen (per Definition), siehe als mögliche Literatur u. a. bei Schreyögg, oder Argyris, oder McGregor, etc.

Ebenen gebildet werden[6], sodass die Verantwortlichen untereinander Weisungsbeziehungen aufweisen. Schnelle Antworten und Auftragserteilung werden dadurch erschwert. Um trotzdem voranzukommen erweisen sich Brückenpositionen und die Einbettung der Verantwortlichkeiten nach agilen Methoden als hilfreich (siehe auch Abschn. 3.3). Dabei ist eine klare Zuordnung von Verantwortlichkeiten besonders wichtig. Dies sollte am Anfang eines jeden Transformationsprojektes festgelegt und klar kommuniziert werden.

- **Länge der Informationswege:** Aus den langen Hierarchien abgeleitet (gerade in größeren Organisationen und größeren Transformationsvorhaben) entstehen Verzögerungen und Fehlinformationen (Prinzip der „stillen Post"). Dadurch werden verstärkt die Business- und IT-Instanzen in Koordinationsaufgaben zwischen den Hierarchiestufen in Anspruch genommen; die typischen „Meetings zur Synchronisierung" von Projektleitern und Product Ownern nehmen den Hauptteil deren Arbeit ein. Mögliche Abhilfe kann es bereits bei der Planung und beim Aufbau der Organisation des Projektes geben, indem eindeutige Funktionen und Aufgaben so zugeschnitten werden, dass es zu keinen Überlappungen kommt. Konflikte können damit innerhalb eines Teams bearbeitet werden und die Informationswege verkürzen sich. Auch die Vereinheitlichung der Teams durch gemischte Business- und IT-Teams kann die Informations- und Entscheidungswege verkürzen.
- **Zuweisung der Verantwortung:** Ein Fehlen der klaren Verantwortung führt in einem mehrstufigen System zu Überlappung der Aufgaben und unklaren Zielen (vgl. [4, S. 132 f.]). In einem größeren Migrations- oder Transformationsprojekt sollten die temporären Linien-Verantwortlichkeiten, die nur für die Dauer des Projektes existieren, eine besondere Belohnung oder Chancen (gekoppelt an eine Zielerreichung) implizieren. Die positive Motivation der Mitarbeiter spielt bei der Übernahme dieser Verantwortung eine wichtige Rolle.
- **Fehlen der fachlichen Kompetenzen (bzw. der korrekten Zuweisung):** Ein häufig beobachteter Effekt beim Staffing von Projekten (und damit auch von Transformationsprojekten), die per Definition temporären Charakter haben, ist das Beharren von Vorgesetzten, ihre Leistungsträger mit Linienaufgaben dem Projekt nicht „auszuleihen". Damit entstehen Lücken im Wissen während des Projektes, oder es wird nach Annahmen gearbeitet, für die das Risiko besteht, dass sie später zu Änderungsanforderungen (Change Requests) werden, die teuer sind und Verzögerungen bedingen. Der Versuch, die „kostbaren" besten Mitarbeiter part-time in

---

[6]mit dem Zweck der effizienten Arbeitsweise und Arbeitsteilung; siehe auch Taylorismus (Taylor 1911 the prinicples of scientifc management). Die Arbeitsteilung bewirkt weiterhin Abhängigkeiten vom Wissen der jeweiligen anderen Partei um zum gemeinsamen Ziel zu kommen. Hier wird klar, dass der Erfolg eines Projektes infrage gestellt wird, wenn dieses gemeinsame Ziel nicht existiert oder durch divergierenden Interessen der jeweiligen Gruppen, IT und Business, torpediert wird.

die Linie und part-time ins Transformationsprojekt einzubinden, ist zwar besser, hat aber auch Nachteile, da diese Mitarbeiter nicht immer da und voll ansprechbar sind. Auch hier können zeitliche Verzögerungen und Konflikte beim Mitarbeiter entstehen. Wichtig wäre eine rechtzeitige Zuweisung von Kompetenzen und Wissen gleich am Anfang des Projektes.

**Fazit**

Ohne Widerstände kann eine Organisation keine größeren Probleme überwinden. Ohne Management des Transformationsprozesses lässt sich die Überwindung der Barrieren und der Probleme nicht erreichen. Es müssen Zwischenziele und eine stufenweise Entwicklung der Organisation erreicht werden, um die Gesamtziele zu erreichen. Dedizierte Motivationsinstrumente müssen angewandt werden und alle Betroffenen als Beteiligte in dem „permanenten" Veränderungsprozess müssen mitwirken. Denn der Innovationsdruck, der heute branchenübergreifend existiert, kann nur bedeuten, dass jede Organisation sich in einer immer wiederkehrenden Transformation befindet. Die Trends dieses immer schneller werdenden technologischen Wandels implizieren, dass sich die Transformation als permanenter Prozess etablieren muss. Die Digitalisierung ist nur ein erster, notwendiger Schritt.

## Literatur


1. Brown SL, Eisenhardt KM (1997) The art of continuous change: Linking complexity theory and time paced evolution, in relentlessly shifting organisations. Adm Sci Q 42(1):1–34
2. Clement R, Schreiber D (2016) Internet-Ökonomie. Grundlagen und Fallbeispiele der vernetzten Wirtschaft. Springer Gabler, Wiesbaden
3. Kanter RM (1983) The change masters. Free Press, London
4. Kieser A, Walgenbach P (2010) Organisation. Schäffer-Poeschel Verlag für Wirtschaft – Steuern – Recht, Stuttgart
5. Kreutzer RT (2017) Digital business leadership. Springer Gabler Fachmedien, Wiesbaden
6. Nord WR, Durant DE (1978) What is wrong with the human resources approach to management? Organisational Dynamics 6(3):13–25
7. Reinnarth J, Schuster C, Möllendorf J, Lutz A (2018) Chefsache Digitalisierung 4.0. Springer Gabler, Wiesbaden
8. Ross SC, Koys DJ, Lawler EE (1987) High involvement management. Acad Manage Rev 12(3):567–570
9. Samulat P (2017) Die Digitalisierung der Welt. Springer Gabler, Wiesbaden
10. Schreyögg G (1989) Zu den problematischen Konsequenzen starker Unternehmenskulturen. Zeitschrift für betriebswirtschaftliche Forschung 41(2):94–113
11. Schreyögg G (2008) Organisation. Grundlagen moderner Organisationsgestaltung. Mit Fallstudien. Gabler, Wiesbaden, S 48–50
12. Schröter R (2018) Kulturwandel. Ein neues Miteinander. Interview mit Britta Seeger. Werben & Verkaufen Nr. 27. 02.07.2018

# Trends in der Transformation 9


**Zusammenfassung**

Insbesondere der digitale Wandel hat die letzten Jahre geprägt. Dabei geht es nicht nur um Veränderungen in der Vermarktung, sondern u. a. in der Nutzung der sogenannten digitalen Agenten, das Reifen und Anwenden der künstlichen Intelligenz und die Anwendung neuer Technologien, wie z. B. Blockchain. Diese Trends sollen das Leben einfacher, sicherer und komfortabler machen. Können Organisationen da Schritt halten? Es kommen oft Ängste auf wie massiver Verlust von Arbeitsplätzen, verpasster Anschluss an den technologischen Vorsprung oder die totale Überwachung (gläserner Kunde, gläserner Bürger). Wie gehen die Unternehmen damit um? Beides, Ängste und Innovationen, können enorme Chancen beinhalten, diese gilt es aufzugreifen; einen kleinen Schritt dazu unter Zuhilfenahme des vorgestellten Vorgehens bei der Transformation und Migration könnte dieses Buch aufzeigen.


Heute ist die Digitalisierung oder Digitale Transformation (manchmal auch das Internet der Dinge/IoT) in aller Munde. Sogar die EU-Kommission hat einen Bereich für Digitale Transformation definiert (vgl. dazu [9, 10] sowie [11])[1] (siehe dazu auch Abb. 9.1). Viele Firmen haben sogenannte Chief Digital Officer (CDOs) eingestellt, damit wird die Wichtigkeit der Digitalen Transformation auf C-Level unterstrichen. Doch uns allen fällt es nicht leicht, die gesamte Tragweite dieses Megatrends zu ermessen. Oft wird dieser Begriff gleichgesetzt mit Big Data oder mit Künstlicher Intelligenz (KI), das wird

---

[1]Auch die DSGVO (Datenschutzgrundverordnung, seit Mai 2016 in Kraft) trägt der digitalen Entwicklung Rechnung und hat zum Ziel, die eigenen Rechte an personenbezogenen Daten und den Umgang damit bei Unternehmen zu regulieren.


© Springer-Verlag GmbH Deutschland, ein Teil von Springer Nature 2019     149
G. Panagos und C. Hammer, *Transformation von Unternehmen und Technologie,*
https://doi.org/10.1007/978-3-662-54052-7_9

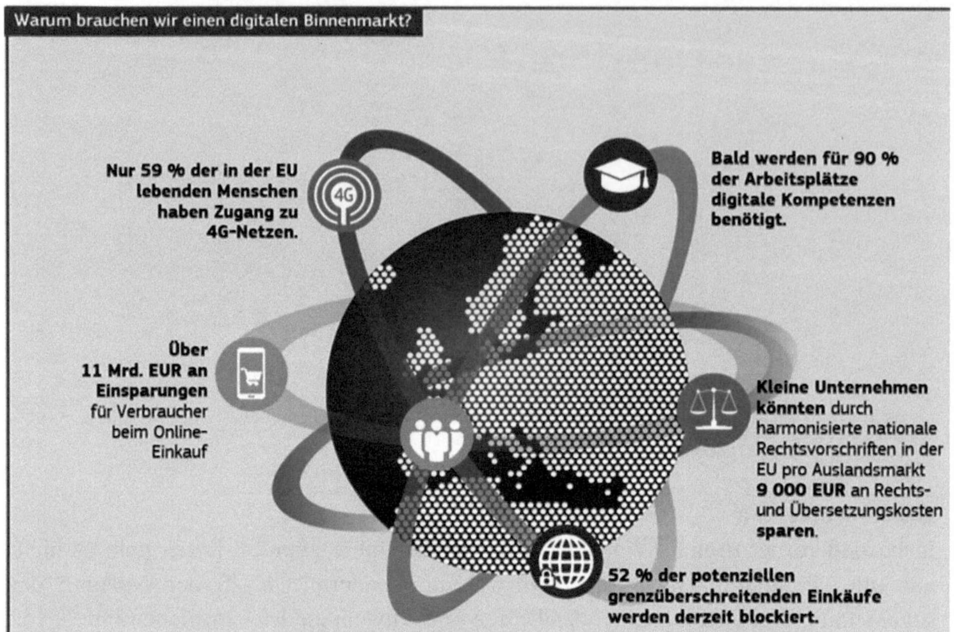


**Abb. 9.1** Einige Begründungen und Motivatoren für eine digitale Transformation des europäischen Binnenmarktes. (Als Erklärung für den digitalen Binnenmarkt, Quelle: aus [10])

der Digitalen Transformation allerdings nicht gerecht; der Begriff ist weiter zu fassen. Im Englischen wird sogar unterschieden zwischen Digitalization und Digitization. Ersteres bedeutet die Digitalisierung eines Unternehmens nach außen, hin zu den Kunden, Geschäftspartnern und Lieferanten. Letzteres bezieht sich auf die digitale Transformation des Unternehmens von innen, indem die Unternehmensabläufe und die Aufbauorganisation transformiert werden. Letztendlich ist die Digitalisierung des Unternehmens nach innen und außen die Voraussetzung, um alle weiteren innovativen Schritte durchlaufen und damit auch nachhaltig wachsen zu können.

Mehrere Zukunftsforscher (z. B. [20]) sind überzeugt, dass die Digitalisierung nicht nur unsere Wirtschaft, sondern auch die Gesellschaft als Ganzes komplett umkrempeln wird; insgesamt erlebt unsere Welt derzeit den wohl weitreichendsten Umbruch seit Jahrzehnten – egal, ob im Privaten oder im Beruflichen. Einige Voraussetzungen für diesen Umbruch haben einige Jahrzehnte gebraucht, um den heutigen Stand zu erreichen. Einerseits ist davon die Netzwerk-Infrastruktur (Mobilfunk-Bandbreite, Glasfaser, usw.) betroffen, andererseits sind Technologien, die über das Experimentierstadium hinausgekommen sind, die Basis für weiteres Wachstum und den Aufbau von innovativen Geschäftsmodellen, z. B. RFID, Internet und IP-basierte Dienste, Recommendation Engines, Networking und Social Media.

Betrachten wir das Thema Mobilität und Konnektivität näher, nachfolgend an der Entwicklung der verschiedenen Mobilfunkstandards sowie der Mobilfunkgenerationen dargestellt:

- Die ersten Telefonnetze hatten eine Geschwindigkeit/Bandbreite von 7 KByte/s., das sind ca. 56 Kbit/s (zu KByte und Kbit siehe auch [24]). Heute mit LTE (4G, Next Generation Mobile Networks) haben wir theoretisch 1 Gbit/s und die nächste Generation (5G) soll bis 50 Gbit/s Bandbreite im Endausbau erreichen können.
- Erst die guten Übertragungsraten haben es möglich gemacht, das Internet sinnvoll mobil zu nutzen. Die Entwicklung und Anwendung von mobilen Applikationen stieg sprunghaft an: Das Smartphone wurde geboren.
- Mit der kommenden Mobilfunkgeneration, 5G, werden vernetzende mobile Dienste erweitert, Beispiele dafür sind:
    - Die Vernetzung der Autos; Autos lernen das sichere Fahren.[2]
    - Das sofortige Abspielen (Streaming) wird noch einfacher, komfortabler und in besserer Qualität ermöglicht.
    - Ärzte werden Operationen mit Hilfe von drahtlos/über gesicherte Netzwerke kontrollierbaren Robotern durchführen. Mit Hilfe von Künstlicher Intelligenz ist es jetzt schon möglich, die Diagnose remote auszuführen; mittels Scannen von tausenden Krankheitsbildern wird die Diagnose verifiziert und dazu eine passende Therapie vorgeschlagen.
- Für 5G selbst ist zu erwarten, dass es noch viel schneller werden wird als anfänglich angekündigt.

Unsere Welt ist mittlerweile in vielen Bereichen durchgängig vernetzt. Informationen sind heute (fast) überall und permanent verfügbar. Damit haben sich auch die Bedürfnisse und Verhaltensweisen der Menschen als Individuen und die Gesellschaft insgesamt grundlegend verändert. Das reicht vom Online-Shopping und Preisvergleichsportalen (Änderung des Kauf- und Konsumverhaltens) über die Echtzeitkommunikation mittels Messenger-Diensten, der Nutzung jederzeit verfügbarer Informationen und damit (vermeintlich) auch Aufklärung bis hin zum zeit- und ortsunabhängigen Arbeiten. Maximale Flexibilität, Schnelligkeit, Individualität und Benutzerfreundlichkeit gepaart mit einem attraktiven Preis-Leistungs-Verhältnis definieren die Anforderungen von Privatpersonen und Unternehmen als Konsequenz der Digitalisierung. Oder, anders formuliert: Menschen pflegen heute einen digitalen Lebensstil, orientiert an ihrem persönlichen Vorteil. Sie suchen nach Geschäftspartnern, die das verstanden haben und sie in ihrer alltäglichen

---

[2]Wenn jedes Auto eine SIM-Karte (oder embedded SIM, kurz eSIM) eingebaut hat, kann es mittels zentraler Server oder Pier-to-Pier mit den anderen Autos kommunizieren und seine aktuelle Position, Geschwindigkeit und Fahrtrichtung übermitteln. Dies ermöglicht quasi jedem Auto, „um die Ecke zu sehen" und vorauszusagen, ob eine Kollision bevorsteht.

Lebenswirklichkeit unterstützen. Bisher scheint alles OK, und die bisherige Entwicklung hat bereits einige Unternehmen motiviert, bei dieser sogenannten digitalen Transformation mitzumachen. Die übrigen Unternehmen spüren den Handlungsdruck etwas zu verändern, um die neuen digitalen Anforderungen zu erfüllen. Bei allen diesen Vorhaben ist meist nicht nur die Kundenschnittstelle betroffen, sondern alle Abteilungen, ja das Unternehmen als Ganzes. Dies wird oft übersehen, mit dem Ergebnis, dass der digitale Wandel nur halbherzig vollzogen wird und das Vorhaben scheitert bzw. hinter den hohen Erwartungen zurückbleibt.

## 9.1    Disruptive Entwicklung

Im Zuge der schrittweisen Digitalisierung wird immer häufiger erkannt, dass eine größere Interaktion auf der Prozessebene benötigt wird, d. h. dass sie viel stärker integriert werden müssen, z. B. im Rahmen von Industrie 4.0. Dass es hier nicht so schnell vorangeht, liegt oft an den alten Prozessen, Industrie/Fertigungs-Maschinen und -Werkzeugen sowie fehlenden und passenden Standards.[3] Als einzige Lösung bleibt oft der Ersatz der bestehenden Maschinen, Software und Prozesse, die die Kompatibilität zueinander und Integration garantieren. Ein größerer Umbau der Firma als Ganzes steht bevor, inklusive Daten- und Prozessmigration und nicht zuletzt der gesamten Aufbauorganisation. Denn die neue Automatisierung benötigt auch neue Skills, neue Rollen und neues Know-how. Dass viele Unternehmen vor einer solchen großen Baustelle Hemmungen haben, ist verständlich. Deswegen wählen viele eine verhaltene bzw. schrittweise Annäherung an das gewünschte Ziel. Da stellt sich die Frage, wie dies mit sogenannten disruptiven Transformationen zusammenpasst.

Wenn über disruptive Technologien und konsequenterweise disruptive Transformationen gesprochen wird, wird etwas Zerstörerisches erwartet, eine sehr schnelle, ja explosionsartige Veränderung. Was sind die Kennzeichen von disruptiven Transformationen?

▶ **Disruptiv** bedeutet Umwandlung, Verwandlung, Veränderung einer bestimmten Technologie. Wie das Wort disruptiv bedeutet auch die Digitale Transformation eine Wandlung, wie die Metamorphose der Raupe zum Schmetterling: Die Wandlung beginnt sehr langsam und am Ende ist die Raupe auf einmal keine Raupe mehr und kann als Schmetterling fliegen.

---

[3]Das Entstehen eines Standards (vor allem wenn er in den Bereich der Normierung übergeht) ist meist ein langwieriger Prozess, der digitale Wandel bringt jedoch sehr kurze Zyklen mit sich. Beispielhaft können hier IT-Projekte aufgeführt werden, in denen mit agilen oder prototypischen Methoden wie Scrum, Rapid Prototyping oder XP (Extreme Programming) versucht wird die Time-2-Market zu reduzieren, gleichzeitig aber häufig durch die Einsparung/Reduzierung einer ausführlichen Analyse- und Konzeptionsphase die Qualität nachhaltig negativ beeinflusst wird.

Disruptive Technologien, die eng verknüpft mit der digitalen Transformation sind, haben sieben Merkmale (angelehnt an [22, S. 28 ff.]):

1. Exponentielle Entwicklungen,
2. Vereinigung von Innovationen und Zusammenschmelzen von Branchengrenzen,
3. „The winner takes all"-Situation: Monopolbildung durch Netzeffekte,
4. nahezu Null-Grenzkosten-Wirtschaft,
5. extreme Verringerung der Transaktionskosten,
6. Ressourceneinsatz/-zugang wird wichtiger als Kauf,
7. Personalisierung, Regionalisierung.

Ein gemeinsames Kennzeichen aller dieser sieben Merkmale ist es, dass sie auf Daten angewiesen sind, die digital vorhanden sein oder digital erfasst werden müssen; damit lassen sie sich maschinell lesen und verarbeiten. So kommen wir wieder auf die Wichtigkeit der Migration der Daten als Basis aller digitaler Transformationen zurück.

Die Digitalisierung ermöglicht es, schnell und konsequent zu reagieren, falls Bedürfnisse und Erwartungen nicht angemessen befriedigt werden. Die zügige Abwendung, der Wechsel zu einem anderen Anbieter der Dienstleistungen oder der Produkte, wird in aller Regel die Folge sein. Machen wir uns nichts vor: Privatpersonen und Unternehmen sind in Folge der Digitalisierung als Kunden heute so mächtig wie niemals zuvor. Manch einem – egal ob in der Telekommunikation oder in anderen Branchen – mag das nicht gefallen. Ändern lässt sich dieser Umstand jedoch nicht. Im Gegenteil, jeder der ihn nicht akzeptiert riskiert seine Existenz.

Dabei besteht für Resignation eigentlich gar kein Anlass. Denn erst mit der Digitalisierung bekommen die Unternehmen die Möglichkeit, Kundenbedürfnisse besser als jemals zuvor zu verstehen und letztlich zu befriedigen. Die Situation ähnelt ein wenig der des Tante-Emma-Ladens an der nächsten Ecke vor ca. 50 Jahren: Der Verkäufer damals kannte jeden seiner Kunden persönlich, seine Vorlieben, seine Schwächen, seine Familiengeschichte. Und er wusste haargenau, was der Kunde wann, wie und zu welchem Preis kaufen wollte. Aber jetzt können wir auch erahnen, wo die Probleme eines Ausbleibens des Erfolgs vieler Unternehmen liegen könnten.

Wenn ein Unternehmen bisher nicht auf die neuesten Entwicklungen reagiert hat, könnten einige der folgenden Thesen etwas zu seinem Wachrütteln beitragen:

1. OECD Studie (vgl. [16]): **40 % aller Jobs werden in den nächsten 10 Jahren verschwinden.** Diese Studie, die bereits 2013 zunächst in den USA und England gestartet wurde, umfasst mittlerweile viele Länder, u. a. Deutschland, Norwegen und die Slowakei. Eine weitere Studie im Auftrag der ING DiBa konstatiert Deutschland, dass die Veränderung am Arbeitsmarkt schon angefangen hat. Darin sind über 50 % aller Jobs mit einem Risiko von 59 % gefährdet (vgl. [4, S. 4 ff]). Am höchsten wirkt sich dieses Risiko auf Büro- und Hilfsarbeitskräfte aus, je nach Branche mit bis zu 70 %. Aber auch in Handwerks- oder technischen Berufen wird ein großer Teil der

Arbeitsplätze verloren gehen. Das geringste Risiko des Jobverlustes besteht für akademische Berufe, Schulungsberufe und Führungskräfte. Es wird aber insbesondere hervorgehoben, dass nicht unbedingt die Jobs als solche entfallen: Sie werden andere Inhalte bekommen und mit anderen Qualifikationen als bisher besetzt. Das bedeutet unter anderem, dass uns Umschulungen und Job-Veränderungen in den nächsten 10 bis 15 Jahren erwarten werden.

2. In Afrika werden jetzt schon über **50 % der Banktransaktionen über Mobilfunkgeräte** oder Smartphones getätigt; dabei wird oft nur das Prepaid-Guthaben transferiert. In Indien hat Vodafone dieses Geschäftsmodell angewandt und die Position der Bank für Geldtransaktionen übernommen. Damit ergibt sich ein neues Kundenbindungsinstrument, neben der Möglichkeit an den Transaktionen selbst zu verdienen. Meist sind es Kleinstbeträge, die transferiert werden, die sich aber über alle die große Anzahl bzw. häufige Wiederholung von Transaktionen im Laufe der Zeit summieren. Wäre dies ein Modell auch für Europa? Im Moment scheitert es oft daran, dass die Telekommunikationsunternehmen keine Banklizenz haben bzw. haben dürfen, aber dies kann sich schnell ändern.

3. Banking ist nötig, aber Banken sind es nicht (Zitat Bill Gates: **„We need banking but not banks."**[4]). Dabei wird mit Banking das eigentliche Geschäft der Banken, die Bank-Funktionen (also Core Banking/Kernbank-Geschäft) angedeutet: das Einlagen-, Transaktions- und Kreditgeschäft. Auch hierzulande sehen wir, dass es zu Veränderungen im „Nutzungs" verhalten der Bankkunden (aber auch in deren Erwartungshaltung) kommt. Die Banken reagieren und verlagern die Kundeninteraktion in ein Callcenter, die Vor-Ort-Filiale wird geschlossen, somit entsteht auch eine Veränderung der bisherigen Haupteinnahmequellen der Banken. Banken werden nach wie vor benötigt, die Automatisierung und sehr geringe Grenzkosten des Geschäftes treiben die Banken aber dazu, neue Einnahmequellen zu suchen bzw. das existierende Geschäft massiv zu optimieren. Die bereits angesprochene Niedrigzinspolitik der EZB verstärkt diesen Effekt. Es kommen zudem neue Technologien auf: z. B. die Blockchain, deren Konzept[5] Bank-Funktionen ad absurdum führt.

4. Der Trend wird sich verstärken, dass im Web nicht mehr gesucht, sondern **man gefunden wird.** Der Nutzer hinterlässt seine Spuren deutlich im Netz und in sozialen Medien, Suchmaschinen erkennen und merken sich diese und bieten (proaktiv) aufgrund von Vorlieben auch (möglicherweise) interessante Zusatzinformationen an.[6] Auf dem besten Weg sind dabei sprachgesteuerte Assistenten wie Alexa, Google

---

[4]Dieses Zitat von Bill Gates wird oft von Fintechs gebracht, um den Umbruch im Finanzsektor anzudeuten, siehe [14, S. 69].

[5]vor allem die Distributed-Ledger-Technology (DLT).

[6]Recommendation Engines arbeiten nach einem ähnlichen Prinzip.

Home und vergleichbare Produkte. Auch wenn die EU-DSGVO und -ePrivacy[7] das Leben mancher Cookies und Datensammler erschwert haben, werden neue Algorithmen eine Möglichkeit finden, unsere Vorlieben und Schwächen zu erkennen. Das herkömmliche Search Engine Optimization (SEO, Optimierung von Webseiten für besseres Auffinden durch Suchmaschinen) kann man dann vermutlich nicht mehr gebrauchen. Aber ist SEO dann überhaupt noch nötig? Denn es werden lernende Algorithmen mit künstlicher Intelligenz diesen Job übernehmen. Hier wird ein großer Umbruch in den Marketing-Digitalagenturen zu erwarten sein (aber auch generell in den Marketingabteilungen der Unternehmen).

Weitere potenzielle Entwicklungen:

- **Emotionserkennung:** Z. B. Face Detection & Emotional Profile Graph; durch Analyse der Stimme und des Gesichtsausdrucks können Geräte die Beleuchtung, die Musik und die Temperatur der Stimmung des Nutzers anpassen[8] (vgl. [12]).
- Bis 2025 sollen **71 % der Weltbevölkerung über Mobilfunk erreichbar** sein (2017 waren es 66 %), das haben sich nicht nur Entwicklungshilfeorganisation, sondern auch GSMA (weltweite Vereinigung der Mobilfunkbetreiber) vorgenommen (siehe z. B. [13, S. 8]). Der Anteil der Mobilfunk-Internetnutzer der Weltbevölkerung wird in den nächsten Jahren massiv ansteigen: von 43 % im Jahr 2017 auf 61 % im Jahr 2025, so prognostiziert die GSMA.
- **eDiscovery-Software,** mit dem prominentesten Beispiel IBM Watson. Diese Software durchsucht das Netz und Archive, um z. B. die juristischen Akten bei komplexen Rechtsfällen zu untersuchen und so den zeitlichen Aufwand für die Aufarbeitung von juristischen Fällen dramatisch zu reduzieren.
- **Algorithmen, die automatisch die Essays von Studierenden benoten.**[9] Offensichtlich ist die Technologie der automatischen Benotung auf dem Vormarsch.

---

[7]Die EU-ePrivacy-Verordnung ist zur Drucklegung dieses Buches noch nicht abgeschlossen und wird laut Fahrplan der EU bis 2021 aufgesetzt. Bis dahin wird manche Ausgestaltung und Umformulierung der Verordnung zu erwarten sein, wenn man die Proteste der Industrie betrachtet. (siehe z. B. [17]). Dennoch ist eine größere Umstrukturierung der Kundenschnittstellen und der Verarbeitung der Daten der Kunden zu erwarten. Davon sind nicht nur die Marketing- und Vertriebsabteilungen betroffen, sondern es werden Konsequenzen bis hin zu Produktion, IT und Finanzen erwartet.

[8]Scientific American, oder die Deutsche Ausgabe: Spektrum der Wissenschaft in der Ausgabe vom März 2016 [7].

[9]Eine der ersten Bestrebungen war die Studie der Hewlett Foundation im Jahr 2012, in der der beste Algorithmus prämiert wurde, der eine automatische Benotung von studentischen Essays lieferte. Die Ergebnisse waren sehr ermutigend, es gab 159 Teilnehmer, die je einen eigenen Algorithmus erstellten. Die Ergebnisse des Siegerteams stimmten zu 81 % mit menschlichen Prüfern überein, siehe dazu [2]. Seit dem Wettbewerb hat die Forschung in der automatischen Benotung gute Fortschritte gemacht. Im Jahr 2016 haben zwei Forscher in Stanford einen Bericht vorgelegt, in dem sie einen Übereinstimmungsgrad von 94,5 % auf der Grundlage des gleichen Datensatzes wie im Hewlett-Wettbewerb angegeben haben (siehe dazu [18]).

Sie hat sich massiv weiterentwickelt seit Anwendung der ersten einfachen Werkzeuge, die hauptsächlich auf dem Zählen von Wörtern, dem Messen von Sätzen und der Beurteilung der Komplexität von Wörtern und der Struktur beruhten.

Der Fantasie für weitere Entwicklungen sind kaum Grenzen gesetzt. Man kann erahnen, wie viele weitere interessante und kulturverändernde Entwicklungen uns bevorstehen. Die Liste oben lässt sich beliebig erweitern. Die Entwicklung, die bereits mit dem Internet begonnen hat, wird sich weiter fortsetzen und die Grenzen zwischen dem, was kreativ, und dem, was mechanisch, aus Routine verstanden wird, verschieben (vgl. [19, S. 176] oder [3]).[10]

Gehen wir noch einmal zurück zur Situation des Tante-Emma-Ladens: „Der Verkäufer damals kannte jeden seiner Kunden persönlich. Und er wusste haargenau, was dieser wann, wie und zu welchem Preis kaufen wollte". Mit der beispielhaft dargestellten Entwicklung bzw. den Entwicklungspotenzialen lässt sich erahnen, dass die Digitalisierung hier zwar eine unpersönlichere (Maschinen-)„Schnittstelle" bietet, die aber viel stärker mit uns vertraut ist als wir selbst. Genau deshalb sind wir überzeugt, dass die Digitalisierung weit mehr Chancen als Risiken mit sich bringt. Das gilt keineswegs nur für die IKT-Branche − für diese aber vielleicht ganz besonders, weil sie naturgemäß viel stärker und häufiger mit Daten arbeitet. Wollen wir diese Chancen ergreifen, müssen wir die Digitalisierung mitgestalten. Dreh- und Angelpunkt hierfür wird stets der Kunde sein. Denn die Digitalisierung ist kein technologischer Selbstzweck, sondern Mittel zur Befriedigung der **Kundenbedürfnisse.** Genau hieraus ergeben sich die Fragen, die wir stellen müssen:

- Wo können wir die Kunden in ihrem digitalen Lifestyle unterstützen?
- Welche Produkte und Dienstleistungen benötigen unsere Kunden und Geschäftspartner?
- Sind unsere Lösungen ganzheitlich und nachhaltig?

Somit kommen wir langsam der Erkundung des Problems näher, warum sich viele mit der digitalen Transformation schwertun: Es genügt nicht, Daten im Rahmen einer Big-Data-Initiative einfach zu sammeln und zu erwarten, dass sich die obigen Fragen von selbst beantworten. Vielmehr ist es erforderlich Hypothesen aufzustellen, Fragen zu formulieren und in lernenden (und aufwendig zu trainierenden) Algorithmen abzubilden. Dazu kommt, dass dies alles mit einer Wandlung des eigenen Denkens und Verhaltens zusammenhängt. Erst dann kann der nächste Schritt der sogenannten digitalen Umwandlung angegangen werden.

---

[10]Früher haben die Unternehmen auf Intuition und Erfahrung gebaut, heute baut man auf statistische Analyse von Zahlen, die dem Unternehmen vorliegen, und bekommt weit genauere Entscheidungsvorlagen.

Aber auch diese Umwandlung können wir nicht einfach so vornehmen. Es gibt einige Hindernisse, eins davon ist der sogenannte **Klippen-Effekt:**

- Viele Firmen leben lange Zeit komfortabel und weigern sich, mit größter Priorität den digitalen Wandel mitzumachen.[11] Man kann schlicht nicht die großen Auswirkungen der anfänglichen technologischen Entwicklungen voraussehen. Diese münden in exponentiellen disruptiven Veränderungen, die alles Bisherige verderben.
- Beispiele davon gibt es genug: Die Entwicklung von Kodak, die zwar die ersten Digitalkameras entwickelt haben, aber keine Zukunft in der Digitalisierung von Bildern sehen konnten. Die Digitalisierung der Fotografie hat daraufhin das gesamte bisherige Geschäft von Kodak obsolet gemacht und die Firma war im freien Fall, ähnlich wie der Sturz von einer Klippe.
- Ein weiteres Beispiel, das erst noch zum Tragen kommen wird: Weil die Generation Y erwachsen geworden ist und nicht die Gewohnheiten der alten Generation übernommen hat, müssen sich viele Geschäftsmodelle und die Art der Kundenschnittstelle/Kundenansprache bis hin zur Interaktion mit den Kunden ändern. Banken lebten z. B. lange von den alten und gut verzinsten Kreditverträgen, aber was passiert, wenn diese Kunden nach Ablauf dieser Kredite wegbleiben? Wird es in Zukunft ausreichen, einfach einen Werbespot einem Youtube-Video vorzuschalten oder Influencer zu bezahlen, damit sie das neue Produkt bewerben?

Vielleicht ist der Klippen-Effekt nicht so schlimm, sondern gehört zum „normalen" Unternehmenslebenszyklus, als Symptom der neuen digitalen Wirtschaft. Die „Lebensdauer" einer Firma, also der durchschnittliche Zeitraum von Gründung bis Auflösung/ Übernahme, betrug noch bis in die 90er Jahren hinein ca. 75 Jahre. Aktuell liegt sie bei ca. 15 Jahren,[12] Tendenz: fallend. Die Firmen werden aufgekauft, wegrationalisiert, umstrukturiert, oder können mit ihrem stetig fallenden Absatz die Kosten nicht mehr decken und müssen die Insolvenz beantragen. Ein Teil der Ursachen kann in der Digitalisierung und Automatisierung begründet sein oder indirekt aus der Veränderung der digitalen Kultur resultieren.[13]

---

[11]Entscheidend für die Priorisierung ist dabei eher die Dimension „Dringlichkeit", während „Wichtigkeit" ignoriert wird. Damit werden operative über strategische Themen gestellt.

[12]Laut einer Studie der Rostocker Universität wird für Deutschland bescheinigt: Deutsche Unternehmen werden bis zu ihrer Insolvenz durchschnittlich acht bis zehn Jahre alt (siehe auch [21]).

[13]Bzgl. der Wandlung der Kultur, siehe z. B. bei [19]; darin wird die kulturelle Auseinandersetzung in 3 Bereichen charakterisiert: in der **Referentialität** (Referenz zum Bestehenden), der **Gemeinschaftlichkeit** (Netzwerkbildung, Neubildung der Koexistenz der Menschen und der Umwelt) und der **Algorithmizität** (Automatisierung und Entscheidung anhand der digitalen Informationen). Die Auseinandersetzung setzt sich sogar im Politischen fort, um die Einbeziehung der Commons (kostenloses Gemeingut) in einer postdemokratischen Kultur zu erreichen.

- Die Geschäftsmodelle sind heute kurzlebiger, der Markt dreht sich schneller. Die Firmen, die die neuen Prozesse nicht adaptieren können, sind zumindest im Nachteil gegenüber den agileren Unternehmen.
- Dies hat weitreichende Auswirkungen nicht nur bei der Planung eines Geschäftes, sondern auch für die Gesellschaft, für das Arbeitsleben. Man kann heute nicht mehr seinen Lebensentwurf so planen, dass mein sein ganzes Leben bei einer Firma bleibt und 50 Jahre lang jeden Tag dieselbe Tätigkeit ausübt. Es entstehen neue Arbeitsmodelle[14] (z. B. das Konzept des Arbeitskraftunternehmers), in denen der Arbeitgeber nicht mehr der Mittelpunkt ist, sondern das eigene Know-how und der Bedarf am Markt. Dies hat weitreichende Folgen in der Lebensplanung: z. B. ein lebenslanges Lernen aus eigener Motivation.
- Standardisierung von Geschäftsprozessen und Geschäftsmodellen (z. B. der McDonaldisierung[15] der Gesellschaft); dabei geht die Individualisierung und Vielfalt des Angebots verloren, gleichzeitig erwarten die Kunden aber auch eine hohe Qualität zu akzeptablen Preisen.

Schauen wir uns ein Beispiel für die Herausforderungen der Firmen an, den Problemen von oben zu begegnen. Wie gehen Firmen z. B. typischerweise mit den Problemen der Massendaten im Big-Data- und Analytics-Kontext um, vor allem bei unstrukturierten bzw. semi-strukturierten Daten? Hier ein paar exemplarische Hinweise:

- Ein Ausweg ist, zentrale Systeme einzusetzen, die z. B. die Produkte, Preise und Produktvarianten strukturieren und einheitlich halten; hierfür wird ein zentraler **Produktkatalog** eingesetzt, der personifizierbar und sehr flexibel ist. Darin sollten alle Produkte des Unternehmens konsolidiert aufgenommen werden. Ein weiteres Beispiel ist die **Konsolidierung** (und Migration) aller CRM-Systeme des Unternehmens unter einer Applikation. Somit können die Massendaten der Kunden besser referenziert werden, z. B. „was hat der Kunde gekauft" führt zu klar definierten Produkten und Produktvarianten, die zu dem Zeitpunkt des Kaufs gültig waren. Die klare Struktur der Produkte führt dann auch zu einer besseren Sortierung und Segmentierung der Bewegungsdaten der Kunden.
- Wichtig ist, im Prozess der Analyse der Big Data die **richtigen Fragen** zu stellen. Alle größeren Firmen versuchen, Big Data intelligent zu analysieren und mit Weisheit

---

[14]Sehr interessant sind in diesem Zusammenhang [23, S. 14−17]. Die Kunden übernehmen Teile der Produktionsprozesse (IKEA), Verkaufsprozesse (ePayment/eBanking) bis hin zum Marketing (Warenzeichen auf der Bekleidung) und Lieferprozessen (Packstation); man kann eine immer größere Auslagerung der Firmenprozesse an die Kunden in den nächsten Dekaden erwarten.

[15][23, S. 97].

zu bestücken. Aber in der Regel werden zu viele Erfolgsfaktoren gemessen,[16] man will ja nichts vergessen haben, es könnte schließlich manche Frage wichtig für den Erfolg des Unternehmens sein. Stattdessen lohnt es sich aber meistens, sich auf die fünf bis zehn wichtigsten Erfolgsfaktoren zu konzentrieren. Viele Firmen schwimmen in Daten, wissen aber nicht, welche die wichtigen Daten sind − der Albtraum im Big-Data-Zeitalter. Es fehlt an Struktur, einer konkreten Fragestellung und einer guten Big-Data-Strategie und damit fällt es den einzelnen Beteiligten schwer, einen konkreten Use Case zu entwickeln.

- In den vielen Befragungen und Studien sieht man, warum Big Data so zukunftsträchtig ist und warum die Unternehmen Daten sammeln. Außerdem ist das Sammeln personenbezogener Daten am meisten gefragt. Zielsetzung ist es dann häufig, maßgeschneiderte Kundenangebote zu erzeugen. Eine weitere wichtige Option ist, den Kunden als Kunden zu behalten bzw. möglichst viel über seine eigenen bzw. potenziell neue Kunden zu erfahren.

Auch hier sehen wir, wie wichtig es ist, die vielen Daten „korrekt" zu analysieren. Dies scheint jedoch nicht so einfach zu sein. Wie „korrekt" richtig zu definieren ist, ist eine große Herausforderung. Wie schon erwähnt geht es darum, die richtigen Fragen zu stellen, Erfolgsfaktoren zu definieren und entsprechend die Algorithmen zu entwickeln. Gelingt dies, profitieren beide Seiten − Kunde und Unternehmen. Der Kunde, weil er bestmöglich seinen digitalen Lebensstil pflegen kann. Für den Anbieter der Dienste oder Güter wiederum ergibt sich ein doppelter Gewinn. Neben hoher Kundenzufriedenheit entsteht so ein fortlaufender und intensiver Informationsaustausch mit dem Kunden. Dieser wird künftig die Mitgift sein, um sich als permanenter Begleiter des Kunden in einer digitalen Welt zu etablieren.[17]

Auf der anderen Seite können mit Hilfe von Daten und mit dem Datenhandel grandiose Umsätze und Gewinne erzielt werden. Eine Vielzahl von Unternehmen handeln bereits mit diesen Daten. Nicht nur Google bzw. die Muttergesellschaft Alphabet, die zeitweise als wertvollste Firma der Welt gehandelt wurde; es gibt eine Vielzahl von Beispielunternehmen, die in dem Bereich des Datenhandels sehr erfolgreich sind.[18]

---

[16]Bei der Definition der Schlüsselerfolgsfaktoren (Key Performance Indicators, KPIs) gibt es in den meisten Unternehmen intransparente und unstrukturierte Vorgehensweisen. In den meisten Abteilungen beschäftigen sich zwei bis drei Personen mit Analytics. Insgesamt kommen im ganzen Unternehmen dann mehr als 1000 KPIs zusammen, die oft fast identisch oder überlappend sind. Es fehlen die Koordination und der übergreifende Blick auf die Zusammenstellung der KPIs. Eine Konsolidierung der KPIs würde in den meisten Unternehmen Einsparungen in Millionenhöhe bedeuten.

[17]China geht hier bereits heute einen Schritt weiter und führt ein gutscheinbasiertes System ein, wie man es aus vielen Online-Communities oder Spielen bereits kennt, vgl. dazu [5].

[18]Teilweise werden diese als Einhorn (engl. Unicorns) bezeichnet (Firmen, die nach zwei bis drei Jahren mehr als 1 Mrd. Wert sind): z. B. rubicon project, ZoomInfo, SimilarWeb, AcxiomAppnexus, 33across, Sovrn.

Diese Domäne außer Acht zu lassen bzw. sich als Unternehmen darauf zu beschränken, dass Daten (inkl. Datensammeln oder Datenanalyse) nicht zur Kernkompetenz des selbigen gehören, kann schnell das Ende bedeuten. Aktuelle Beispiele wie in der Medienindustrie[19] zeigen deutlich, dass ein großer Wandel durch die Digitalisierung bevorsteht.

**Weitere Empfehlungen**

- Die **Transformation** muss das **ganze Unternehmen** erfassen. Produkte müssen neugestaltet werden. Das ganze Unternehmen muss diese neue Produkte-E2E unterstützen und selbst die Geschäftsprozesse und die Schnittstellen mit den Geschäftspartnern müssen umgestaltet werden (siehe disruptive Technologien). Es geht nicht mehr darum, einfach das Produkt auf der eigenen Homepage oder in einem Online-Shop anzubieten und dann zu denken, dass man dadurch das eigene digitale Transformationsvorhaben erfolgreich beendet hat. Vielmehr müssen, z. B. in dem Fall des Aufbaus eines zusätzlichen Online-Vertriebs, alle Abteilungen und Systeme mitwirken, ggf. sogar bis zu dem Punkt, dass erweiterte Öffnungszeiten („das Internet schläft nie") für verkaufskritische Bereiche eingeführt werden.
- In der Migration von IT-Applikationen und Konsolidierung von Unternehmensteilen wird oft gestartet mit einer sogenannten **MVP-Vorgehensweise** (Minimal Viable Product, vgl. dazu [8]), d. h. man versucht mit einem stark vereinfachten bzw. reduzierten Produkt möglichst früh möglichst umfangreich Stolpersteine aufzudecken und ggf. beispielsweise Informationen zu Absatzpotenzialen zu erhalten. Diese Vorgehensweise wird oft in Verknüpfung mit einer agilen Methodik verwendet, sodass man mit kleinen Schritten Fortschritte erzielt. Diese Vorgehensweise hat zwar Vorteile und ein geringeres Risiko (siehe auch dazu Kap. 3), kann aber nicht große, komplexe Migrationsprojekte ersetzen.
- **Produkte** müssen **modularisiert** bzw. konfigurierbar gemacht werden, damit die Kunden Wahlmöglichkeiten bekommen und die passende „Konfiguration" für sich zusammenstellen können.
- Die **Daten** müssen **vorausschauend analysiert** werden. Der zeitliche Aspekt wird oft vernachlässigt. Was ist im nächsten Jahr, was in den nächsten 5 Jahren? Kann man solche Extrapolationen über die Erfolgsfaktoren z. B. über das Kundenverhalten machen?
- Die **Unternehmensprozesse** müssen **vollständig** (also Ende-zu-Ende) **„digitalisiert"** werden: Die Bearbeitung soll digitale Inhalte als Input bekommen, diese maschinell verarbeiten können und schließlich diese digital präsentieren.

---

[19]Hier kann man konkret das Sterben der kleinen Zeitungen oder des lokalen Video-Verleihs sowie die Veränderung des Kundenverhaltens zum Kauf von Musik (keine CD's oder LP's mehr, sondern Streamen und Herunterladen) anführen.

**Risiken**

- Neben den schon sehr bekannten Problemen bzgl. Datenschutz, Persönlichkeitsrechte, etc., die vor allem von Bedenkenträgern vorgetragen werden, sind es die Bedenkenträger selbst, die ein Risiko für die Umsetzung darstellen. Für die Bedenkenträger und Blockierer stellt die Transformation ein Risiko für deren Karriere und bestenfalls verlorene Zeit dar (siehe auch Kap. 8).

- Die echten Risiken liegen aber in einer halbherzigen (und sicherlich auch im Fehlen von Erfahrung bzw. Langzeitstudien) Umsetzung des sogenannten „Digitalen Konzeptes", aus dem die weiteren Konzepte resultieren: für Transformationen, Migrationen, IT-Portierungen, etc. Oft gibt es noch nicht einmal ein derartiges digitales Konzept, oder es ist zu allgemein und High Level beschrieben; dies allein suggeriert, dass ein guter Fahrplan existiert und dass man auf einem guten Weg ist. In Wirklichkeit verbirgt genau dieser High-Level-Plan das Risiko des Scheiterns. Denn wie immer steckt der Teufel im Detail und in diesem Fall haben wir noch nicht darüber gesprochen, ob der Plan ein guter durchführbarer Plan ist oder ein Plan, der Lücken und Sackgassen enthält. Am Ende bleibt es leider dabei: Es ist immer noch eine analoge Firma mit analogen Prozessen und analogen Produkten (auch wenn eine eCommerce-Verkaufsfläche existiert). Die Konkurrenz und der Markt haben sich aber geändert. Einbußen in Umsatz, Markenimage, Flexibilität der Anpassung etc. sind meist vorprogrammiert.

- Geschäftsmodelle für nicht haptische Produkte sind zwar im Allgemeinen leichter zu digitalisieren, aber auch nicht immer. Wie können Sie z. B. Dienstleistungen wie Beratung digitalisieren? Bei einem haptischen Produkt wird es noch schwerer. Wie digitalisieren Sie das Geschäftsmodell eines Klavierbauers und muss man das überhaupt? Für eine Digitalisierung benötigt man zusätzliche Ideen und dies birgt auch mehr Risiken des Scheiterns. Wie geht man also vor? Oft werden die Probleme auf andere abgeschoben: Behörden, Infrastruktur, fehlende Standards, etc. Die typischen ersten Schritte als Ausweg kommen aus den Möglichkeiten des Verkaufs im digitalen Zeitalter, wenn man diese Punkte bedenkt:
  - Produktkonfiguration liegt beim Kunden; dies erfordert eine gute Balance zwischen Vielfalt in der Produktpalette bzw. den Modulen und dem Grad der Individualisierbarkeit, was dann in Folge entweder zu einer Kleinstserienproduktion oder zur Austauschbarkeit der Marke führen kann.
  - Freemium-Bezahlmodelle[20] aufbauen und Möglichkeiten des Vorab-Ausprobierens und Testen des Produktes anbieten

---

[20]Freemium: Kunstwort aus Free und Premium; zunächst wird eine Basiskonfiguration oder -funktionalität des Produktes kostenlos angeboten und später wird ein Preis für mehr Komplexität erhoben. Ziel ist in der ersten Zeit, den Kunden an das Produkt zu gewöhnen und eine initiale Kundenbindung zu schaffen, um später diese für ein kostenbasiertes Modell zu nutzen. Alternativ gibt es auch Freemium-Modelle, die zwar die volle Funktionalität anbieten, aber nur für eine begrenzte Zeit. Quasi-Freemium-Modelle bieten die Einstiegsvarianten der Produkte zwar kostenpflichtig an, aber mit stark reduzierten Preisen, manchmal sogar unter den Herstellungskosten.

- Schnelle Lieferketten
- Belohnungs- und Bindungsprogramme aufbauen (vielleicht mittels Blockchain und eigener [Krypto-]Hauswährungsmodelle)
- SOLOMO: „Social, Local, Mobile" Produkt- und Verkaufsmodelle aufbauen. Darin werden die Social Media als möglicher Kommunikationskanal mit dem Kunden aufgebaut, mit einem eigenen Social-Media-Beauftragten, der die nötige Vernetzung und Integration im gesamten Unternehmen bekommt. Weiterhin werden die Möglichkeiten der Lokalisierung des Kunden genutzt. Durch die IP-Adresse kann man auf die Region, in der der Kunde sich befindet, Rückschlüsse ziehen. Durch die heutige Ausbreitung der sogenannten Smart Devices ist der Kunde in seiner Bewegung sichtbar (wenn er erlaubt hat, dass diese Daten von ihm gesammelt werden) und man könnte entsprechend seiner aktuellen Position die Produktangebote anpassen.
- Dass all diese obigen Beispiele nicht genutzt werden, stellt ein Risiko für das Unternehmen dar
• Der neue Luxus ist Offline: Dies stellt ein Risiko für die aufstrebende „Always Online"-Ökonomie dar, aber nicht für alle Beteiligten. Z. B. gibt es Hotels, die genau mit diesem Punkt werben: Die Kunden können ein Zimmer bekommen, in dem weder Mobilfunk funktioniert, noch ein Telefon oder WLAN oder sonstige Internet-Zugangsmöglichkeiten vorhanden sind. Dafür sind Kunden sogar bereit, einen höheren Preis als sonst zu bezahlen.

Als Beispiel für die **Disruption im Bankenbereich:** Goldmann Sachs sagt voraus, dass 40 % der Einnahmen der Banken zu Start-Ups (Fintechs) wandern werden. Die meisten dieser Fintechs operieren ohne Filialen im Internet und haben ihre Server virtualisiert in der Cloud.[21] Cloud-Dienste bekommen immer mehr Popularität in allen Branchen und es ist zu erwarten, dass dieser Trend nicht nur Großunternehmen, sondern auch den Mittelstand und sogar Kleinunternehmen erfassen wird.

**Automatisierung:** Das Investment-Banking von Charles Schwab automatisiert beispielsweise die Vermögensverwaltung (vgl. z. B. [6]), Entsprechendes gibt es auch für die Kreditvergabe. Dazu dienen u. a. die Daten, die im Laufe des Kundenlebenszyklus gesammelt wurden, durch die Transaktionen des Kunden, aber auch durch Beratungsgespräche und Interaktionen mit der Bank. All dies dient nicht nur dem Scoring, sondern auch dazu, Parameter zu steuern, die schließlich (basierend auf einer automatisierten Risikobewertung) Empfehlungen für die Kreditvergabe ermitteln. Die Ergebnisse liegen schneller vor und sind umfassender, als wenn sie von einzelnen Bankangestellten

---

[21]Die operativen IT-Kosten von Cloud-Diensten sind ein Bruchteil der Kosten von herkömmlichem und traditionellem Server-Betrieb vor Ort. Aber auch das Outsourcing kompletter Business-Applikationen inkl. Service-Betrieb in die Cloud ist wesentlich kostengünstiger als mit eigenen Ressourcen vor Ort. Nach eigenen Erfahrungen liegen die Kosten im Service-Betrieb sogar größenordnungsmäßig bei 10% im Vergleich zum eigenen Service. Hierzu kann als Referenz AWS dienen, vgl. [1].

zusammengetragen würden, die jeweils nur ein Teil der Informationen kennen. Man kann sich allerdings fragen, welche Rolle die Bankmitarbeiter künftig spielen werden. Sicherlich wird auch Personal eingespart, gleichzeitig aber verschiebt sich der Bedarf an Qualifikationen einerseits mehr in Richtung IT- und Datenanalysefähigkeiten, andererseits mehr zu kreativen Tätigkeiten, z. B. Entwicklung neuer (Banken-)Produkte. Die Routinetätigkeiten kann eine Maschine übernehmen.

Was müssten nun Unternehmen tun, um den digitalen Durchbruch zu schaffen? Die Beispiele beinhalten oft Veränderungen, die größere Umbauten innerhalb der Unternehmen bedeuten, die oft nicht einfach mit „Bordmitteln" einzuführen sind. Hier ein paar Beispiele:

- Shared Ecomomy: Es werden neue Servicemodelle zu entwickeln sein, die ungebrauchte Kapazitäten (z. B. Ressourcen, Rechenleistung, Speicherplatz, Strom oder Fuhrpark) auf verschiedene Nutzer gewinnbringend verteilen können. Die prominentesten Beispiele hierzu sind Airbnb (wird auf 10 Mrd. US\$ geschätzt) und Uber. In der Telekommunikation sind Tarife entwickelt worden, die das Datenvolumen über mehrere Mobilfunkgeräte und über Freunde und Familie verteilen lassen. Oft werden dazu neue IT-Systeme benötigt.
- Selbstfahrende elektrische Autos. Die Autos würden keine Parkplatzprobleme haben – durch Konnektivität untereinander würden sie die richtigen Orte aber auch freie Plätze finden. Erste Versuche werden nicht nur von Automobilfirmen durchgeführt, sondern auch von den großen Internetfirmen (wie Google & Co). Es kommen neue Player auf den Markt, der Druck auf die Automobilindustrie wird größer, vor allem, wenn man sich die Kombination von Shared Economy und autonomen Fahren überlegt: Wie teuer wäre eine Taxifahrt, wenn das Taxi autonom fährt, durch Strom betrieben wäre und nie ein Park- bzw. Stellplatzproblem hat?
- Personifizierung der Produkte, des Service, der Unternehmensdarstellung: Die richtigen Informationen müssen an der richtigen Stelle verfügbar gemacht werden. Das Unternehmen sieht für den jeweiligen Kunden unterschiedlich aus, je nachdem, wie die Präferenzen der Kunden sind.
- Individuelle Vorgehensweisen je nach Branche: Wie sollen Zeitungen dem bekannten Zeitungssterben begegnen? Der Zeitungsmarkt befindet sich seit Jahren im Umbruch, u. a. durch die Änderungen des Leseverhaltens und das Angebot an (kostenlosen) Onlineartikeln. Einige Zeitungen schaffen es, diesem Zeitungssterben zu trotzen durch einige der folgenden Maßnahmen:
- Konsequente Anwendung von Premium, „Freemium" und ähnlichen Bezahlmethoden. Die Veränderung der Bezahlmodelle bringt, wie schon erste Beispiele zeigen, wieder Geld in die Verlage.
    - Kostenpflichtige Sekundär-Services und indirekte Services: Ähnlich wie bei Facebook, wo der Primär-Service kostenlos ist, könnten neue Services wie Werbung oder das gezielte Targeting der Kunden mithilfe der neuen Währung angewandt werden: persönliche Daten und Informationen zu Präferenzen der Kunden und Leser.

- Anreize für die Kunden erzeugen, wenn diese kostenlos in den Genuss kostenpflichtiger Dienste bzw. Artikel bekommen möchten; z. B. „Bonuspunkte" für das Anschauen von Werbespots oder die bereitwillige Angabe von Interessen und Vorlieben. Dies ermöglicht einerseits (steigende) Werbeumsätze, andererseits bekommt man hoch qualifizierte Daten, die vermarktbar sind.
- Artikel je nach Präferenzen des Kunden zusammenstellen: Dies kann auch in anderen Medien angewandt werden, sogar in haptischen und nicht-digitalen Produkten, z. B. in der Food Industrie.
- Präferenzen nutzen, um gezielte Angebote zu liefern.

Somit lässt sich die Eingangsfrage darauf reduzieren: Schaffen es die Unternehmen, ihre Produkte zu digitalisieren, zu modularisieren und so nach den Kundenpräferenzen anzubieten? Kann man z. B. Freemium-Modelle für Teilstücke der Produkte anbieten? Lässt sich eventuell mit Bonus- und Sekundär-Diensten Geld verdienen?

Auf die Frage, wo der Durchbruch in der Digitalisierung bleibt, könnte jetzt die Antwort gegeben werden:

▶ **Wichtig**
Der Durchbruch der Digitalisierung wird kommen und auch das jeweilige Unternehmen irgendwann erreichen; bei der Anpassung an diese Entwicklung sind manche Unternehmen schneller, manche langsamer, manche sterben.

Zusammenfassend ist die neue schöne digitale Welt ist nicht ein Ereignis, das in einem großem „Big Bang" in Erscheinung tritt, sondern sie ist das Ergebnis eines Prozesses, der uns lange begleiten wird. Dabei haben aber viele Unternehmen die Tragweite und die Problematik nicht richtig verstanden. Auch die Rahmenbedingungen aus Politik sind nicht immer gegeben oder können mit dem schnellen Wandel nicht Schritt halten (Infrastruktur, Gesetzgebung, Anreize, Bürokratie Abbau, Anpassung/Digitalisierung der Verwaltungen, etc.).

## 9.2　Digitale Agenten und Big Data

Wir haben in den vorangehenden Kapiteln gesehen, dass die Transformation meist eng mit der Transformation der Daten verbunden ist. Bei jeder neuen Änderung wird oft auch eine Migration von einer Datenbank in eine neue Struktur der gleichen oder einer neuen Datenbank benötigt. Da viele nun von einer permanenten Transformation, d. h. sich immer wiederholenden Transformationen sprechen, stellt sich die Frage: Wie sollte man mit den Daten umgehen? Es werden Strukturen in Data Warehouses oder Datenbanken benötigt, die robust gegenüber den aus Transformationen entstehenden Änderungen sind, oder es lassen sich adaptive Programme oder die sogenannten digitalen Agenten einbinden. Und was geschieht mit den Geschäftsprozessen? Diese müssten sich ebenfalls anpassen bzw. automatisieren lassen. Auch dort könnten diese digitalen Agenten Abhilfe leisten.

Digitale Agenten haben längst Einzug in unseren Alltag gefunden. Der Begriff ist eng verbunden mit der **Künstlichen Intelligenz (KI).**

▶ **Digitale Agenten** sind kleinere oder größere Programme, die unsere Arbeit erleichtern.

▶ Man spricht von **Software-Agenten,** wenn es um Programme geht, die eine Routine-Tätigkeit im Rahmen von größeren Systemen oder Applikationen erledigen.

▶ Man spricht von **virtuellen Agenten,** wenn es um computerbasierte intelligente Charaktere geht, die eine virtuelle Person simulieren; diese können sich als Avatare oder sonstige Figuren bildhaft und/oder akustisch für die aktive Person einsetzen. Die digitalen Agenten sind meist auf Interaktivität mit dem Nutzer getrimmt.

Digitale Agenten werden heute z. B. in Autos eingesetzt, um uns vor einer Gefahrensituation zu warnen, und betätigen unter Umständen auch das Bremspedal. Sie werden in elektronischen Büchern und im E-Learning eingesetzt, um uns Hilfen und Erklärungen anzubieten. Sie können in Computerspielen eine Figur außerhalb des Spiels wahrnehmen, Korrekturen vornehmen, Schiedsrichter oder Helferpositionen übernehmen.

Es gibt immer mehr Überlegungen, digitale Agenten auch in Transformationsvorhaben oder Datenmigrationen innerhalb von Unternehmen einzusetzen, beispielsweise zum Mapping im Rahmen des traditionellen ETL (zur Erläuterung von ETL, siehe Abschn. 3.2). Digitale Agenten lernen adaptiv immer besser, die Abbildung in das Zielsystem durchzuführen und können so viele Routinetätigkeiten in diesem Prozess übernehmen. Auch darüber hinaus könnten die digitalen Agenten aus vorhandener „Erfahrung" den ETL Prozess beschleunigen und Kosten und Aufwand sparen.

Die digitalen Agenten sammeln ebenfalls Daten über unser Verhalten, damit sie ihr adaptives Verhalten verbessern können. Diese Daten können zu kommerziellen Zwecken verwendet werden, aber auch, um den Service der Unternehmen zu verbessern und individueller zu gestalten. Vieles steckt noch in den Kinderschuhen, z. B. wird Ironie schwer von einem digitalen Agenten korrekt verstanden, aber durch den Einbau in die digitalen Agenten von adaptiven und emotionalen Software-Modulen können Fortschritte erzielt werden (siehe [12, S. 86]). Auch diese sammeln Daten, in diesem Fall emotionale Daten.

Ein wichtiger Aspekt der digitalen Agenten ist die Lernfähigkeit, oder anders ausgedrückt: die Möglichkeit sich selber zu programmieren. Adaptive Suchalgorithmen, automatisierte adaptive Werbung und adaptive Spracherkenner sind heute eine Selbstverständlichkeit. Was erwarten wir aber in der Zukunft?

Low-Cost und allgegenwärtige digitale Technologien haben es möglich gemacht, unser Denken, unsere Entscheidungen und unsere Erinnerungen auszulagern, immer billigere mobile Geräte und die intelligenten „Clouds" hinter sich. Diese „externen Gehirne" verwandeln sich schnell, um schließlich mit dem Wissen über mich eine Erweiterung von mir zu werden. Sie sind heute schon eine unverzichtbare Hilfe. Was wird morgen? In der Tat, sie beginnen eine digitale Kopie von uns zu werden — und wenn dieser Gedanke Sie noch nicht beunruhigt, stellen Sie sich die Leistung dieses externen Gehirns in den nächsten 5 Jahren 100x verstärkt vor (vgl. [15, S. 5]).

> **Fazit**
>
> Zusammenfassend müssen wir dringend überprüfen, welche Bereiche tatsächlich zum Menschen gehören und welche Bereiche einfach eine Lebenserleichterung und/oder -vereinfachung bedeuten. Wir können uns selbst mehr und mehr effizient machen, aber was bleibt uns dann, um uns als Menschen zu charakterisieren? Wo bleibt die menschliche Kultur?
>
> Unsere Identität und unser Denken sind schutzbedürftig und erhaltenswert. Schützen wir unsere Gedankenfreiheit! Diese Forderung, unsere gedankliche Freiheit als etwas Besonderes zu schützen, wird im Zuge der neuesten technischen Entwicklungen der digitalen Agenten und der KI als einzigartiges Bedürfnis der Menschen schwierig zu erfüllen sein. Wir können unsere Menschenwürde nur dann erhalten, wenn wir die vielleicht ursprünglichste aller Freiheiten, die Gedankenfreiheit, bewahren. Ähnlich würde es sich mit der Persönlichkeitsentfaltung und dem Recht auf freie Meinungsäußerung verhalten. Die Vernetzung des Gehirns würde sogar eine Einschränkung unserer Grundrechte bedeuten! – Dies ist nicht nur ein Appell an die Politik und Gesetzgebung, sondern an jeden einzelnen, an uns selbst von uns selber.

## Literatur


1. Amazon (2018) Was ist Cloud Computing? https://aws.amazon.com/de/what-is-cloud-computing/?sc_channel = PS&sc_campaign = acquisition_DE&sc_publisher = google&sc_medium = english_cloud_computing_hv_b&sc_content = sitelink&sc_detail = aws&sc_category = cloud_computing&sc_segment=what_is_cloud_computing&sc_matchtype=e&sc_country=DE&s_kwcid=AL!4422!3!70693883912!e!!g!!aws&ef_id=WxU4BAAAAFfquhAl:20180817101916:s. Zugegriffen: 17. Aug. 2018
2. ASAP (2018) The Hewlett foundation: automated essay scoring. https://www.kaggle.com/c/asap-aes. Zugegriffen: 2. Nov. 2018
3. Ayres I (2008) Super crunchers: how anything can be predicted. Hodder & Stoughton Ltd., London
4. Brzeski C, Fechner I (2018) Die Roboter kommen (doch nicht?). https://www.ing-diba.de/binaries/content/assets/pdf/ueber-uns/presse/publikationen/ing-diba-economic-analysis_roboter-2.0.pdf. Zugegriffen: 2. Nov. 2018
5. Carney M (2018) Leave no dark corner. http://mobile.abc.net.au/news/2018-09-18/china-social-credit-a-model-citizen-in-a-digital-dictatorship/10200278?pfmredir=sm. Zugegriffen: 20. Sept. 2018
6. Cianfrocca M (2018) Schwab intelligent advisory named winner of a Celent 2018 model wealth manager award. https://www.businesswire.com/news/home/20180424005423/en/Schwab-Intelligent-Advisory%E2%84%A2-Named-Winner-Celent-2018. Zugegriffen: 2. Nov. 2018
7. Delahaye JP (2016) Intelligenz bei Mensch und Maschine. Spektrum der Wiss 2016(3):75–85
8. Depiereux P (2018) 5 Fragen zum MVP. https://www.computerwoche.de/a/5-fragen-zum-mvp,3544544. Zugegriffen: 2. Nov. 2018

9. Europäische Kommission (2014) Digitale Agenda für Europa. https://europa.eu/european-union/file/1541/download_de?token=L5mXRaIQ. Zugegriffen: 28. Juli 2018
10. Europäische Kommission (2017) Digitaler Binnenmarkt. https://publications.europa.eu/de/publication-detail/-/publication/8084b7f3-6777-11e7-b2f2-01aa75ed71a1. Zugegriffen: 28. Juli 2018
11. Europäische Kommission (2018) Digitale Wirtschaft und Gesellschaft. https://europa.eu/european-union/topics/digital-economy-society_de. Zugegriffen: 28. Juli 2018
12. Fung P (2016) Roboter mit Gefühlen. Pascale Fung. Spektrum der Wiss. 2016(2)
13. GSM Association (2018) The Mobile Economy 2018. https://www.gsma.com/mobileeconomy/wp-content/uploads/2018/05/The-Mobile-Economy-2018.pdf. Zugegriffen: 2. Nov. 2018
14. Hill J (2018) Fintech and the remaking of financial institutions. Academic Press & Elsevier, London
15. Leonhard G (2016) Technology vs humanity. Fast Future Publishing, Tonbrigde
16. Nedelkoska L, Quintini G (2018) Automation, skills use and training. In: OECD Social. Employment and Migration Working Papers. No. 202. https://doi.org/10.1787/2e2f4eea-en
17. Neuber M (2018) Aktuelle Informationen zur ePrivacy-Verordnung. https://www.bvdw.org/themen/recht/kommunikationsrecht-eprivacy/. Zugegriffen: 3. Sept. 2018
18. Nguyen H, Dery L (2016) Neural networks for automated essay grading. https://cs224d.stanford.edu/reports/huyenn.pdf. Zugegriffen: 2. Nov. 2018
19. Stalder F (2016) Kultur der Digitalität. Suhrkamp, Berlin
20. Talwar R (2015) The future of business. Critical insight into a rapidly changing world from 60 future thinkers. Fast Future Publishing, Tonbridge
21. Thiel W (2016) Wie alt werden Unternehmen in Deutschland? https://idw-online.de/de/news659742. Zugegriffen: 2. Nov. 2018
22. Vahlen F (2016) 7 Muster der digitalen Transformation. In: Matzler K, Bailom F, von den Eichen SF, Anschober M (Hrsg) Digital Disruption. Wie Sie Ihr Unternehmen auf das digitale Zeitalter vorbereiten. Verlag Franz Ahlen, München
23. Voß GG, Rieder K (2005) Der Arbeitende Kunde. Wenn Konsumenten zu unbezahlten Mitarbeitern werden. Campus, Frankfurt
24. Zapatellini A (2017) Verwirrung beim Download: Kilobits & Kilobytes. https://www.netzwelt.de/news/67374-verwirrung-download-kilobits-kilobytes.html. Zugegriffen: 29. Aug. 2018

# Glossar

**Archivierung (nach der Migration)** Damit ist der Arbeitsschritt gemeint, der meist nach einer Migration (aber vor der Dekommissionierung) angesetzt wird, für Daten, die aus rechtlichen oder Recherche-Gründen nur selten gelesen werden müssen. Die Archivdaten selbst werden aus Kostengründen nicht migriert. Für diese Archivdaten gelten die gesetzlichen Aufbewahrungsfristen (z. B. 10 Jahre für buchhalterische oder 30 Jahre für medizinische Daten).

**Batch-Migration** In einer Batchmigration (Batch = Stapel, Stapelverarbeitung) werden Massendaten verarbeitet, um in möglichst kurzer Zeit möglichst viele Kunden- oder Produktdaten „in einem Schwung" zu migrieren.

**Blockchain** Bezeichnet ein Konzept der dezentralen Speicherung von Listen (sog. Blöcke bzw. blocks) bzw. Nebenbüchern, es findet z. B. in der Verwaltung von Bitcoins, aber auch in der Buchhaltung Anwendung. Insbesondere das verteilte Verwalten von den sog. „Smart Contracts" (Vereinbarungen) erlaubt eine „Pier-to-Pier"-Verarbeitung ohne die Nutzung von zentralen kostspieligen Plattformen. Dadurch, dass diese Nebenbücher auf alle Teilnehmer der Blockchain verteilt sind, kann eine einseitige Manipulation der Buchpositionen bzw. ein Diebstahl der Informationen nicht stattfinden.

**Customer Lifetime Value** Bemisst monetär den Wertbeitrag des Kunden zum Unternehmenserfolg, vor allem in den Aspekten von Umsatzgenerierung und Profit. Kostenaspekte und Risiken (z. B. bei Versicherungen) werden allerdings auch berücksichtigt.

**Datenmigration** Bezeichnet den vollumfassenden Prozess der (technischen) Migration aller denkbaren Daten (Kunden-, Produkt-, Vertragsdaten, usw.).

**Dekommissionierung** Hierbei handelt es sich um den Prozess der Abschaltung von (abgelösten oder migrierten) Altsystemen, sodass diese in den Unternehmens-Kernprozessen nicht mehr verwendet werden können.

**Digitalisierung** Dabei handelt es sich vordergründig um die Umwandlung analoger Informationen in digitale Informationen (z. B. das Einscannen eines Papierdokuments). Im weiteren Sinne bezeichnet die Digitalisierung allerdings auch die sog. Digitale Revolution, also die zunehmende Verfügbarkeit bzw. Verarbeitung (ausschließlich) digital vorhandener Informationen. Insbesondere für Unternehmen hat es weitreichende Auswirkungen auf nach innen und nach außen gerichtete Prozesse, wenn diese ausschließlich mit digitalen Informationen arbeiten müssen.

© Springer-Verlag GmbH Deutschland, ein Teil von Springer Nature 2019
G. Panagos und C. Hammer, *Transformation von Unternehmen und Technologie,*
https://doi.org/10.1007/978-3-662-54052-7

**Disruptive Entwicklung** „Disruptiv" bedeutet Umwandlung, Verwandlung, auch Veränderung einer bestimmten Technologie. Die disruptive Entwicklung bezeichnet in diesem Zusammenhang vor allem den schnellen, starken, exponentiellen oder gar explosionsartigen Wandel und weniger die gemächliche biologische Evolution.

**Industrie 4.0** Bezeichnet ein umfassendes Konzept der Vernetzung von Maschinen bzw. Geräten, steht allerdings auch sinnbildlich für die Industrialisierung des Internets.

**Kundenmigration** Bezeichnet den gesamten Vorgang der Migration von Kundendaten mit allen notwendigen vor- und nachbereitenden sowie durchführenden Schritten. Meist sind damit nicht nur die Stammdaten der Kunden, sondern auch deren vertraglich bestellte Produkte gemeint. Umfasst in der Regel eine Datenmigration, in einigen besonderen Fällen kann auch eine Prozessmigration beinhaltet sein.

**Migration** Vom lateinischen „migratio" stammend, bezeichnet eine „Übersiedlung" oder „Wanderung", also eine meist physische Veränderung des Standorts. In der Informationstechnologie bezeichnet Migration in der Hauptsache einen Prozess der Veränderung von Software (z. B. Wechsel des Softwareherstellers oder des Betriebssystems).

**Migration Execution** Bezeichnet den Prozess der Migrationsdurchführung.

**Migrationskampagne** Es wird (analog einer Werbekampagne) eine Auswahl an Migrationsgegenständen (z. B. Kunden, Produkte oder Verträge) anhand bestimmter Kriterien ausgewählt, die in einem bestimmten Kampagnenzeitraum zu migrieren sind.

**Migrationstag** Kann z. B. ein Zeitraum von 24 h umfassen, innerhalb dessen von der ersten bis zur letzten Aktivität ein Migrationsdatensatz übertragen und im Ziel aktiviert werden muss. Es kann sich allerdings auch um einen deutlich längeren Zeitraum handeln, z. B. 72 h (beginnend Freitag 18 Uhr, endend Montag 6 Uhr), da die Batch-Migration immer an Wochenenden stattfinden soll.

**Migrationszeitfenster** Das Zeitfenster, innerhalb dessen ein Datensatz durch die Migration fallabschließend behandelt wird. Dieses ist sowohl mit dem Fachbereich, als auch mit der IT abzustimmen.

**Migrationszweig** Zusammenfassung bestimmter Kunden-, Produkt-, Vertrags- oder anderer Geschäftsattribute zu einem Migrationszweig, die alle gleichbehandelt werden können bzw. sollen, idealerweise gibt es in einem Migrationszweig für gleiche Informationen nicht unterschiedliche Datenquellen. Also bestimmen auch die unterschiedlichen Datenquell- und -zielsysteme einen Migrationszweig.

**Non-Silent Migration** Bei dieser Art der Migration muss der Kunde mitwirken. Je nach Migrationsgegenstand (Produkt- oder Kundendaten, Vertrag) muss der Kunde Änderungen zustimmen bzw. beauftragen, oder sich für eine bestimmte Variante/Option entscheiden. Ggf. muss er auch z. B. ein Gerät neu starten oder andere Aktionen an seinem Produkt durchführen

**Portierung** Vom lateinischen „portatio" stammend, bezeichnet den „Transport" einer Sache und wird häufig in der Informationstechnologie synonym zu Migration verwendet, wobei bei einer Portierung häufig ein geringerer Umfang vermutet wird (kleine Migration).

**Pre- Haupt- und Post-Migration,** Die Durchführungsphase unterteilt sich in die drei Unterphasen Pre-, Haupt- und Post-Migration. Wobei die Pre-Migration einen vorbereitenden (Sammeln, Veredeln der Daten), die Hauptmigration einen durchführenden (übertragen der Daten) und die Post-Migration einen abschließenden Charakter (Bereinigung fehlerhafter Daten sowie ungültiger Zustände) haben.

**Prozessmigration** Bezeichnet die Migration von Prozessen bzw. Prozessabläufen und ist meist eine organisatorische Aufgabe (neue Abteilungen, Ansprechpartner, Informationsübergaben, usw.).

**Silent Migration** Bei dieser Art der Migration bekommt der Kunde (idealerweise) nichts oder nur sehr wenig davon mit, dass die Systeme, in denen seine Daten, Käufe und auch Produktdaten gespeichert sind, migriert werden.

**Small Data** Damit sind meist Nebensachen und Kleinigkeiten gemeint, die nicht im Fokus der Sammlung der typischen Bewegungsdaten der Kunden liegen. Sie können dennoch sehr interessante Hinweise zur eigentlichen Motivation des Kundenverhaltens geben. Einige wenige Kunden mit wenigen, aber exemplarischen Daten könnten weitreichende Erkenntnisse über die Bedürfnisse der großen Masse der Kunden ermöglichen.

**Transaktionale Migration** Im Gegensatz zur Batch-Migration werden in der transaktionalen Migration die Datensätze einzeln und nicht als Massendaten verarbeitet, wenngleich in einer Migrationskampagne viele Datensätze enthalten sein können, die innerhalb eines definierten Migrationszeitfensters migriert werden müssen. Jeder Datensatz innerhalb einer Migrationssequenz kann daher auch unterschiedliche Status annehmen (1. Datensatz OK, 2. Datensatz unvollständig, 3. Datensatz OK, 4. Datensatz fehlerhaft, usw.).

**Transformation** Vom lateinischen „transformare" stammend, bezeichnet eine Umwandlung bzw. eine Verwandlung, die auch Migrationen und Portierungen enthalten kann. In diesem Buch wird der Begriff Transformation überwiegend im gesamtheitlichen Sinne genutzt, umfasst also sowohl technische als auch organisatorische Aspekte.

# Sachverzeichnis


**A**

Abbau von Macht, 146

Abnahmetest, 127

Abnahmeumgebung, 125

Abrechnung s. Billing

Activiti, 118

Ad-hoc-Reports, 135

Agent

    digitaler, 164

    virtueller, 165

Agilität, 48

Aktivitätscluster, 65

Alexa, 154

Algorithmizität, 157

Altdaten, 77

Altsystem, 94, 132

Anforderung, 35

Anforderungsänderung, 50

Anforderungsmanagement, 83

Angst, 109, 139

Anlaufphase, 92, 98

Arbeitszeit, 85

Architekturwechsel, 118

Archivierung, 36, 78, 94

Archivsystem, 77

ARIS, 118

Assistent, technischer, 118

Aufbruchsstimmung, 144

Auftragsabwicklung, 134

    maschinelle, 70

Ausfallzeit, 84

Auslagerung, 77

Auslaufphase, 92, 98

Außerbetriebnahme, 78

Auto, selbstfahrendes elektrisches, 163

Automatisierung, 162

**B**

B2B, 63, 68, 101

    Kunde, 33

B2C, 68

    Kunde, 33

Backoffice, 123

Banking, 154

Banktransaktionen über Mobilfunkgeräte, 154

Barriere, 141, 146, 148

Batch, 55, 71

    Migration, 53, 57

Benotung, automatische, 155

Best Of Breed, 18, 19

Big Data, 103, 156, 159

Billing, 59, 94, 97, 132

Blacklist-Approach, 30

Blockadegrund, 144

Blockierer von Veränderungen, 108

Budget, 87, 143

Business

    Bereich, 59

    Intelligence (BI), 96, 104

    Process Model and Notation (BPMN), 117, 131

    Prozess, 142

    Reengineering, 14

    und IT, 146

Buyer is leading, 18, 23

**C**

Call Detail Record (CDR), 137



© Springer-Verlag GmbH Deutschland, ein Teil von Springer Nature 2019

G. Panagos und C. Hammer, *Transformation von Unternehmen und Technologie,*

https://doi.org/10.1007/978-3-662-54052-7

Catch-Up-Phase, 59
Champion, 145
Change
    Management, 14, 141
    Prozess, 108
    Request, 50
Clean-Up, 93
Compliance, 77, 97
Controlling, 97
Cookies, 155
Customer
    Journey, 93
    Lifetime Value, 10
    Relationship Management (CRM), 59, 94, 98, 130, 158
    Self-Service, 97
    Service, 96
    Touch Points, 54

**D**
Dashboard, 71, 74, 131, 133
Data Only, 18, 21
Data Warehouse (DWH), 47, 103, 114, 164
Daten
    ähnliche, 74
    Bereinigung, 90
    kritische, 88
    Segmentierung, 90
Datenbank, zentrale, 44
Datendurchsatz, 65
Datenformate und -strukturen, 29
Datenhandel, 159
Datenintegrationswerkzeug, 116
Datenmigration, 47, 115
    Prozess, 43
Datenmigrationsszenario, 41
Datenschutz, 161
Datenverlust, 86
Depot, 44
Deutsche Post, 5
Digitale Transformation, 149
Digitales Konzept, 161
Digitalisierung, 11, 148–150
Digital-Maturity-Modell, 142
Digitization, 150
Disruption im Bankenbereich, 162
Downtime, 85
Dry-Run, 125

DSGVO (Datenschutz-Grundverordnung), 60
Durchführungsphase, 88

**E**
E2E-Test, 125
Echtzeit, 135
eDiscovery-Software, 155
Ein- oder Mehr-Linien-System, 146
Emotionserkennung, 155
Enabler, 142
Enterprise Service Bus (ESB), 47, 118
Entgiften
    der Organisation, 90
    von Daten, 89
    von Prozessen, 89
Entwicklung, disruptive, 152
Entwicklungszyklus, 50
E-Plus, 7
ePrivacy, 155
Erfolgsinstrument, 131
eSIM, 151
ETL (Extraktion, Transformation, Laden), 77, 114, 118, 123
    Werkzeug, 114, 115
Europäische Union (EU), 10
    DSGVO, 155
    ePrivacy-Verordnung, 155
Express, 118
Extraktion, 45, 70

**F**
Fachabteilung, 83
Fachabteilungsziel, 143
Faktor, zeitlicher, 82
Fehler
    permanenter, 69
    temporärer, 69
Fehlergruppierung, 135
Fehlerinformation, 134
Fehlerquelle, 71
Finance, 96
Flexibilität, maximale, 151
Fusion, 7, 10, 111

**G**
Gedankenfreiheit, 166

Gemeinschaftlichkeit, 157
General Electric, 6
Geschäftsmodell, 161
Google Home, 154
Governance, 144
Grundrecht, 166

**H**
Haupt-Migration, 92
Hauptphase, 98
High-Level-Plan, 99
Hintergrundprozess, 58

**I**
IBM, 116
    Cognos, 116
    DB2, 116
    InfoSphere DataStage, 116
Industrie 4.0, 11, 152
Influencer, 157
Informatica, 116
    PowerCenter, 116
Infrastruktur, 124
Innovation, 144
IN-Plattform, 60
Integrationstest, 71, 125
Internet of Things (IoT), 149
IT
    Architektur, 123
    Ausfall, 84
    Migration, 24
    Prozess, 76, 123
    Readiness Check, 141
    Sicht, 139
    Transformationen s. Transformation
    Überwachungstool, 135

**J**
JAVA, 116
Job-Sicherheit, 144

**K**
Kernsystem, 85
Key Performance Indicators (KPI), 73, 136,
    137, 159

Key-Player, 40
Klippen-Effekt, 157
Know-how, 87
Kollaboration, 140
Kommunikation, 32, 54, 76, 96, 142
    Timing, 102
Kommunikationsprozess, 103
Kompetenz, fachliche, 147
Komplexität der Datenstrukturen, 100
Komponententest, 127
Konsolidierung, 158
Kontinuierlicher Verbesserungsprozess (KVP),
    130
Kontrolle, 71
    permanente, 131
Konzept, digitales, 161
Korrektur, 70, 74, 90
Kosten, versteckte, 83
Kriterien für Erfolg, 131
Kunden/Produkte
    deaktivierte, 30
    nicht aktive, 30
Kundenbasis, einheitliche, 29
Kundenbasisdaten, 134
Kundenbedürfnis, 156
Kundenbeziehung, 52
Kundendaten, 60, 98
    Status, 134
Kundenkommunikation, 138
Kundensegment, 31
Kündigung von Mitarbeiter, 83
Künstliche Intelligenz (KI), 164

**L**
Landing Zone, 45
Länge der Informationswege, 147
Lebensdauer einer Firma, 157
Load Balancing, 126
Löschung, 77

**M**
Magic Quadrants, 115
Make or Buy, 115
Managed Transition, 18, 22
Manifest, agiles, 48
Mapping, 55, 115
Marketing, 96

Masterplan, 95
Migration, 2
    abgelehnte, 87
    Aktivitäten, 68
    Arten, 41
    automatisierte, 52
    blockweise, 57
    Cockpit, 74
    Durchführung, 74
    Durchsatz, 36
    Eins-zu-Eins-Migration, 18
    Execution, 74
    hybride, 72, 73
    Indikatoren, 137
    individuelle, 51
    stille, 30, 53, 55, 92, 138
    Strategie, 17
    transaktionale, 53, 62, 67, 92
    transaktional-orientierte, 55
    Überprüfung, 85
    Überwachung, 133
    verschobene, 87
    von Daten, 12, 28
    von Hardware, 27
    von Individualsoftware, 25
    von Medien, 25
    von Prozessen, 12, 26
    von Schnittstellen, 28
    von Standardsoftware, 26
    Ziele, 31
Migrationsdatensatz, 134
Migrationskampagne, 134
Migrationsorganisation, 90
Migrationsplan, 95, 121
    effektiver, 88
Migrationsportfolio, 55, 57
Migrationsprozess, 76
Migrationsreporting, 134
Migrationsschritt, 65
Migrationstag, 65, 67
Migrationstool, 64, 101
Migrationswerkzeug, 125
Migrationszeitfenster, 64, 66
Migrationszweig, 62, 64
Mikromanagement, 83
Misch-Strategie, 18, 24
Mittelstand, 11
Mobilfunkgeneration 5G, 151
Modellrechnung, 133

Motivation, 109
Multiprojekt-Funktionalität, 114
MVP-Vorgehensweise, 160

N
Nachbereitungsphase, 89, 93
Nachhaltigkeit, 120
Netzwerk-Bereich, 59
Neuland, 87
Non-Silent Migration, 43
Normalphase, 92
Nulltoleranz, 132

O
OECD (Organisation for Economic Co-opera-
    tion and Development), 153
Offshore, 123
Online-Shopping, 151
Open Data, 81
OpenOffice, 119
Oracle, 116
Organisation, agile, 49
Organisationsmodell, 142
Otto Group, 8

P
Parallelbetrieb, 132
Partnermanagement, 97
Part-time, 148
Performance-Test, 126
Personalkosten, 144
Personifizierung, 163
Perspektivwechsel, 140
Pier-to-Pier, 151
PL/SQL (Procedural Language/Structured
    Query Language), 115
PMBOK (Project Management Body of
    Knowledge), 49
Point of No Return, 70, 72, 102
Portierung, 2, 85
Post-Migration, 77, 93
Pre-Migration, 91
Priorisierung, 76
Privatisierung, 110
Product Owner, 50
Produkt, modularisiertes, 160

Produktkatalog, 158
Produktkonfiguration, 161
Produktmanagement, 96
Produktsupport, 88
Programmmanagement, 83
Projektmanagement, 82
Projektorganisation, 49
Projektplanung, 82
Protokoll, revisionssicheres, 127
Protokollierung, 36
    der Testergebnisse, 127
Prozesslücke, 125
Prozessmodellierung, 131
Prozessmodellierungswerkzeug, 118
Prozessqualität, 124
Prozessschritt, testspezifischer, 127
Prozessverbesserung, 30

**Q**
Qualität
    der Abbildung, 55
    der Quelldaten, 100
Qualitätsprüfung, 45
Quellsystem, 87, 136
Quell-Umgebung, 71

**R**
Ramp-Up, 98
    Phase, 66
Rechtsabteilung, 97
Referentialität, 157
Reframing, 13
Reifegrad, 140
Release
    Planung, 121, 122
    Zyklen, 122
Ressourceneinsatz, 123
Restructuring, 13
RFID (Radio-Frequency Identification), 150
Risiko, 100
Risikoaffinität, 109
Risikoüberwachung, 122
Roadmap, 121
Rollback, 72

**S**
SAP, 8, 83
Schnelligkeit, 151
Schwellwert, fixer, 132
Scientifc management, 147
Scope, 30
Scrum, 48
Search Engine Optimization (SEO), 155
Selektion von Kundendaten, 69
Serverkonsolidierung, 87
Service Level Agreement (SLA), 123
Shared Ecomomy, 163
Silent Migration, 22, 42, 52
Simple Object Access Protocol (SOAP), 116
Simulation, 133
Skeptiker, 108
SME-Kunde, 33
Social-Media, 138
Software
    Agent, 165
    Qualität, 124
SOLOMO (Social, Local, Mobile), 162
Sperren der Kundendaten, 69
Spracherkenner, 165
SQL-Abfrage, 77
Stammdaten, 60
Standardprozess, 51
Standards, 152
Steuerung, 83
Strategie, dezentrale, 9
Strukturen in der Migration, 62
Strukturmerkmale der Migration, 63
Sustainability, 120
Swimlane-Diagramm, 117
Systemlast, 85
System-Portierung, 2

**T**
Tagesgeschäft, 144
Talend, 116
Technologie, 150
    disruptive (Merkmale), 153
Telefónica, 7
Telekommunikation, 59
Telekommunikationsbranche, 58
Testen mit Produktivdaten, 126
Testfall-Management, 127
Testmanagement, 124

Teststufe, 125
Testumgebung, 126
Thinktanks, 110
TIBCO ActiveMatrix BusinessWorks, 118
Timeboxing, 50
Timing, 81
Toleranz bei Fehlschlägen, 144
Transaktional, 55
Transformation, 1–3, 70
    4 "R", 13
    Antrieb, 109
    Befürworter, 108
    digitale, 11, 149
    Erfolg, 83
    Kriterien, 129
    organisatorische, 2
    semantische, 46
    syntaktische, 46
    technische, 3
    toolgestützte, 113
    Umfeld, 12
    unternehmensweite, 82
    Werkzeuge, 114
Transformationsarchitektur, 124
Transformationsplanung, 34
Transformationsprozess, 139
Transitionsdauer, 22
T-SQL (Transactional Structured Query
    Language), 115

**U**
Unattended batch mode, 58
Unicorns, 159
Unternehmensfusion, 61
Unternehmenskultur, 111
Unternehmensprozess, 160
Unternehmenszusammenführung, 40

**V**
Validierung der Daten, 71
Validierungsprozess, 68
Veränderung von Software, 3
Veränderungsprozess, 108, 127, 148
Vertragsverhältnis, 54
Vertrauensverlust, 85
Visio, 118
Visualisierung von Prozessen, 117
Vorbereitungsphase, 88, 89
Vorgabe, regulatorische, 82
Vorschlagswesen, 110

**W**
Wasserfall-Methodik, 49
Web-Selfcare-Parameter, 137
Wegwerf-Produkt, 120
Welch, Jack, 6
Whitelist-Approach, 30
Wiederanlaufzeit, 85
Wirtschaftsprüfer, 97
Workflow, 127

**X**
XML, 116

**Y**
yEd, 118

**Z**
Zeit, unkritische, 85
Zielarchitektur, 126
Zielumgebung, 71
Zukunftsforscher, 150
Zuweisung der Verantwortung, 147